南京社科学术文库

大都市边缘城镇化及跨城市生活群体研究

张新生◎著

中国社会科学出版社

图书在版编目（CIP）数据

大都市边缘城镇化及跨城市生活群体研究／张新生著 . —北京：中国社会科学出版社，2018.12

（南京社科学术文库）

ISBN 978 - 7 - 5203 - 3642 - 0

Ⅰ.①大… Ⅱ.①张… Ⅲ.①城市社会学—研究—中国 Ⅳ.①C912.81

中国版本图书馆 CIP 数据核字（2018）第 281552 号

出 版 人	赵剑英
责任编辑	孙 萍
责任校对	郝阳洋
责任印制	王 超

出　　版	中国社会科学出版社
社　　址	北京鼓楼西大街甲 158 号
邮　　编	100720
网　　址	http://www.csspw.cn
发 行 部	010 - 84083685
门 市 部	010 - 84029450
经　　销	新华书店及其他书店
印　　刷	北京明恒达印务有限公司
装　　订	廊坊市广阳区广增装订厂
版　　次	2018 年 12 月第 1 版
印　　次	2018 年 12 月第 1 次印刷
开　　本	710×1000　1/16
印　　张	16.25
字　　数	258 千字
定　　价	69.00 元

凡购买中国社会科学出版社图书，如有质量问题请与本社营销中心联系调换
电话：010 - 84083683
版权所有　侵权必究

《南京社科学术文库》编委会

主　编　叶南客
副主编　石　奎　张石平　季　文
　　　　张佳利
编　委　邓　攀　黄　南　谭志云
　　　　周蜀秦　吴海瑾

总　序

　　2018年是改革开放40周年，也是我们全面贯彻党的十九大精神的开局之年和决胜全面建成小康社会、实施"十三五"规划承上启下的关键一年。这一年，南京市进入了创新名城建设的起步阶段，南京市社会科学事业也迎来了学术繁荣、形象腾跃的大好时节。值此风生水起之际，南京市社科联、社科院及时推出"南京社科学术文库"，力图团结全市社科系统的专家学者，推出一批有地域风格和实践价值的理论精品学术力作，打造在全国有特色影响的城市社会科学研究品牌。

　　为了加强社会科学学科高地建设、提升理论引导和文化传承创新的能力，我们组织编纂了"南京社科学术文库"。习近平新时代中国特色社会主义思想，是对中国特色社会主义理论体系的丰富和发展，是马克思主义中国化的最新理论成果，是我国哲学社会科学的根本遵循，直接促进了哲学社会科学学科体系、学术观点、科研方法的创新，为建设中国特色、中国风格、中国气派的哲学社会科学指明了方向和路径。本套丛书的重要使命即在于围绕实践中国梦，通过有地域经验特色的理论体系构建和地方实践创新的理论提升，推出一批具有价值引导力、文化凝聚力、精神推动力的社科成果，努力攀登新的学术高峰。

　　为了激发学术活力打造城市理论创新成果的集成品牌、推广社科强市的品牌形象，我们组织编纂了本套文库。作为已正式纳入《加快推进南京社科强市实施意见》资助出版高质量的社科著作计划的本套丛书，旨在围绕高水平全面建成小康社会、高质量推进"强富美高"新南京建设的目标，坚持马克思主义指导地位，坚持百花齐放、百家争鸣的方针，创建具有南京地域特色的社会科学创新体系。在建设与南京城市地位和定位相匹配的国内一流的社科强市进程中，推出一批具有社会影响力和文化贡献力的理论精品，建成在全国有一定影响的哲学社会科学学术品牌,由此实现由社科资源大市向社科发展强市的转变。

为了加强社科理论人才队伍建设、培养出一批有全国知名度的地方社科名家,我们组织编纂了本套文库。本套丛书的定位和选题是以南京市社科联、社科院的中青年专家学者为主体,团结全市社科战线的专家学者,遴选有创新意义的选题和底蕴丰厚的成果,力争多出版经得起实践检验、岁月沉淀的学术力作。借助城市协同创新的大平台、多学科交融出新的大舞台,出思想、出成果、出人才,让城市新一代学人的成果集成化、品牌化地脱颖而出,从而实现社科学术成果库和城市学术人才库建设的同构双赢。

盛世筑梦,社科人理应承担价值引领的使命。在南京社科界和中国社会科学出版社的共同努力下,我们期待"南京社科学术文库"成为体现理论创新魅力、彰显人文古都潜力、展现社科强市实力的标志性成果。

叶南客

(作者系江苏省社科联副主席、南京市社会科学院院长、创新型城市研究院首席专家)

2018 年 10 月

目 录

第一章 同城化时代的双城记 …………………………………… (1)
  第一节 研究缘起 …………………………………………… (2)
    一 大都市边缘城镇化与跨城市生活是当代中国
      社会变迁的缩影和研究窗口 …………………………… (2)
    二 东西方跨城市生活群体既有共性又存在
      巨大的国情差异 ………………………………………… (3)
    三 跨城市生活的钟摆族正在成为分布广泛、规模
      急剧壮大的新兴流动群体 ……………………………… (5)
  第二节 问题分析 …………………………………………… (7)
  第三节 研究意义 …………………………………………… (8)
    一 学术意义：延伸城市社会学研究中对跨城市
      细分领域的探索 ………………………………………… (8)
    二 社会意义：首次对新兴亚文化群体"钟摆族"
      进行系统性研究 ………………………………………… (9)
    三 现实意义：为大都市边缘的城镇化和社会
      管理提供决策依据 ……………………………………… (11)

第二章 相关理论与文献回顾 …………………………………… (13)
  第一节 社会空间的理论视角 ……………………………… (15)
    一 空间生产理论与大都市边缘的价值认知 ………… (16)
    二 职住平衡理论与中西方职住分离比较 …………… (17)
    三 流动空间理论与城市边界的再定义 ……………… (21)
    四 社会生态学理论与城乡空间的侵入与接替 ……… (23)

五　区域一体化理论与跨区域空间整合……………………(24)
　第二节　个体行为的理论视角………………………………(34)
　　　一　社会行为理论与个体出行行为…………………………(35)
　　　二　参照群体理论与个体决策行为…………………………(38)
　　　三　同质性理论与个体社会交往行为………………………(39)
　　　四　劳动力迁移理论与流动人口迁移行为…………………(41)
　第三节　社会文化的理论视角………………………………(43)
　　　一　社会认同理论与社会身份类型化………………………(44)
　　　二　社会排斥理论与城市边缘的社会区隔…………………(45)
　　　三　边际人理论与跨界钟摆族的双重边缘性………………(46)

第三章　研究对象与研究方法设计……………………………(49)
　第一节　研究对象与区域……………………………………(49)
　　　一　钟摆族群体的解构与类型化分析………………………(51)
　　　二　研究对象的界定与特征描述……………………………(54)
　　　三　研究地域及研究对象的选择……………………………(56)
　第二节　研究方法……………………………………………(60)
　　　一　深度访谈法………………………………………………(61)
　　　二　参与观察法………………………………………………(62)
　　　三　文献研究法………………………………………………(63)
　　　四　空间分析法………………………………………………(64)
　第三节　研究框架及研究过程………………………………(64)

第四章　大城市边缘城镇化与跨城市生活群体的产生………(67)
　第一节　城市化和区域一体化：同城化与钟摆族崛起的
　　　　　时空耦合……………………………………………(68)
　　　一　制度性开放与人口流动常态化…………………………(68)
　　　二　同城化肇起与跨城市生活初现…………………………(71)
　　　三　跨界钟摆族崛起与文化迟滞现象………………………(75)
　第二节　现代科学技术的社会影响：网络社会生活
　　　　　方式的嬗变…………………………………………(78)

一　交通方式的变革与跨城市物理通道的连通 …………… (79)
　　二　信息技术的进步与社会心理距离的弥合 ……………… (83)
　　三　互联网技术的普及和虚拟化生活的实现 ……………… (84)
　第三节　政府引导的城市增长联盟:制度性投入与
　　　　　多主体参与 ……………………………………………… (85)
　　一　大都市病的产生与同城化的制度性投入 ……………… (86)
　　二　地方思维下的地域竞争与博弈 ………………………… (88)
　　三　多主体介入与城市空间增长联盟的形成 ……………… (90)

第五章　从失根到扎根——钟摆族个体的跨城选择 ………… (92)
　第一节　失根:徘徊在大城市与中小城市之间 ………………… (93)
　　一　游离大城市:迈向双城的动力逻辑 …………………… (93)
　　二　跨城市工作:留驻大城市的黏滞力量 ………………… (96)
　　三　互动与平衡:式微的跨城阻力与断裂的双城生活 …… (99)
　第二节　拔根:跨城市生活决策的驱动逻辑 ………………… (102)
　　一　选择的逻辑:被动钟摆族与主动钟摆族 …………… (102)
　　二　交换的逻辑:经济理性下生活要素的互换与权衡 … (105)
　　三　比较的逻辑:参照群体范式下的多维比较 ………… (108)
　第三节　扎根:跨城市生活的迁移与问题 …………………… (111)
　　一　扎根的基础:城市生活的重构与有机团结的实现 … (111)
　　二　扎根的门槛:置业成本的降低与擦边球式的操作 … (113)
　　三　扎根的深度:归属感的缺失与扎根土壤的再造 …… (114)

第六章　从侵入到接替——大都市边缘的社会空间变迁 …… (116)
　第一节　侵入:大城市边缘社会结构变迁与区域整合 ……… (117)
　　一　大城市的空间扩张与地域空间的整合力量 ………… (117)
　　二　中小城市的"可入侵性"与发展诉求的耦合 ……… (122)
　　三　跨界空间的"边缘效应"与东西方的差异比较 …… (124)
　第二节　接替:大城市边缘地区社会空间演变过程的
　　　　　微观实证 ……………………………………………… (129)
　　一　空间接替:边缘小镇到跨界新城的空间演变 ……… (129)

二　人口接替：从小镇的主人到新城的边缘群体 ………… (136)
三　产业接替：传统自然经济的消失与新兴产业的崛起 …… (139)
四　文化接替：外部文化的强势与地方文化的危机 ………… (143)
第三节　隔离：传统自然乡村的消亡与封闭式社区的兴起 …… (145)
一　大城市边缘传统空间的解构与社会空间的破碎化 …… (146)
二　优质公共资源的私有化与社会公平正义的隐忧 ……… (147)
三　居住空间分异加速与社会空间排斥的显性化 ………… (149)

第七章　从解构到建构——钟摆族社会认同
　　　　与社会交往变迁 …………………………………………… (153)
第一节　封闭社区中的跨界钟摆族素描 ……………………… (154)
一　年龄特征：相对年轻化，与跨城养老群体伴生 ……… (154)
二　教育程度：以高学历技术人员和城市白领为主体 …… (156)
三　户籍归属：保障制度和身份象征下的"人户分离" …… (157)
四　居住特征：平均住房面积较大，居住分异明显 ……… (159)
第二节　社会认同危机与客居心态的形成 …………………… (162)
一　群体认同：概念复杂性与自我认同的不确定性 ……… (163)
二　地域认同：个体经历和地理迁移带来的地域困惑 …… (165)
三　地位认同：显著的群体分化与模糊的地位认同 ……… (168)
四　身份认同：城里人与乡下人的身份迷失 ……………… (171)
五　社区认同：共同记忆的不足与社区认同的缺失 ……… (172)
第三节　社会关系网络的断裂与新邻里关系的重建 ………… (174)
一　从地理空间的边缘性到社交网络的边缘化 …………… (175)
二　业缘关系的弱化与地缘关系的补偿性重构 …………… (177)
三　跨界小镇外来群体与本地群体的互动和排斥 ………… (179)

第八章　跨界钟摆族的社会影响与大都市边缘的未来 ………… (184)
第一节　流动中的改变 ………………………………………… (185)
一　城乡间的过渡群体，促进人口梯度化有序流动 ……… (185)
二　特殊的卫星城镇，减缓人口向大城市过度集中 ……… (186)
三　城市文明的载体，推动相对落后地区的现代化进程 …… (188)

第二节　同城时代的危机 …………………………………（190）
　　一　美国式"郊区化蔓延"的潜在危机与过度
　　　　城镇化的风险 ……………………………………（190）
　　二　大城市边缘的居住分异和资源分配不均 …………（192）
　　三　大都市边缘的被动城市化与传统乡村的消亡 ……（193）
第三节　钟摆生活的曙光 …………………………………（195）
　　一　本地就业：产城融合与充分就业机制的实现 ……（195）
　　二　交通改善：新城际跨界交通方式的涌现 …………（197）
　　三　模式变革：网络社会下弹性工作模式的普及 ……（199）

结语　在理想和现实之间 ………………………………（201）

参考文献 …………………………………………………（207）

附录 1　深度访谈提纲 …………………………………（227）

附录 2　访谈对象名录及基本概况 ……………………（230）

图目录

图 2—1 边缘城镇化与跨城市生活群体研究的相关理论、
人物和研究领域 ……………………………………… (14)
图 2—2 全国上班距离前 10 名城市的通勤距离 …………… (19)
图 2—3 全国上班距离前 10 名城市的通勤时间 …………… (20)
图 2—4 中国学术期刊网络出版总库中"城市群"
关键词检索数量统计 ………………………………… (27)
图 2—5 关键词"城市群"的热点趋势分析………………… (27)
图 2—6 中国学术期刊网络出版总库中"都市圈"
关键词检索数量统计 ………………………………… (30)
图 2—7 关键词"都市圈"的热点趋势分析………………… (31)
图 2—8 中国学术期刊网络出版总库中"同城化"
关键词检索数量统计 ………………………………… (33)
图 2—9 出行行为的影响因素分类与要素 ………………… (38)
图 3—1 基于生活要素归纳出的四种生活模式 …………… (53)
图 3—2 北京周边钟摆族相对集中区域示意 ……………… (55)
图 3—3 上海周边钟摆族相对集中区域示意 ……………… (56)
图 3—4 广州周边钟摆族相对集中区域示意 ……………… (56)
图 3—5 研究区域四个镇在南京都市圈中的位置关系 …… (58)
图 3—6 跨界钟摆族群体研究的技术路线 ………………… (66)
图 4—1 中国流动人口规模（1982—2017） ……………… (70)
图 4—2 平面媒体对"钟摆族"现象的报道趋势…………… (76)
图 4—3 南京都市圈在 4 个时期交通可达性空间格局的演化 …… (82)

图 5—1 大城市边缘钟摆族跨界迁移决策"推力—拉力"
　　　　模型示意 ……………………………………………… (94)
图 5—2 2014 年南京都市圈八大城市人均可支配收入比较 …… (98)
图 6—1 南京城市空间扩张方向示意 ……………………… (119)
图 6—2 句容城区、句容宝华镇与南京城市的空间衔接 ……… (123)
图 6—3 洛斯乌姆(L. H. Russwurm)的区域城市结构模式 …… (126)
图 6—4 2006—2017 年南京市常住人口规模分析 …………… (128)
图 6—5 2010 年、2013 年、2014 年、2016 年句容市宝华镇
　　　　地区卫星影像 …………………………………… (131)
图 6—6 句容市黄梅镇碧桂园社区主导的区域规划 ………… (132)
图 6—7 来安县汊河镇卫星影像与远景规划(2030 年) ……… (134)
图 6—8 滁州乌衣镇卫星影像与远景规划(2030 年) ………… (134)
图 6—9 句容市宝华镇高档社区对宝华山西麓的
　　　　占据和围合 ……………………………………… (148)
图 6—10 句容市宝华镇居住社区的空间布局 ……………… (151)
图 7—1 封闭社区中跨界钟摆族群体年龄特征分布 ………… (155)
图 7—2 封闭社区中跨界钟摆族群体受教育程度 …………… (157)
图 7—3 南京周边三大跨界社区钟摆族住房类型 …………… (160)
图 7—4 2010—2014 年南京市商品房分面积段成交统计 …… (161)
图 7—5 受访者中地域认同中各区域所占百分比情况 ……… (164)
图 7—6 受访者中地域认同中各区域所占百分比情况 ……… (167)
图 7—7 受访钟摆族对地位认同的选择 ……………………… (170)
图 8—1 大城市边缘涌现的大量西式风格建筑群 …………… (194)

表 目 录

表 4—1 中国同城化/一体化城市情况一览 ……………（72）
表 5—1 大城市边缘钟摆族选择类型比较一览 …………（103）
表 6—1 南京四大跨界镇的居住社区情况汇总 …………（135）
表 6—2 南京四大跨界镇的人口现状分析 ………………（137）
表 6—3 南京四大跨界镇的产业现状分析 ………………（142）
表 7—1 南京三大跨界社区钟摆族及访谈对象
　　　　 受教育程度分析 …………………………………（156）
表 7—2 南京三大跨界社区钟摆族及访谈对象
　　　　 住房类型分析 ………………………………………（160）

第一章

同城化时代的双城记

　　随着城市现代化和新型城镇化的进程加快,在传统大都市扩张、中小城镇发展之外,大都市的边缘地区也出现了一种特殊的城镇化现象。北京、上海、广州、南京等城市较为典型,在紧邻城市边界的外围区域涌现出大量现代城市社区,凭借土地级差、发展空间等优势集聚交通、商业、人口等城镇化要素,快速成长为规模庞大的边缘小镇(或边缘城市)。依托轨道交通、高速公路等现代交通方式和移动互联网、电子商务等现代技术带来的便捷,越来越多的人来到这些边缘小镇(城),他们在大都市工作,在相邻的中小城市生活,逐渐形成了规模庞大的被称为"钟摆族"[①]的跨城市生活的群体。大都市边缘城镇化及跨城市生活群体是改革开放以来社会变迁背景下从工业社会走向网络社会、走向未来的新现象和新群体,现象的背后是传统与现代、拔根与扎根、理想与现实、城市与乡村等双重文化带来的矛盾和冲突。钟摆族徘徊于不同的城市之间,不知不觉地将自己置身于陌生的变迁环境之中,或主动或被动地适应新的生活节奏、学习新的生活方式,他们是这个时代的"边际人"。

---

　　① "钟摆族"也被称为"双城族"或"双城钟摆族"。从字面意义上理解"钟摆"(pendulum)一词原本指根据单摆原理制成的、用于调节时钟或其他机械的运动件,"钟摆族"本身指社会活动空间分离后人们以一定的频率在空间上往返于不同功能空间的生活样态的人。从严格意义上来说,"钟摆族"应该包括在一个城市内跨区域生活的群体和更大距离上跨城市生活的群体两类,文本研究的属于后者,即跨城市生活群体。从名称上来看,叫作"双城钟摆族"或"双城族"似乎更加准确,但"钟摆族"这个名称在新闻媒体、报纸杂志、日常生活中应用更加广泛。为避免分歧,本书采用"钟摆族"这一更加简练而广泛应用的名称指代跨城市生活群体。

第一节 研究缘起

一 大都市边缘城镇化与跨城市生活是当代中国社会变迁的缩影和研究窗口

大都市边缘的城镇化和跨城市生活是伴随着时代变迁和城市化进程而产生的社会现象,钟摆族是在经济社会大变迁背景下新兴的社会群体,其生存状况、生活方式、社会适应更折射出当前中国城市化进程中存在的深层次的问题和矛盾。[①] 本研究将钟摆族首先置于中国社会变迁和转型的宏大叙事背景之下,一方面因为社会变迁是社会学研究中的核心和焦点议题,社会学的开创者们——孔德、斯宾塞、韦伯、迪尔凯姆等大师的研究均围绕社会变迁而展开,至今仍是社会学研究关注的核心。用史蒂文·瓦戈[②]的说法,社会变迁是社会学中"既引人入胜又最难以回答的社会问题",既体现了社会学对现实社会的关注,也反映了社会学作为一种"道德和政治的力量",将社会学回到社会之中。[③] 另一方面因为社会变迁也是当代中国社会研究中不可回避的基本背景。改革开放以后的中国,正处于历史长河中变迁最快、最为剧烈的时代,几乎一切事物都打上了转型的烙印,几乎所有的社会经济生活都折射出转型的色彩。在政治体制变革营造的开放环境下,新技术带来的全球化浪潮席卷中华大地,开创了令全世界为之惊叹的经济社会高速发展的新样态。20世纪80年代开始的经济改革实现了从计划主导到市场主导的体制转型,使国人从思想观念到行为方式发生了

---

① 米歇尔·博德在《资本主义史1500—1980》中指出,社会转型和现实生活的变迁使每个个体都难以确定自身生活的地点和坐标。"钟摆族"作为新兴网络群体概念,其出现是城市社会变迁发展的结果,是个体对社会变迁的一种响应方式和应对策略。"钟摆族""蜗居族""打工族""蚁族""裸婚族"等新时代的群体名称和概念已经成为中国社会转型发展的符号和象征。

② 史蒂文·瓦戈:《社会变迁》(第5版),王晓黎等译,北京大学出版社2007年版,第1页。

③ Michael Burawoy, "American Sociological Association Presidential Address: For Public Sociology," *The British Journal of Sociology*, Vol. 56, No. 2, 2005.

巨大转变；90年代经济的高速发展更直接带来了中国社会的全面转型——传统的农业社会转向工业社会，乡村社会转向城镇社会；进入21世纪后，以互联网为代表的新技术使经济社会的转型向纵深迈进，到2012年前后中国内地的城市化率已经突破50%[1]，实现了城乡发展的重要逆转。在四十年改革发展历程的诸多转型中，全体中国人也逐步由传统人向现代人转变。在网络社会的今天，这种转型显得更加深刻、特点更加鲜明，钟摆族所反映的社会转型中存在的诸多问题也更值得全社会进行深刻的思考。本书选取大城市边缘城镇化和钟摆族群体作为探究中国社会变迁的对象，很大程度上是因为钟摆族承载了改革开放以来，特别是网络时代背景下中国经济、政治、文化、社会等多方面变迁的特质，可以据此探究当下中国社会变迁的某些特征以及未来可能出现的危机和问题。

二 东西方跨城市生活群体既有共性又存在巨大的国情差异

从世界范围来看，"钟摆族"早已不是新名词，在美国纽约、洛杉矶及英国伦敦、日本东京、中国香港等发达地区，由于现代通信和交通方式的变革，以及高昂的房价和生活成本，越来越多的人选择跨城市，甚至跨州、跨国生活。从全球范围来看，关于跨界生活的报道和研究主要集中在英国、美国和日本等发达国家。在英国，伦敦交通局（Transport for London）的官方统计报告间接显示2004—2010年居住在伦敦外围并在伦敦工作的进城通勤人口从70万人/天增加到81万人/天，这部分群体的数量大致相当于伦敦成年居住人口的13%。[2] 其公布的报告《伦敦旅行》中描述了随着城市郊区化的发展，就业机会向城市的郊区和外围扩散，出现了在中心城市居住、到外围地区就业的现象，也就是逆向通勤现象。2000年到2010年的十年时间里，逆向通勤的人口已经从28万人/天上升到35万人/天，虽然总量与正向通勤相比相去甚远，

---

[1] 数据来源于2012年中国科学院可持续发展战略研究组完成的《2012中国新型城市化报告》。

[2] 熊竞、马祖琦、冯苏苇：《伦敦居民就业通勤行为研究》，《城市问题》2013年第1期。

但已经成为一种重要的居住工作模式。① 在美国，从 20 世纪人们热议的卫星城模式开始，人们就逐渐习惯坐火车去另外一个城市上班，特别是在汽车社会形成之后，在一个州上班，在另外一个州生活的人们随处可见。大城市逐渐向郊区、向相邻的城市拓展，已经成为欧美发达国家城市发展的重要趋势。各种形式的新城、卫星城、休闲城通过更加完善的生态、交通、医疗条件，吸引着越来越多的人加入跨城市生活的队列。在日本，Komei 等研究了日本新干线网络对促进人口分布和经济活动分散的作用，新的现代交通方式导致了更多的跨区域经济社会活动②。在中国，伴随着城市化进程的加快，特别是都市圈和城市群的逐步形成，越来越多的城市提出了同城化战略，有关跨城市生活群体的报道屡见报端，不仅吸引着媒体和社会公众的关注，也引起相关学科和研究者的高度重视。跨界生活既是城市生活方式的延伸，也是城市地区结构变迁的表现。西方城市"郊区化"及其表现出的社会变迁，

已经表明当人类社会生产发展到一定水平时，突破行政边界的跨界将成为一种具有必然性的理性选择。

中国大都市边缘的跨城市生活群体与西方存在巨大的国情差异。与美国、欧洲、日本等发达国家相比，政治体制、社会制度、经济发展水平和文化传统等诸多方面存在的异质性，导致中西方的钟摆族群体在形成原因、生存状态、分布特征、社会功能上具有很大的差异，主要体现在以下几方面：首先是发展的背景和历程的差异。西方发达国家的城市化和区域一体化是一个相对渐进的过程，而中国跨界钟摆族群体在是快速城市化和城市现代化的背景下产生的，可以说中国用几十年的时间走过了西方上百年的城市历程。其次是促进群体产生的动力因素的差异。中国跨界钟摆族的产生具有特殊的中国国情，高房价和政策性的限购对跨区域生活的促进作用十分显著和突出。以北京相邻的河北燕郊为例，高房价与买房限购，使几十万钟摆族把河北燕郊当作"睡城"，几乎每

---

① Travel in London: Report 3. Transport for London, 2010.
② Komei Sasaki, Tadahiro Ohashi, Asao Ando, "High-speed Rail Transit Impact on Regional Systems: Does the Shinkansen Contribute to Dispersion?", *The Annals of Regional Science*, Vol. 31, No. 1, 1997.

天都要奔波在"朝五晚九"的上下班路上①。最后是制度性特征因素的差异。这些制度性特征包括了户籍制度、医疗保障制度、教育制度等，导致了不同行政区内的资源分布出现巨大差异，这在西方发达国家并不多见。这客观上导致了中西方跨城市生活群体的空间分布特征的差异，中国的制度性特征对大城市边缘地区形成跨界钟摆族群体集聚空间具有最直接的影响。

三 跨城市生活的钟摆族正在成为分布广泛、规模急剧壮大的新兴流动群体

跨城市生活的钟摆族是推动城市社会发展的重要的新兴"流动群体"，具有新人类的特征。② 托夫勒（Toffler A.）在《未来的震荡》一书中指出，从整个人类历史来看，空间上的距离从来没有像今天这样的短，人与人之间的联系也从来没有像今天这样的广泛、脆弱和短暂。在所有技术发达的社会中，对于那些我们称之为"未来的人"中间，流动、旅行和迁徙已经成为他们的第二天性……在整个向超工业化转化的民族和未来的人之中，迁移和流动已经成为一种生活方式，从传统的限制中解放出来，迈向富裕的未来的一步。③ 改革开放以来的人口流动主要是从农村向城市、从经济欠发达地区向经济发达地区的流动。随着区域一体化和城市现代化进程带来的社会变迁，人口流动的地域特征也正在发生局部性的调整。大城市对人口迁入的限制，以及国家对农村、中小城市和欠发达地区的支持力度加大，人口的流动方式也日趋多元化，人口流动的方向也不再是单向流动，出现了从城市与乡村、城市与城市之间的"反向流动""双向流动""跨城流动"等多

---

① 来源于《中国青年报》2014年4月14日02版对"钟摆族"的相关表述。
② 日本学者扇谷正造将日本的"新人类"概括为五种主义：（1）相对主义，体现在绝对价值观的崩溃；（2）表现主义，体现在表现自我、显示自我的欲望；（3）享乐主义，体现在快乐享受的价值观；（4）人格面具主义，体现在"宅"的生活方式，喜欢表面的往来；（5）感觉主义，一切按照自己喜欢的方式来做决定。中国的跨界钟摆族作为新兴群体，也具备上述新人类的部分特征。中国的新人类在中国特殊的变革、探索和现代化转型中形成，深受中国传统观念和行为的影响，这应该成为我们观察和研究中国跨界钟摆族特征的基本出发点。
③ 参见阿尔温·托夫勒《未来的震荡》，任小明译，四川人民出版社1985年版。

种形式。人口流动性的增强和跨城市生活群体形成的背后是中国经济、政治、文化的制度性变迁。从中外学者对中国社会结构的研究来看，对人口流动的研究都离不开中国"城乡二元结构"这个基本的大时代的宏观背景。① 城乡二元结构的结构特征最早可以追溯到殖民地化、半殖民地化的中国近现代城市，及其与之相伴的经济结构与社会结构的严重不均衡。② 改革开放以前，由于在国家层面对人口流动的限制，从农村到城市的人口流动受到来自各方面的制度性约束，使得城乡之间形成了在制度性断裂之上的社会结构的断裂，更强化了所谓的"城乡二元结构"。在针对城乡二元结构的理论探讨上，李强等提出了"三元社会结构"的相关理论，指出在传统农民和市民之外出现了流动于城乡之间的"移民"群体③，大大简化了对中国社会结构的复杂描述，与"新城乡二元结构""城市二元结构"等概念相比更加简洁明了，得到了越来越多学者的认同，即认为中国社会已经不再是简单的二元结构，而是在城乡之间形成了第三个重要的社会群体和力量，使得社会结构演变成为"三元结构"。大城市边缘跨界钟摆族群体既有城乡流动人口的特征，又具有相关学者笔下的"移民"的特点④，是规模快速增长、分布极其广泛，又具备"第三元群体"社会特征的新兴流动群体。

---

① 费孝通先生在城市社会与乡土社会二元结构的基础上，提出了一系列的社会研究范式，如城里人和乡下人、陌生人社会与熟人社会、安土重迁与分化流动、礼治与法治等，为后续关于中国社会的研究奠定了基础。
② 郑杭生：《城乡一体化与同城化齐举并进》，《红旗文稿》2013年第20期。
③ 李强：《农民工与中国社会分层》，社会科学文献出版社2004年版，第387—388页。
④ 移民和流动人口是两个有区别的概念，既有相似之处，又有本质区别。李强教授指的移民主要是指农民工群体，与一般农村人口相比，他们占有一定的城市资源，但与城市人口相比，他们占有的资源又是非常有限的，是一个被城市所排斥的非正式的群体。施国庆(1995)对移民的定义为"人口从一个地点（原居住地）迁移到另一个地点的移动"，必须包含"日常生活和长期生计的空间转换"。移民是获得合法居住权利的，而流动人口的定居具有暂时性，没有形成合法的定居。从这个意义上来说，本书所研究的跨城市钟摆族更多具备"流动人口"的特征，他们在城市之间的工作场所和生活场所之间流动，但大部分并没有真正形成定居式的迁移，但具备了部分移民的特征，即迁移到了新的生存空间，并实现了所谓的"日常生活和长期生计的空间转换"，少部分群体成员在当地落户，获得了居住所在地的定居权利。

第二节　问题分析

本研究将以钟摆族群体的形成发展为主线，逐步分析大都市边缘城镇化背景下钟摆族群体与地方社会和驱动要素（政府、企业、地方社会等）之间的关系和内在逻辑，并尝试明确和解决以下五方面的问题。

第一，作为区域同城化和一体化背景下规模日益庞大的群体，大都市边缘城镇化和钟摆族的形成具有怎样的经济社会背景，其发展经历了怎样的历程和阶段？政府、企业和地方社会在这个过程中扮演着什么样的角色？与欧美的跨城市/跨州生活人群相比，中国大都市边缘的钟摆族产生的过程和背景又具有什么显著的不同，这种不同又会导致两者间产生怎样的差异？

第二，人们为什么会选择"职住分离"的跨城市生活方式？大都市边缘的跨城市生活群体产生和发展的内在行动逻辑到底是怎样的？群体中个体的选择倾向又是怎样的？对于大部分群体成员而言，跨城市的钟摆生活是一个中间性的过渡状态，还是一个相对理性的、长久的生活方式的选择？

第三，大都市边缘城镇化和钟摆族的产生对社会空间的变迁造成了怎样的影响？大都市边缘的钟摆族与居住地的本地居民之间又如何互动？钟摆族如何适应和融入当地的生活，他们对当地人如何评价？当地人又如何评价这些外来的钟摆族？与欧美郊区化的城镇空间相比，中国大都市边缘的跨界小镇又存在哪些特点和问题？

第四，跨城市生活给钟摆族在社会文化上带来了怎样的变迁？对于大都市边缘的钟摆生活，能否给出一个相对真实的素描勾勒？他们能否在新的生存环境中形成社会认同？在钟摆族群体生活的社区内部，钟摆族个体如何互动？他们之间互动关系的基础是什么？与一般城市的封闭式社区相比，大都市边缘的钟摆族社区又有哪些显著的差异性特征？

第五，跨界钟摆族对城市社会变迁的价值和意义在哪里？跨界钟摆族的形成和发展对城市社会变迁具有哪些积极作用？又可能存在哪些消极的影响？在社会政策和社会管理中，应该如何客观地对待这种新兴社会群体和现象？未来跨界钟摆族变迁的方向和曙光又在哪里？

第三节 研究意义

一 学术意义：延伸城市社会学研究中对跨城市细分领域的探索

对大都市边缘城镇化和钟摆族群体的研究有助于在微观层面更加深刻地理解区域城市化和城市现代化转型中社会结构变迁的特点、规律和模式。国内外对于钟摆族的关注和研究主要集中在地理学、经济学等相关领域，主要的切入视角包括两个方面：一方面侧重于对区域空间一体化的宏观层面的分析，主要围绕都市圈、城市群和同城化中的通勤交通、城市功能、区域结构等方面进行研究。例如徐卞融等[1]对大城市流动人口职住分离的研究，韩艳红等[2]对南京都市圈交通可达性的研究，等等。另一方面侧重于微观层面的研究，主要关注跨城市通勤、出行行为、空间认知等。例如2011年Vaddepalli对美国764个长距离通勤者的通勤模式和社会特征的研究[3]，香港规划署跨界基建发展组发布的《北往南来2011年跨界旅运统计调查》，基于1999年至2011年期间口岸通关数据，对深港同城化和通勤人员社会属性的研究[4]，侯雪等对在京津城际出行群体的空间感知的研究[5]，李军等对长株潭居民城内和城际出行交通的抽样调查研究[6]，彭辉等基于郑京铁路旅客出行数据的对跨城

---

[1] 徐卞融、吴晓：《基于"居住—就业"视角的南京市流动人口职住空间分离量化》，《城市规划学刊》2010年第5期。
[2] 韩艳红、陆玉麒：《南京都市圈可达性与经济联系格局演化研究》，《长江流域资源与环境》2014年第12期。
[3] Vaddepalli S., *An Analysis of Characteristics of Long and Short Commuters in the United States*, University of South Florida, 2004.
[4] 详细信息参见香港规划署网站《北往南来2011年跨界旅运统计调查》。
[5] 侯雪等：《高铁影响下的京津城际出行行为研究》，《经济地理》2011年第9期。
[6] 李军、朱顺应、李安勋等：《长株潭城市群城际与城内客运出行特征》，《交通科技》2006年第6期。

市出行行为的研究[1]，等等。从地理学、经济学视角进行的研究有助于从流动空间的逻辑来认识城市的功能联系，但容易忽略跨城市生活对社会结构的影响以及作为个体的居民在区域内的行为逻辑。本书以跨城市生活的钟摆族群体的社会学视角作为切入点，通过对钟摆族产生和发展中社会变迁的研究来重新理解城市社会结构变迁和区域一体化的意义和价值，延伸城市社会学对跨城市研究的细分领域探究。对于跨界钟摆族群体和个体的关注虽然屡见于报纸、媒体和杂志，国内对于跨城市的职住分离和跨城市交通出行也已经有了不少研究成果，但作为社会群体的研究还鲜有所闻。与以往关注城市通勤、规划协调、政策衔接、城市管理等的研究不同，本研究聚焦于大城市边缘这样的微观社会空间，把跨界钟摆族和大都市边缘的空间性结合起来，强调对群体的"深度研究"，以具体的个案为切入点，深入剖析个案所表征的社会学原理和社会学逻辑，以探究在特定的边缘地区中钟摆族群体的社会生活变迁和群体内外的互动，分析跨城市生活方式的改变对生活在其中的个体的深刻影响以及跨城市生活群体对社会变迁的价值和意义。

二 社会意义：首次对新兴亚文化[2]群体"钟摆族"进行系统性研究

现代社会是具有高度流动性特征的社会。当代中国正经历从传统社会到现代社会的转型，户籍制度、传统观念、乡土文化等限制流动的因素正在被打破，人们社会生产和社会生活的场所已经不再固定于

---

[1] 彭辉、付慧敏：《北京郑州运输通道内旅客出行的特征》，《长安大学学报》2005 年第 6 期。

[2] "亚文化"（Subculture）既可以指具有特殊行为方式的群体，也可以是一种特殊的生活方式。美国学者波普诺（Popenoe D.）在社会学教材《社会学》（2007 年第十一版）中对"亚文化"进行这样的定义："当一个社会的某个群体形成了一种既包括主文化的某些特征，又包括一些其他群体所不具备的生活方式时，这样的群体的文化就被称为亚文化。"跨界钟摆族群体是一个相对典型的亚文化群体，总体既是城市文化的次属分支，又是处于非中心的（或者说处于边缘地位的）具有特殊双城钟摆特征的群体。文化演变发展的历史证明，昨天的亚文化可能就是今天的主流文化，今天的亚文化可能就是明天的主流文化。从这个角度来看，针对跨界钟摆族这样的亚文化群体的研究对理解城市社会变迁意义十分重大。

特定的地域空间。从乡村到城市、从城市到城市之间的流动制约因素正随着改革开放的深入而逐步弱化，社会流动更加频繁，但更多地表现为从经济社会相对落后的地区流向经济相对发达的地区。随着城市化和同城化的深入，人们在城市之间的跨界流动已经成为社会生活中一种常见的现象。然而，中国跨界钟摆族与西方人口的郊区化有明显的不同：从人口迁移的目的和阶层来看，西方的郊区化是富有阶层以及大批为追求更好生活环境的中产阶级从城市中心向郊区的转移；而中国大城市边缘跨界钟摆族的主要构成则是一般市民、外来流动人口、部分富裕的私营业主、都市白领，甚至也包括从乡村到城市的进城务工人员，群体构成十分复杂，其迁移方向既有从城市中心迁向边缘，也有从外地迁往城市，具有独特的双向流动特征。正确认识这种跨界流动的现象以及背后的制度性因素，特别是对于跨界流动群体的剖析和认知，对于研究中国社会转型以及城市化进程，有着重要的理论和现实意义。

跨界钟摆族群体作为社会变迁过程中的"亚文化群体"，需要得到更多的社会关注和人文关怀。从微观上看，跨界钟摆族们徘徊于大城市和相邻的中小城市之间，他们具有怎样的生活状态、群体特征和空间状态，跨界钟摆族群的兴起对于社会结构的改变、城市化发展格局的影响等都是关系到社会经济发展的关键问题。数量众多的跨界钟摆族在大城市边缘正面临着通勤时间过长、社会保障享有程度较低、政治和社会参与程度不及本地居民、教育医疗的需求不能得到有效保障等一系列问题和困境，如果这些问题长期得不到解决，那么跨界钟摆族及其家庭就不能在大城市边缘真正站稳脚跟。从宏观上看，跨界钟摆族群体的健康成长关系到地方经济社会的发展，更关系到城市现代化的可持续发展。跨界钟摆族群体的个人问题与大城市周边地区城镇化的过程和经济社会建设紧密相关，不仅需要相关管理部门出台有效的政策来管理和应对，更应当引起全社会的共同关注。当前社会对钟摆族的认知还仅仅停留在媒体报道和现象描述的层面，缺乏系统性的关注和研究。因此需要让跨界钟摆族从心理上找回自我，重新回到费迪南·滕尼斯向往的"传统共同体"的生活方式。① 正因为此，本书对大城市边缘跨城市生活群体的研究，不仅是从地理的交通可达性、综合经济效益的宏观角度来看待城市变迁，而且提供了更微观层面的、细节性的参考，具体地落实到真实的"人"的诉求和对"人"的关怀，因此对城市群、同城化战略的制定、跨城市政策的协调与统一有更积极的意义。

三 现实意义：为大都市边缘的城镇化和社会管理提供决策依据

钟摆族生活的大城市边缘是城市跨界发展和城镇化的焦点区域，该区域的粗放式开发方式促使政府和社会对社会结构和社会政策进行反思和研究。大城市边缘区域的自然空间、文化空间和社会空间与一般城市和乡村相比具有更高的异质性，跨界区域的居住社区是城市化和城市群发展的产物，也是城市网络中重要的组成部分，更是统筹城乡发展以及新型城镇化建设的关键区域。从社会空间变迁的角度来说，跨界钟摆族生存的大都市边缘的发展反映了一般意义上乡村到城市的现代化和城市化变迁，也反映了在更大尺度下城市的集群化和一体化的发展变迁。人口从农村到城市、从中小城市到大城市的迁移在全世界各国工业化和城市化过程中是普遍存在的现象，宏观上表现为人口在区域空间上的集聚，这与经济社会资源的分配向大城市倾斜有密切的关联。随着大城市的人口从集聚到过度集聚，大城市正衍生出交通拥堵、空气污染、住房紧张、失业率升高、犯罪率升高、环境承载力下降等都市病，这些城市问题的不断涌现又促使人们产生了离开大城市、回归中小城市、回归乡村的冲动。西方郊区化的历程已经揭示了大城市发展的趋势和问题，乡村和中小城市仍然具有吸引人们向往的地方。缓解大城市的发展矛盾，通过同城化吸引人口向周边中小城市合理疏散布局，促进区域经济、社会、人口、环境的协调发展，对经济发达的大都市圈意义十分重大。大城市边缘区域发展的结果是城市的无序蔓延，还是摆脱城市摊大饼式的增长，其中最关键的差别应该是社区发展的内在质量，即能否建立起一个良性循环发展的社区模式。跨界钟摆族群体的生存环境对城市边缘区域的变迁具有怎样的

---

① 费迪南·滕尼斯：《共同体与社会》，林荣远译，商务印书馆1999年版，第340页。

影响，钟摆族与本地居民之间的社会认同如何等问题不仅关系到对当代中国现代化转型的认识和理解，也关系到社会经济变迁的方向和过程。在城市化快速推进、大城市病日益凸显的背景下，针对大城市边缘地区的群体和空间的研究显得尤为重要。跨城市生活群体的产生是市场经济发展、城市扩张过程中出现的必然现象，任何"一厢情愿"式的数量调控和行政手段都不能从根本上阻止跨界群体的增长和流动。对钟摆族问题的研究不是为了避免钟摆族群体的出现，而是需要形成相应的社会政策让钟摆族"摆"得更自由。因此，城市的管理者需要掌握城市经济社会变迁的趋势和跨城市人口流动的规律[①]，促进跨城市生活群体在空间上的合理均衡布局，根据城市环境容量、产业就业机会、基础社会建设的实际情况，顺应大趋势采取科学的应对措施。在此过程中，从社会学视角进行的相关研究对于促进同城化地区经济社会发展、科学制定区域发展战略具有重要的现实意义，并对大城市边缘社区的规划、建设以及社区治理也提供了一定的经验借鉴，促进了大城市边缘地区步入良性发展的轨道。

[①] 刘志伟、王东峰、刘澄：《区域经济一体化的福利经济学分析》，《现代管理科学》2007年第2期。

第二章

相关理论与文献回顾

跨城市生活群体的产生是近年来伴随着城市一体化变迁所形成的新兴社会现象,也是通过互联网流行而逐步受到关注的新兴群体,已有的研究成果较少。以"钟摆族""双城族""两栖生活""双城生活""跨城生活"等作为关键词调取 CNKI 知网数据库自 1984 年至 2017 年年底的检索结果,与描述跨城市生活群体直接相关的文章仅 27 篇,例如吴晓刚等对深港两地双城生活群体的研究①,牟振华等基于大规模问卷调查对广(州)佛(山)同城化中城际出行群体的研究。② 国外关于跨城市生活群体和现象的研究较多,以"Cross-city Commuter""Cross-border Commuter""Frontier Worker""Intercity Worker"③ 等作为关键词可以检索到相关文章 196 篇,例如 John Salt 等对瑞士跨境工作的移民社区的研究④,Hindson 对南非城市化中跨界工作者的生存空间和隔离状态的研

---

① 吴晓刚、李骏、郑林子:《香港移民在深圳:"双城生活"的现状和问题》,《港澳研究》2015 年第 2 期。

② 牟振华等:《广佛同城背景下居民城际出行行为研究》,《城市发展研究》2014 年第 8 期。

③ 关于钟摆族对应的英文表达,李婉瑄等根据语言学、认知心理学等角度翻译成"Pendulum Clan",尽管这种表达形象生动,但这种表达并不符合国外的表达习惯,在英文文献的研究中也没有对应的检索结果。与钟摆族含义最接近的表达是"Commuter",在欧盟法的相关研究中的定义为"If you work in one EU country but live in another and return there daily, or at least once a week, you count as a cross-border commuter under EU law (sometimes called cross-border or frontier worker)",此外类似的表达还包括"Cross-city worker""Intercity worker""Temporary Immigrant worker"等。

④ John Salt, "Switzerland: From Imgrant Rotation to Migrant Communities", *Geography*, Vol. 2, 1985.

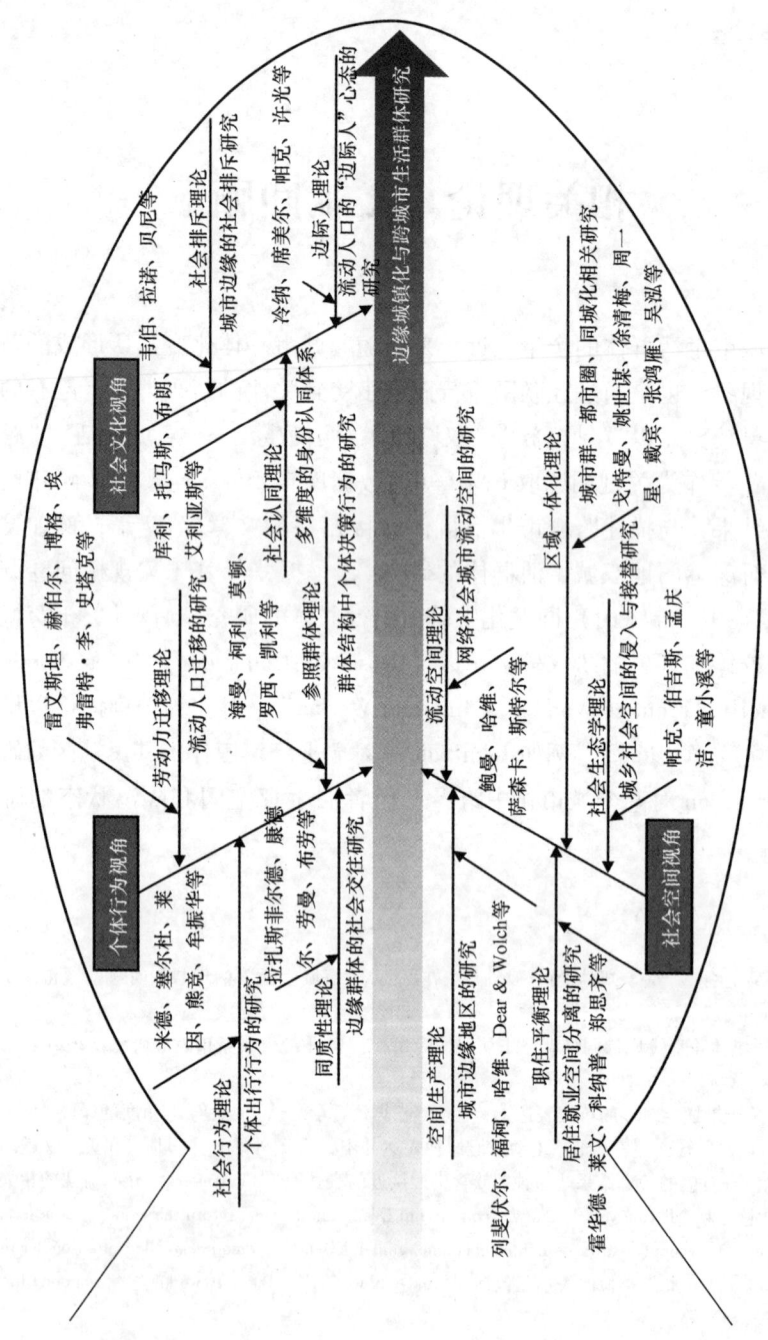

图2—1 边缘城镇化与跨城市生活群体研究的相关理论、人物和研究领域

究①，但由于地域文化和国家制度的差异，这些跨境工作者与本书研究的大都市边缘的跨界钟摆族并不完全对应，因此参考的意义十分有限，但与跨界钟摆族群体相关的边缘群体、移民群体等研究的理论和相关成果十分丰富，以下是对围绕跨界钟摆族研究主要视角的相关理论和研究文献关系进行的梳理和归纳（见图2—1）。

第一节 社会空间的理论视角

从空间社会学的角度来看，城市空间结构的变迁是永恒的，仅仅只是在不同时空中流动的方式、形式和规模上有差异。② 在同城化时代的今天，这种流动得以在更大空间尺度上展开，以往固化在特定区域中的人的流动、物的流动、信息的流动正在突破时间和空间的束缚，使城市空间结构的变迁更加显性化和复杂化。同城化时代钟摆族群体的产生就是这个时代城市空间结构变迁的缩影，是传统城市社会结构迈向现代城市社会结构变迁的产物和标志。作为一个典型的社会群体，钟摆族具有从其他系统性关系背景中凸显出来的社会系统，并如吉登斯所说的确定的结构性原则促进形成的跨越时空的并可以明确限定的全部"制度聚集"③。这种聚集包括三方面的特征：首先，钟摆族群体与特定场所、地域空间有相对紧密的联系，即跨界钟摆族群体具有明确的场域特点——大城市边缘区域。其次，存在对合法占有场所提出权利诉求的规范性要求。城市边界只是不同行政区域的边界，并不是社会生活的边界，人们有跨界生活方式的选择权利。最后，成员内部存在某种情感和对共同身份的认同。因此，对跨界钟摆族的认识离不开空间的视角，并以此作为切入点来观察和理解社会空间变迁的特点、规

---

① Hindson D. C., "Orderly Urbanization and Influx Control: From Territorial Apartheid to Regional Spacial Ordering in South Africa", *Cahiers dÉtudes Africaines*, Vol. 25, 1985.

② 张鸿雁：《侵入与接替：城市社会结构变迁新论》，东南大学出版社2000年版，第1页。

③ 安东尼·吉登斯：《社会的构成》，李康、李猛译，生活·读书·新知三联书店1998年版，第266页。

律和模式。

一 空间生产理论与大都市边缘的价值认知

空间生产（Production of Space）理论是1974年列斐伏尔（Lefebvre）在其代表作《空间的生产》[①]一书中明确提出的，他认为空间是社会的产物，是社会的产品，每一种社会模式都会产生与其相对应的空间，社会生产力的发展和社会关系的再生产唯有通过空间的物质和文化再生产得以实现。这一思想对于空间相关学科产生了重大影响，特别是20世纪90年代以后，越来越多的人文学者开始关注列斐伏尔的"空间生产理论"与城市社会的相关研究。[②] 在此之前，在传统的城市空间的研究中仅将空间作为一个相对静止的、僵化的物体，空间仅仅作为容器的作用而存在，是独立于社会之外的。正如福柯所说，"空间在以往被作为僵死的、刻板的、非辩证的和静止的东西，相反，时间却是丰富的、多产的、有生命力的和辩证的"。传统对空间机械的认识使空间与社会之间的关联性断裂，抹杀了空间的能动作用和建构社会关系的潜力。曼纽尔·卡斯特（Manuel Castells）[③] 认为空间不是空间的反映，不是社会原封不动的拷贝，空间是社会的表现，其本身就是社会。列斐伏尔在《空间的生产》中提出了著名的空间三元辩证概念，即空间实践（Spatial Practice）、空间再现（Representations of Space）和再现空间（Spaces of Representation）。大卫·哈维（David Harvey）[④] 将列斐伏尔的空间实践对应为物质空间，是面对物理基础和感官开放的感知空间和经验空间，空间再现是构想和重现出来的空间，再现空间是能否纳入日常生活方式中的感官、想象、情感和意义的生活空间。空间生产理论将空间和历史、社会结合起来，把空间和时间放在了同等重要的地位，大大突破了传统研究中只重视时间维度的局限。

---

① Lefebvre H., *The Production of Space*, Oxford: Blackwell, 1991.
② 参见刘怀玉《现代性的平庸与神奇》，中央编译出版社2006年版。
③ 曼纽尔·卡斯特：《认同的力量》，夏铸九、王志弘等译，社会科学文献出版社2006年版。
④ Harvey D., *The Urban Experience*, Oxford & Cambridge: Blackwell Publishers, 1989.

大城市边缘居民往外围分散是生产关系调整的结果，当城市中心地区被商业功能占据以后，居住空间功能随之被驱逐到城市边缘。根据列斐伏尔的观点，城市空间被用来进行剩余价值的生产，国家、区域、城市的空间分布就像工厂中的设备一样被用来增加生产，空间的生产也存在类似商品生产的关系。列斐伏尔同时也指出社会空间在资本主义生产条件下的基本特征[1]：（1）同质性。社会空间具有可交换性，城市空间同时具有使用价值和交换价值的双重属性。列斐伏尔认为，为了使空间交换的价值更高，空间常常被人为地稀有化和片段化，以便让空间作为整体或部分可以用来交换，作为最基础的社会活动空间，交换使之形成了强大的同质力量。（2）支离性。社会空间往往被划分为数量庞大的可交换的小空间，并用于不同的功能，空间在整体上的碎片化和分裂的过程使之成为可以自由转让的私有财产，可以通过市场来进行买卖。（3）等级性。碎片化的社会空间具有等级性，不同的空间由于权力、财富、信息等因素的不同而具有不同的价值。Dear 和 Wolch 认为社会空间连续体中社会关系被空间所建立和限制，区位的特征影响人们的居住安排，可能方便或阻碍人们的行为，更被空间所局限，距离会影响包括人们日常行为在内的社会行动的发展。[2] 郑震认为空间的社会本体论意义就在于任何实践活动都是一种空间性的在场，其存在的意义中都已经固有地包含了一种空间性的经验内涵。[3] 对跨界钟摆族的研究离不开与之对应的大都市边缘的社会空间的认知，大城市和中小城市，大城市的中心与边缘，同一区域中不同地位的休闲空间、居住空间都存在价值的差异，这也是对大城市边缘进行研究的基本认知和前提。

二 职住平衡理论与中西方职住分离比较

就业与居住空间的分离（也简称为"职住分离"）是跨界钟摆族的

---

[1] 参见吴宁《日常生活批评——列斐伏尔哲学思想研究》，人民出版社 2007 年版。

[2] Dear J., Wolch M., *The Power of Geography, How Territory Shape Social Life*, London: Unwin Hyman Publish Press, 1983, pp. 233-315.

[3] 郑震：《空间：一个社会学的概念》，《社会学研究》2010 年第 5 期。

重要特征之一。伴随着城市的发展扩张、现代科学技术的进步,职住分离现象在全世界范围内都变得越来越普遍。职住分离给城市发展带来一系列的问题,例如交通压力的增大、城市环境负担加重等。为了缓解这些问题,研究城市的学者们提出了"职住平衡"(Jobs-Housing Balance)理论,强调居住与就业的融合,减少通勤交通需求,鼓励公共交通发展,降低环境污染和资源损耗,形成"自力性"(Self-Contained)社区。"职住平衡"的思路最早可以追溯到霍华德(Howard)提出的"田园城市",即在就业中心区域增加住房供给,从而增大在就业中心工作的居民就近居住的比例。莱文(Levine)指出职住平衡不仅能够降低通勤需求、缓解交通拥堵和环境污染,也有利于中低收入家庭缩减支出。[1] 科纳普(Knaap G.)对城市空间的研究表明,不同类型经济活动用地的混合程度越高,对实现就业和居住的平衡越有利。[2] 中国学者对职住平衡的研究更侧重于应用领域,徐卞融、吴晓在对流动人口职住分离的研究中发现,流动人口对住房供应充分的居住空间和就业机会充分的就业空间之间的矛盾较常住居民更加突出,居住空间和就业空间的匹配程度是影响大城市流动人口生存和发展的重要方面。[3] 郑思齐等提出职住分离现象的出现具有经济的合理性,对职住空间的布局需要尊重市场规律,在交通、住房和公共服务等方面为人们提供更多样化的选择机会。[4] 有许多学者基于职住平衡理论呼吁在城市发展中应抛弃只有纯居住功能的新城、卫星城建设,避免钟摆式、潮汐式的城市交通,并尝试在城市空间布局中通过管制土地的利用去体现"职住平衡"的指标。但这种做法往往缺乏对市场规律的尊重,忽略了市场参与主体对于收益和成本的理性选择,往往导致新的社会问题的产生。丁成日指

---

[1] Levine J., "Rethinking Accessibility and Jobs-housing Balance", *Journal of the American Planning Association*, Vol. 64, No. 2, 1998.

[2] Knaap G., Talen E., "New Urbanism and Smart Growth: A Few Words From the Academy", *International Regional Science Review*, Vol. 28, No. 2, 2005.

[3] 徐卞融、吴晓:《基于"居住—就业"视角的南京市流动人口职住空间分离量化》,《城市规划学刊》2010年第5期。

[4] 郑思齐、曹洋:《居住与就业空间关系的决定机理和影响因素——对北京市通勤时间和通勤流量的实证研究》,《城市发展研究》2009年第6期。

出,理想的职住平衡模式要求每一个劳动者在居住地附近实现就业,企业必须在其周边找到合适的员工,这在自由流通的劳动力市场环境中是难以实现的。[1] 在城市发展的实践中,大量事实已经说明单纯的职住平衡理论过于理想化,在实践中容易导致偏差和不可控的效应。例如刘欣葵等在对北京职住平衡的研究中发现,亦庄新城规划大量居住用地,但在新城工作的产业工人往往难以承受该地区的住房价格,只能到更加偏远的农村去寻求居住机会。[2] 大城市边缘跨界小镇的兴起,大量居住社区的新建,跨界钟摆族群体的集聚和形成,在很大程度上也是市场需求和人们经济社会活动中自由选择的结果,其发生具有一定的必然性和合理性,个体对于居住地和就业地的选择往往是多因素的比较和权衡,必要的情况下会牺牲"职住平衡",以实现综合效用的最大化。

西方关于居住和就业空间分离的研究主要是围绕"郊区化"展开的,郊区化(Suburbanization)的核心是人口、就业、服务业从大城市中

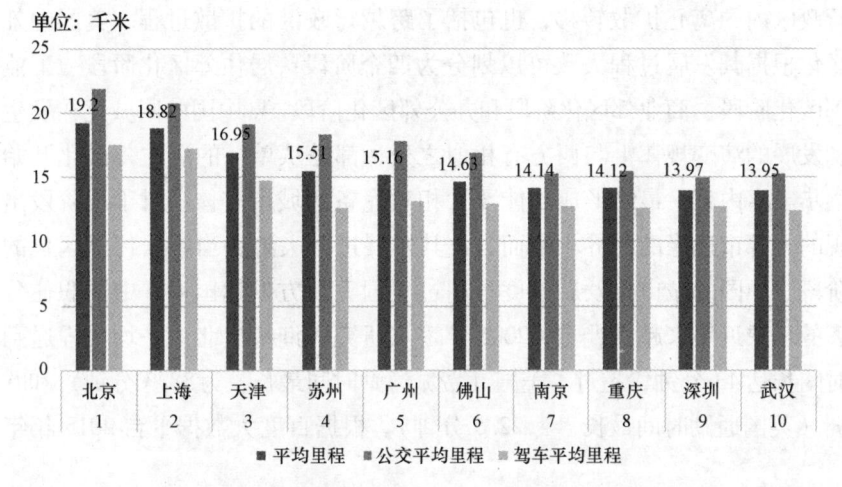

图2—2 全国上班距离前10名城市的通勤距离[3]

---

[1] 参见丁成日《城市空间规划——理论、方法与实践》,高等教育出版社2007年版。
[2] 刘欣葵、邢亚平、吴庆玲:《新城规划实施的思考》,北京规划建设专刊,2009年。
[3] 根据百度大数据平台"我的2014年上班路"统计报告数据整理和制作。

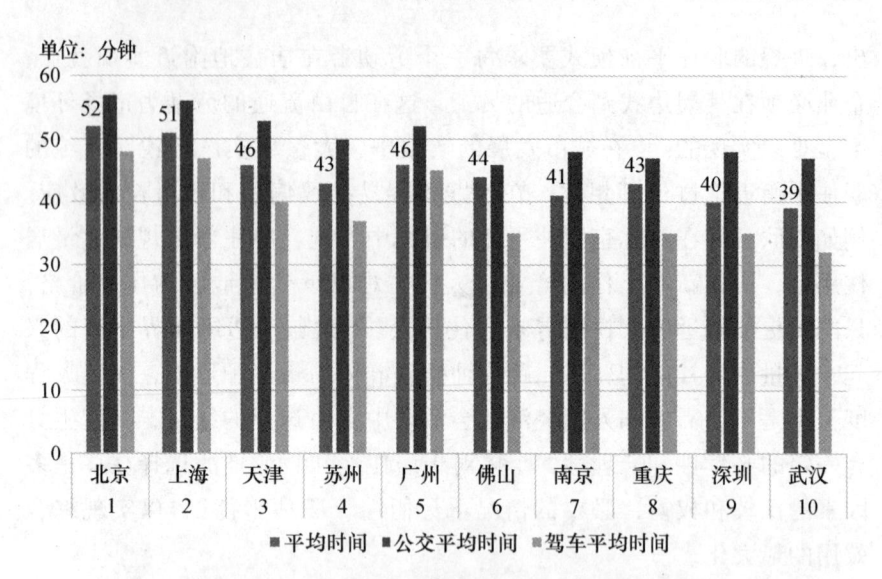

图 2—3　全国上班距离前 10 名城市的通勤时间①

心向郊区转移的扩散过程②，这个过程中描述的郊区化既包括了在相同行政区内的离心扩散转移，也包括了跨越行政区的扩散过程。美国的郊区化根据其发展过程大致可以划分为四个阶段：居住郊区化阶段、工业郊区化阶段、商业郊区化阶段和办公郊区化阶段。③ 中国的同城化在发生和发展的演变规律上与西方有相似之处，都是从单一的居住郊区化开始逐步丰富内容，最终形成功能要素相对完备的城市实体。对于现阶段出现的大都市边缘的跨界小镇而言，其发展过程大致相当于居住郊区化的阶段。中国的城市化发展速度远超过美国等西方发达国家，中国职住分离的现象近年来越发严重，2006 年零点研究咨询指出北京平均单程通勤时间长达 43 分钟，超过了美国（费城通勤时间最长，为 38.3 分钟）和欧洲（英国通勤时间最长，为 22.5 分钟）。根据百度大数据平台 2015 年年

---

① 根据百度大数据平台"我的 2014 年上班路"统计报告数据整理和制作。
② Zhou Y. X., Ma L. J. C., "Economic Restructuring and Suburbanization in China", *Urban Geography*, Vol. 26, No. 2, 2005.
③ Feng J., Zhou Y. X., "Suburbanization and the Changes of Urban Internal Spatial Structure in Hangzhou, China", *Urban Geography*, Vol. 26, No. 2, 2005.

初发布的"我的2014年上班路"互动调查调查报告①结果显示,全国上班族平均通勤距离为9.18公里,平均上班时间为28分钟,其中全国乘坐公交上班的平均距离为9.75公里,平均上班时间为32分钟,全国驾车上班的平均距离为8.11公里,平均上班时间为23分钟。其中上班距离及时间排行前10名的城市分别是北京、上海、天津、苏州、广州、佛山、南京、重庆、深圳和武汉(见图2—2、图2—3)。结果反映了两方面的现象:一是职住分离与城市的城市化水平和经济发展水平有关,职住分离严重的城市往往都是经济发达的城市,其中东部城市超过60%;二是苏州、佛山等非一线城市排名靠前,苏州上班通勤时间和距离甚至超过了广州,表明随着区域一体化进程的推进,都市圈中二、三线城市的发展使得远距离上班不再局限于一线城市,远距离的职住分离已经逐渐成为普遍的现象。但与美国郊区化分散的特点不同,中国的职住分离仍然以向大城市集中为主要特征,郊区和城市边缘地带的发展相对滞后。

三 流动空间理论与城市边界的再定义

"流动空间"的概念最初源于建筑学领域,1929年斯密(Mies van der Rohe)设计的西班牙巴塞罗那德国馆采用似开敞、似封闭的空间,被人们称为"流动空间"。② 此后莱特提出"连续运动的空间"、柯布西耶提出"坡道空间"等等,从不同角度深化和发展了流动空间的概念。流动空间理论的形成则是20世纪80年代后,伴随着信息技术、互联网的发展,物质和信息可以实现全球性的流动,这种以流动为主要特征的空间形式逐步被人们所接受。齐格蒙特·鲍曼(Zygumnt Bauman)提出流动的现代性理论,认为流动性是社会形态在网络时代的本质特征,是人们生活方式"在流动",也是一种不可控制的"强迫性流动"③。大卫·哈维(David Harvey)的时空压缩理论认为电子通信网络是后福特制生产体系的重要支持,由此造成全球性的"时空压缩"(Time-Space

---

① 百度大数据平台"我的2014年上班路"网络互动调查通过H5应用,基于百度地图直观、数据化地进行调查统计,全国超过300万人参与,覆盖全国300多个城市。
② 参见刘先觉《密斯·凡·德·罗》,中国建筑工业出版社1992年版。
③ Bauman Z., *Globalization: The Human Consequences*, Polity Press, 1998.

Compression),进而对社会关系结构和日常生活节奏进行的重新组织。[1] 莎思琪亚·莎森(Saskia Sassen)在其全球城市理论中认为资本流动性的增加不仅造成生产组织的地理区位和金融市场网络的变化,还导致新型生产和金融组织进行管理控制,城市也逐渐成为资本运作的跨国经济空间的载体。曼纽尔·卡斯特尔(Manuel Castells)系统性地提出了"流动空间"理论,他在《网络社会的兴起》[2]中指出从社会发展的历史性趋势来看,依托互联网、航空运输、城际铁路等现代方式的物质支撑,流动空间将取代传统意义上的地方空间。[3] 卡斯特将流动空间定义为"通过流动而运作的共享时间之社会实践的物质组织",其构成包括三个层次:第一层次是以微电子为基础的设计、通信、计算处理、广播以及高速运输等构成的信息社会的物质基础,是流动空间的第一个物质支持。第一层次的空间形式,在某种程度上类似于工业社会和商业社会中的"区域"和"城市"。在网络社会里,地方虽然并没有消失,但地方的逻辑和意涵已经被吸纳进网络,网络的技术性基础重新界定了新空间。第二层次组织是由节点(node)和核心(hub)构成的,它们是具有策略性重要功能的区位,根据网络的功能需求建立起以地域为基础的组织和活动。第三层次则是空间组织中占有支配地位的管理精英。[4] 流动空间逐步取代地方空间的过程反映了以地点为基础的社会制度,以及新兴的社会精英权力与新生产组织之间的脱节(Disarticulation)。[5] 在网络社会的结构中,城市之间的地理边界的重要性降低和模糊,传统意义上的地域意义面临丧失的危机,新技术重新定义了生产规则的同时也彻底改变了城市和区域空间,使得原本在一个城市内集中的功能活动延伸

---

[1] Harvey D., *The Condition of Postmadernity*, Oxford: Blackwell, 1990.
[2] 《网络社会的兴起》是曼纽尔·卡斯特1996年出版的《信息时代:经济、社会与文化》三部曲之一,该系列丛书提出地方空间(Space of places)和流动空间,并在对信息化社会进行充分研究的基础上,展示出关于网络社会壮丽宏大的社会图景。
[3] Castells M., *The Rise of the Network Society*, Cambridge. MA: Blackwell, 1996.
[4] 卡斯特(Castells)认为网络社会是一种以流动空间为基本机构的新社会形态,也是一种全新的社会模式。流动空间不是简单地消灭了地方空间,它们的关系也是全球化与地方化之间的关系,转化的过程才是关键。
[5] Castells M., *The Information City: Information Technology, Economic Restructuring, and the Urban-regional Process*, Oxford: Basil Blackwell, 1989: 348 – 353.

到了其他的区域和城市。人们可以不再拥挤在狭小的城市空间，其社会活动可以随着城市功能的延伸而扩散到其他的区域空间之中去。网络社会以信息的流通网络来取代地点的逻辑基础在于权利组织对历史建立的社会经济政治等机制的逃避，逃离特定的地点便可以脱离那些以地域为基础的社会制度，这成为获得自由的重要手段。[1] 跨界钟摆族的产生就是网络社会的典型现象，通过新交通、新技术的应用，使得人们的活动空间不再局限于地域分界的阻隔，在更大的区域空间中组织生活的要素。

四 社会生态学理论与城乡空间的侵入与接替

社会生态学理论以生物学和生态学为基础，通过具有特色的和系统性的视角来理解社会经济生活，特别是对于人类群体的相互关系和社会空间的变迁有诸多贡献，对于本书研究的大都市边缘的社会空间演变，以及外来钟摆族群体和本地群体的相互关系研究具有一定的启发和借鉴意义。社会生态学理论最早可以追溯到20世纪20年代美国的芝加哥学派，其代表人物包括帕克、伯吉斯等，他们最先提出的是"人类生态学"的概念，从人口和地域的互动关系入手，探讨了人口的居住和迁移过程，认为城市的区域和居住方式是社会中个体通过竞争、适应和选择的结果。[2] 海曼（Heman E.）等认为社会生态系统就是"按照特定社会生态目标发展的多因素共同作用的动态整体"。[3] 马道明认为社会生态系统所具有的生态平衡的本质特征和动态规律是它得以存在与持续发展的原因所在。[4] 在社会生态系统中，社会不同阶层和群体的空间择居能力和不同空间的进入门槛均存在差异，这些都导致了居住空间的

---

[1] 艾少伟、苗长虹：《从"地方空间"、"流动空间"到"行动者网络空间"：ANT 视角》，《人文地理》2010 年第 2 期。

[2] 杨上广、王春兰：《国外城市社会空间演变的动力机制研究综述及政策启示》，《国际城市规划》2007 年第 2 期。

[3] Daly H. E., Farley J. C., *Ecological Economics: Principles and Applications*, Washington DC: Island Press, 2004, pp. 93–110.

[4] 马道明：《社会生态学视角下经济调控范式的反思与重构》，《社会科学战线》2012 年第 11 期。

分异。芝加哥学派从形态学意义上研究了社会结构和空间结构的关系,以及社会空间发展的过程,认为人们在社会结构中的位置和社会经济特征决定了他们在城市空间中的区位分布,并仿照生态学中生态位的概念提出生态空间位势(Ecological Positon),美国的移民城市中特定的生态位势都被与之相对应的社会阶层所占据。① 尽管将生态学的概念和思想引入人类行为的研究中略显生硬,毕竟人类社会和自然界的发展规律存在差别,但两者之间都存在类似的"竞争""侵入""演替"等过程,这种相似的行为过程为分析城乡社会空间的演变和群体间的相互关系提供了更加形象的视角。在当代中国,大城市社会空间正在发生结构性的变迁,在社会经济环境、生态压力、就业需求等综合因素的作用下,城市向郊区的侵入与接替过程普遍发生,传统同质性的乡村社会空间正在向多元异质性的城市社会空间转变。例如孟庆洁等对上海闵行区古美街道居住空间演变的研究,分析了郊区社会空间萎缩、农民垂直流动不畅、流动人口居住空间萎缩等问题。② 童小溪通过对中国10个村庄的调查,分析了"城市侵入"对乡村空间变迁的影响,指出城市、工业、国家和市场是促使城市突破城乡边界、渗透到乡村空间的主要力量,本地居民根据自身经济条件、教育需求、家庭纽带等原因选择在城乡之间穿梭③,这也是社会空间变迁下某种类型的钟摆族。

五 区域一体化理论与跨区域空间整合

区域一体化是跨界钟摆族群体产生的最重要的宏观背景,是推动钟摆族群体发生、发展的重要力量。在钟摆族的相关报道中,"城市群"

---

① 芝加哥学派对于生态位势的提出将不同的居住空间与个体所处的地位象征、社会阶层身份进行了关联,在当代中国住宅私有化和市场经济的环境下,居住空间在经济、权利的层次间再次分化,并扩大到了价值观念、行为方式、生活习惯以及社会文化等方面,居住区位的移动成为社会地位的某种象征。
② 孟庆洁、贾铁飞、郭永昌:《侵入与接替——上海闵行区古美街道居住空间的演变》,《人文地理》2010年第5期。
③ 童小溪:《从"乡土中国"到"离土中国":城乡变迁的时空维度》,《湖南社会科学》2014年第5期。

"都市圈""同城化"始终是同步出现,很少能找到一篇有关"钟摆族"的文章不涉及上述三个关键词。从本质上看,跨城市生活的钟摆族本身就是突破城市边界生活的群体,既是区域一体化的结果和表现,也是促进跨城市边界的空间一体化整合的重要力量。区域一体化理论最早起源于以国际贸易为重点的经济学研究领域,如自由贸易理论、大市场理论等,后逐渐转向对空间、制度方面的研究。① 随着技术的进步和全球化进程的推进,一个开放的区域空间正在形成,人们越来越感受到"世界是平的"。卡尔·艾博特在对美国城市的研究中指出,开放的城市必然是无界的城市,典型的西部城市是可以无限扩展的。② 城市不再是地域等级结构中孤立的组成部分,区域空间的整合将分离的社会经济要素连接成整体,增强了城市之间的依赖关系。城市群理论、都市圈理论以及同城化理论等区域一体化理论在区域整合的实践中发挥着越来越重要的作用。

1. 城市群理论与中国大城市群的形成

城市群理论的最早雏形可以追溯到 19 世纪末英国城市规划师霍华德的"田园城市"思想,霍华德③在其著名的代表作《明日的田园城市》中提出了关于城市群的思考,认为应充分发挥城市、城乡接合部以及乡村等各区域的优势,由乡村围绕城市形成所谓的"田园城市",数量众多的田园城市围绕着更大的中心城市构成田园城市的集群。而真正对城市群的系统研究主要开始于 20 世纪 50 年代,其背景是在欧美国家开始出现大规模的城市集聚发展的现象。城市群的概念源于地理学研究,最早是由法国地理学家戈特曼(Gottmann J.)用来形容美国东北部地区密集的城市区域,他认为城市群应该包含高密度的城市基础设施和网络化结构的流通体系,城市的发展沿着主要的交通干线扩展,

---

① 王珏、陈雯:《全球化视角的区域主义与区域一体化理论阐释》,《地理科学进展》2013 年第 7 期。
② 卡尔·艾博特:《大城市边疆——当代美国西部城市》,王旭、郭立明等译,商务印书馆 1998 年版,第 148 页。
③ 埃比尼则·霍华德:《明日的田园城市》,金经元译,商务印书馆 2000 年版。

加速城市化的进程并形成规模巨大的社会经济组合结构。[1] 在中国，城市群的官方定义为"一定地域内城市分布较为密集的地区"[2]，强调在特定空间中城市的密度要达到一定的程度。姚世谋等在其《中国城市群》中对城市的基本特征进行了这样的描述，即城市群是在一定地域范围内拥有不同性质、等级和类型的城市，依托一定的自然资源环境，以一个或两个特大城市作为区域经济核心，借助于现代化的高度发达的交通网络，以及现代化的信息网络强化城市之间的内在联系，共同构成的一个相对完整的城市"集合体"。[3] 徐清梅认为城市群是由一个或几个大型、特大型中心城市带领若干个不同等级、规模的城市构成的城市体[4]，并强调作为中心的大型、特大型城市应该具有较强的经济、文化辐射能力，并形成向中心的发展向心力。此外，与"城市群"相关和相似的概念还包括于洪俊、宁越敏[5]提出的"城市带"[6]，李耀新[7]提出的"城市经济圈"[8]，孙一飞[9]提出的"城镇密集区"[10]，等等。在中国，"城市群"的发展也越来越明显，已经初步形成了京津唐、长江三角洲、珠江三角洲、辽中南、长株潭等典型的城市群，与之相关的学术研

---

[1] Gottmann J., "Megalopolis or the Urbanization of the Northeastern Seaboard", *Economic Geography*, Vol. 7, 1957.

[2] 《城市规划基本术语标准》，中华人民共和国建设部，1998年8月13日颁布。

[3] 姚世谋、朱英明、陈振光：《中国城市群》，中国科学技术出版社2001年版。

[4] 徐清梅：《中国城市群几个基本问题的观点述评》，《城市问题》2002年第1期。

[5] 于洪俊、宁越敏：《城市地理概论》，安徽科学技术出版社1983年版，第314—324页。

[6] 城市带与城市群在空间形态上具有一定的差异，城市群更多侧重于表达"面状"形态的城市区域，与都市密集区（City Dense Region）概念更接近，城市带更多侧重于表现"现状"的城市地域空间，与城市绵延区（Metropolitan Interlocking Region）更接近，于洪俊等的研究对城市带的概念强调其特征有三：一是具有大规模的城市现象；二是在政治、经济上占有中枢作用；三是具有超级城市和国际港口的核心作用。

[7] 参见李耀新《长江地区产业经济与可持续发展》，武汉出版社1999年版。

[8] "城市经济圈"的概念和"城市群"的概念基本相同，陈耀和李耀新对"城市经济圈"的定义都强调以经济发达、首位度较高的中心城市为核心，与周边相邻的若干个城市（城镇）之间具有紧密的经济联系。"城市经济圈"的概念唯一的特殊点在其对于环状经济区域的描述。

[9] 孙一飞：《城镇密集区的界定——以江苏省为例》，《经济地理》1995年第3期。

[10] "城镇密集区"的概念与"城市群"的概念有一定的差距，客观上侧重于特定区域空间内城市密度的描述，强调的是由中心城市及与中心城市相连的成片的城市化区域。

究也日渐活跃。①

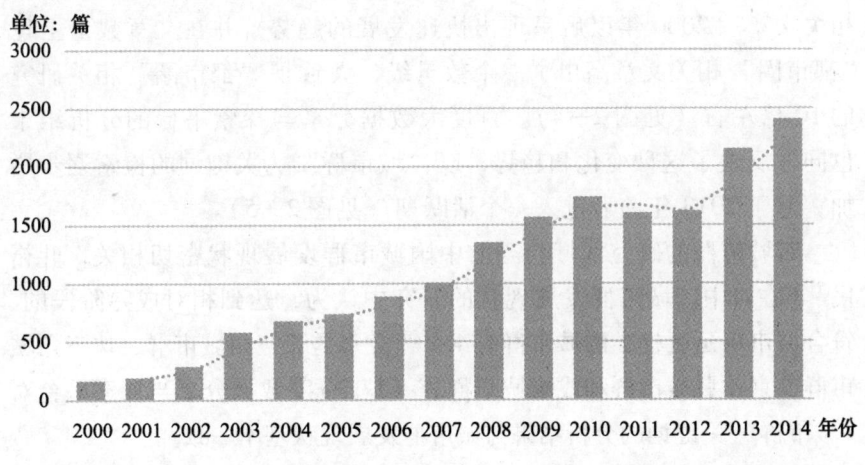

图 2—4 中国学术期刊网络出版总库中"城市群"关键词检索数量统计

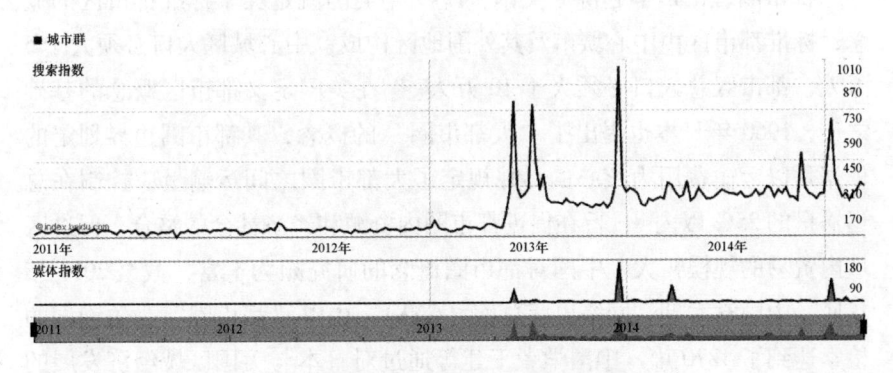

图 2—5 关键词"城市群"的热点趋势分析②

随着各种现代化交通方式的发展和经济全球化进程的加快，区域一体化得以在更大的空间尺度下展开。区域空间的整合已经突破了小区域的范畴，得以在更大尺度的面状和带状空间下进行，对"城市

---

① 根据中国期刊全文数据库，截至 2017 年年底，中文核心期刊中关于"京津唐"（包括京津冀）的论文 3564 篇，关于"长三角"的论文 2947 篇，关于"珠三角"的论文 2097 篇，关于"辽中南"的论文 32 篇，关于"长株潭"的论文 747 篇。
② 基于百度大数据分享与探索平台提供的数据。

群""城市带"等相关理论的研究也随之兴起。根据对中国学术期刊网络出版总库（CNKI）中"城市群"关键词的检索结果，"城市群"相关文章从2000年以后呈现出快速发展的趋势，并在文章数量上比"都市圈"相关文章高出了一个数量级，大致是"都市圈"相关研究的10倍左右（见图2—4）。百度大数据分享与探索平台的分析结果也同样反映了这种变化和趋势，以"城市群"为关键词的检索逐步增加，并于2013年前后进入一个活跃期（见图2—5）。

对城市群的研究区域与当前中国城市群发展现状密切相关，叶裕民[1]等在对中国城市群发展现状的研究中认为，达到相对成熟阶段的、符合城市绵延区标准的城市群有4个，分别是长三角城市群、珠三角城市群、京津冀城市群和成渝城市群。[2] 基于百度数据分享与探索平台对"城市群"关键词的分析结果与城市群发展现状基本一致。

2. 都市圈理论与区域整合研究的分化

都市圈理论最早起源于美国，1949年美国就定义了标准都市区的概念，标准都市区由中心城市及其外围地区构成，中心城区人口必须大于5万人，都市区总人口必须大于10万人。[3] 在美国定义都市区概念的基础之上，1960年日本也提出了"大都市圈"的概念，其都市圈边界划定的依据是以运输费用为核心的，并规定了大都市圈之间运输量应控制在总运输量的25%以内[4]，旨在促进都市圈内资源和经济社会的整合，促进区域内贸易的规模扩大。中国对都市圈概念的研究颇为丰富，截至2014年年底，中国学术期刊网络出版总库（CNKI）中以"都市圈"为关键词的检索达到了4270篇。中国学者王建等通过对日本与美国区域经济发展的比较，基于最短空间距离下实现供给规模与需求规模的对称，指出日本

---

[1] 叶裕民、陈丙欣：《中国城市群的发育现状及动态特征》，《城市问题》2014年第4期。

[2] 经济总量在1万亿元以上，常住人口在5000万人以上，其中吸收外来常住人口在1000万人以上。

[3] Mills E. S., McDonald J. F., *Sources of Metropolitan Growth*, Rutgers University Press, 1992.

[4] 冯垚：《城市群理论与都市圈理论比较》，《理论探索》2006年第3期。

都市圈的核心是大城市化[1]，并结合中国的发展实际提出了"九大都市圈[2]的设想"。周一星将都市圈定义为由大的人口核心及与这个核心具有高度经济一体化的周边区域组成的城市功能区。[3] 戴宾认为都市圈是城市群的一种基本形态，在空间概念上应隶属于城市群。[4] 袁家冬等比较了都市圈、都市区、城市群、都市密集区、大都市带、城市绵延区等概念在空间形态上的差异，强调都市圈应以中心城市为核心，是以城市日常生活圈的范围为边界的多核心一体化的实体区域。[5] 张鸿雁在大上海都市圈的整合与建构研究中提出了"城市群差序格局"的创新，都市圈的发展要创造合理的跨行政区域和市场机制关系，直接参与到城市全球化的竞争。[6] 吴泓等认为都市圈是以若干个大城市或超大城市为核心的空间组织形态，通过经济辐射带动周边区域，在空间上应具有圈层状的结构。[7] 都市圈理论除了有对空间构成的认知和理解外，也更侧重社会经济生活，都市圈的划分也常常基于交通可达性以及日常通勤范围作为依据，即都市圈也是日常生活圈，因而衍生出人们日常生活中常常接触到的"一小时都市圈""两小时都市圈"等提法。

在都市圈的重点研究区域方面，世界范围内的研究往往聚焦于纽约、东京、伦敦、巴黎、大阪等著名的都市圈。这些都市圈主要起源于20世纪60年代以后，经济的全球化导致城市地域空间形态发生巨大的转变，呈现出典型的从单体城市到以中心城市为核心的多城市交融发展的复杂形态转变。中国都市圈的研究源于20世纪末，随着改革开放和

---

[1] 参见王建《区域与发展》，浙江人民出版社1996年版。
[2] 王建对九大都市圈的设想包括京津冀都市圈（北京、天津、石家庄）、沈大都市圈（沈阳、大连）、吉黑都市圈（长春、哈尔滨）、济青都市圈（济南、青岛）、湘鄂赣都市圈（武汉、长沙、南昌）、成渝都市圈（成都、重庆）、珠江三角洲都市圈（广州、深圳、珠海）、长江中下游都市圈（南京、扬州、合肥）和大上海都市圈（上海、苏锡常宁杭）。
[3] 周一星：《城市地理学》，商务印书馆1995年版，第41—43页。
[4] 戴宾：《城市群及其相关概念辨析》，《财经科学》2004年第6期。
[5] 袁家冬、周筠、黄伟：《我国都市圈理论研究与规划实践中的若干误区》，《地理研究》2006年第1期。
[6] 张鸿雁：《"大上海国际化都市圈"的整合与建构——中国长三角城市群差序化格局创新研究》，《社会科学》2007年第5期。
[7] 吴泓等：《基于非场所理论的徐州都市圈发展研究》，《经济地理》2003年第6期。

市场经济的飞速增长，城市化规模逐步膨胀，截至2011年中国城市化率超过50%[①]，其中城市化水平最高的大广州、大上海、大北京等地的都市群已经形成，围绕经济发展水平较高的部分省会城市的区域性都市群也在快速发展之中，例如南京都市圈、沈阳都市圈、武汉都市圈等等。中国学术期刊网络出版总库（CNKI）以"都市圈"为关键词的检索数量统计显示了自2000年以来对都市圈进行研究的学术文章的变化趋势：2006年前后对都市圈相关研究进入一个高峰期（见图2—6）。随着区域一体化向更大尺度和更加纵深方向的发展，研究的热点正逐步转移到对"城市群"等宏观理论、"同城化"等相对微观理论的研究。百度大数据对于"都市圈"作为关键词条的分析结果也显示了2010年以后对"都市圈"的关注趋势（见图2—7）。

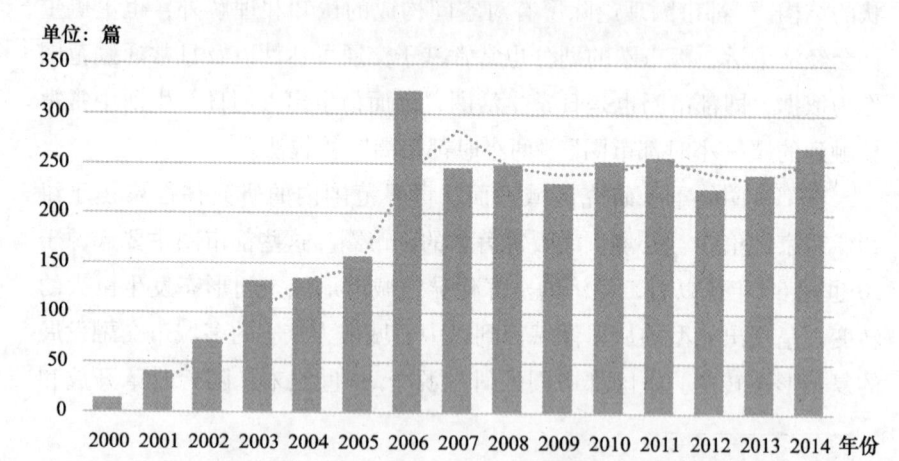

图2—6 中国学术期刊网络出版总库中"都市圈"关键词检索数量统计

在都市圈研究的热点区域方面，基于百度数据分享与探索平台对"都市圈"关键词的分析结果与学术界对都市圈的研究基本一致。人们首先关注的是围绕北上广深等特大型城市业已形成的都市圈，其次是围

[①] 《中国城市发展报告2012》指出2011年中国城镇人口首次超过农村人口达到69079万人，比上年末增加2100万人；城镇人口占总人口比重达到51.27%，首次超过50%实现历史性突破。

绕武汉、南京、杭州、昆明、成都等经济相对发达的省会城市形成的区域性都市圈。都市圈研究的热点区域与关注区域也在客观上反映了当前中国都市圈发展的基本情况。

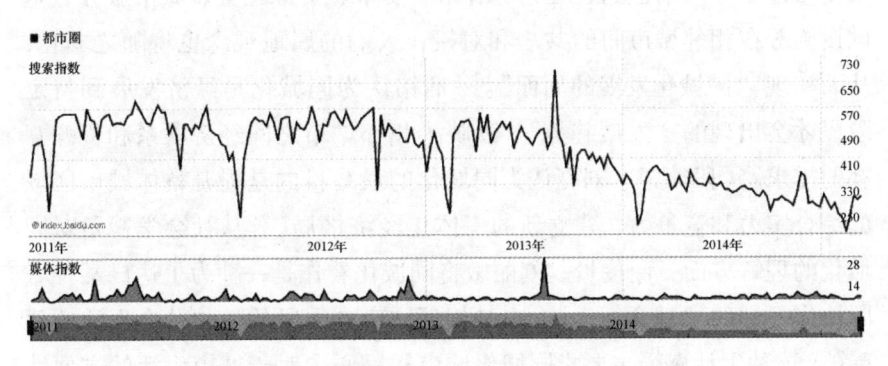

图2—7 关键词"都市圈"的热点趋势分析①

3. 同城化理论与相邻城市的同城效应

同城化是近年来伴随着中国城市化发展而出现的新概念,与西方的"都市圈"(Metropolitan Area)和"城市群"(Megalopolis)等概念具有相关性,但在英文文献研究中很难找到表达和含义相对一致的概念,可以说是具有强烈的"中国特色"。针对其概念本身的含义,国内学者做过大量的学术探讨,综合学术界对同城化理论的认识来看,同城化理论主要包括了经济学、地理学、城市学、社会学等多个学科。高秀艳、王海波提出"同城化"是一个"打破城市之间传统的行政边界,促进区域市场、产业以及基础设施一体化,达到提升区域经济整体竞争"的发展战略。② 彭震伟、屈牛认为同城化是一种"新的区域发展视角",既是一个静态特征,又具有动态的过程。③ 衣保中、黄鑫昊认为"同城化"是基于帕累托最优性质的经济学原理,又以城市发展战略为依托,

---

① 基于百度大数据分享与探索平台提供的数据。
② 高秀艳、王海波:《大都市经济圈与同城化问题浅析》,《企业经济》2007年第8期。
③ 彭震伟、屈牛:《我国同城化发展与区域协调规划对策研究》,《现代城市研究》2009年第6期。

是"区域经济一体化的城市发展战略"。[1] 桑秋等认为"同城化"与"一体化"的概念之间是有差异的，同城化更具有"现实性、针对性和可操作性"。[2] 曾群华在针对长三角同城化的研究中认为城市之间的同城化可以是一个渐进的过程，随着市场要素、资源配置、城市服务、基础设施等在相邻城市间的共享和对接，人们的属地观念也将随之弱化，从而实现"同城化发展的局面"。[3] 刑铭认为同城化是经济发展到特定阶段才会出现的"发展趋势"，反映了相邻城市之间经济联系和资源互补的需求。[4] 段德罡、刘亮认为同城化的最终目的是提升整体城市区域的综合实力和竞争力，建立新的一体化经济格局。[5] 从社会学视角对同城化的理解方面，谢俊贵、刘丽敏将同城化看作是一种为了达成某种城际协作目标的"社会行动"，也是相邻城市中居民的一种社会生活的感受[6]，这种生活感受主要指同城化城市居民心中对于城市生活的方便性和易达性的体会。特别值得提出的是，谢俊贵从城市社会学和社会心理学角度对"同城化"进行了研究，他将同城化视为政府积极推动的一种社会行动，具有典型正功能和负功能。此外，闫世忠、王振、张建军、张国栋、秦广庆、邹辉、李恒鑫、阎泽、王劲松、李晓晖、李红、梁文婷等学者也针对同城化的概念和内涵进行了大量的学术探讨和研究。综合来看对于"同城化"可以有多个维度的理解：城市本身一方面通过集聚功能产生向内吸引、中心化的运动，另一方面通过扩展形成去中心化、弥散化的力量，每个区域性的城市空间都存在介于集聚和扩

---

[1] 衣保中、黄鑫昊：《我国同城化发展的现状及其效应分析》，《理论探讨》2012年第6期。

[2] 桑秋、张平宇、罗永峰等：《沈抚同城化的生成机制和对策研究》，《人文地理》2009年第3期。

[3] 曾群华：《新制度经济学视角下的长三角同城化研究——以上海、苏州、嘉兴为例》，硕士学位论文，华东师范大学，2011年。

[4] 邢铭：《沈抚同城化建设的若干思考》，《城市规划》2007年第3期。

[5] 段德罡、刘亮：《同城化空间发展模式研究》，《规划师》2012年第5期。

[6] 谢俊贵、刘丽敏：《同城化的社会功能分析及社会规划视点》，《广州大学学报》（社会科学版）2009年第8期。

散的复杂的动态运动关系。[①] 同城化是一种经济社会现象，没有行政从属关系的相邻城市共商规划、共享资源、共同发展；它是一种发展模式，是在全球化和经济一体化背景下，在区域经济发展和城市过程中逐步形成的新型发展模式；它是一种社会行动，相邻的城市之间[②]通过一种相互紧密合作的方式寻求共同的发展，共同提升城市在区域发展中的竞争力。

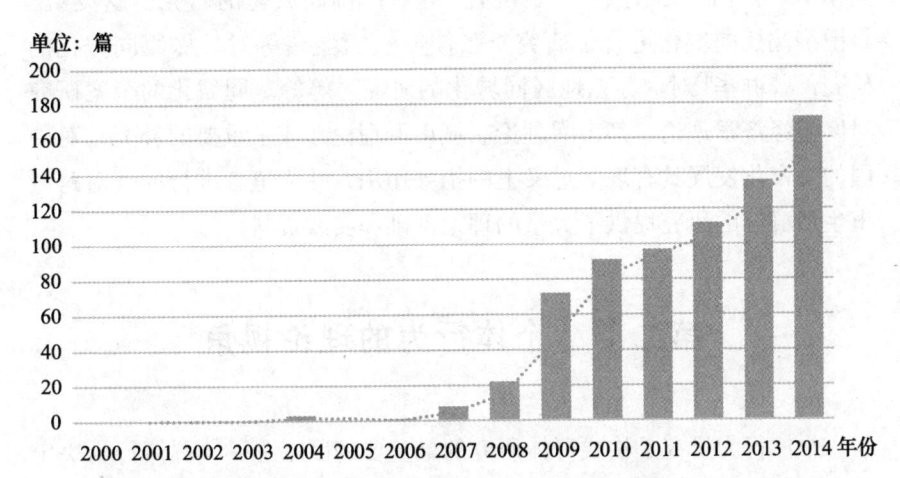

图2—8 中国学术期刊网络出版总库中"同城化"关键词检索数量统计

中国学术期刊网络出版总库（CNKI）检索结果表明，学术上对"同城化"的研究明显滞后于"都市圈"和"城市群"，但近年来日趋成为相关研究的热点，这在客观上反映了区域一体化正朝着更微观的深度方向发展。根据中国学术期刊网络出版总库（CNKI）中"同城化"关键检索数量统计分析，对同城化的研究主要起源于2007年以后，并呈现出快速增长的发展趋势（见图2—8）。同城化除了在理论研究方面

[①] 索亚：《后大都市：城市和区域的批判性研究》，李钧译，上海教育出版社2006年版，第23页。
[②] 在城市的竞合关系中，并不是相邻的城市都可以同城化，通常同城化战略都是在空间上邻近、在产业上互补、在文化上相同的城市之间，产业同质化和文化融合性不足的城市之间则较倾向于表现出竞争关系。

成果丰富外，更突出表现为其所具有的极强的实践性和创新性。实践性是由于同城化理论产生于城市发展的实践，并在实践中不断获得补充和完善，创新性源于其自身所具有的制度创新和社会改革的属性和特点。近年来，关于同城化的个案研究呈现出爆发式的增长，几乎涵盖了中国大部分提出同城化的区域和城市，研究主要集中在同城化地区的发展特征、同城化措施以及同城化作用效应等方面。例如梅伟霞[1]、魏宗财[2]、陆昂[3]、叶祥松[4]、何冬华[5]、姚宜[6]等对广佛同城化的研究，赵英魁[7]等围绕沈抚同城化进行了研究，张佳美[8]、袁兮[9]等对长株潭同城化的研究，曾群华[10]对沪苏嘉地区同城化的研究，等等。同城化的个案研究对区域经济学理论、都市圈理论、城市群理论形成了重要的补充，对中国的城市化发展具有现实意义上的指导作用，并为笔者进行的针对跨城市生活群体的研究提供了大量的理论基础和实践资料。

第二节 个体行为的理论视角

个体行为研究是构成群体研究的最重要的因素之一，群体行为决定着个体行为的方向，个体行为则是群体行为的微观体现。当个体成员被群体凝聚在一起时，就产生了群体的目的和意识，并形成了特定的社会

---

[1] 梅伟霞：《广佛同城的发展条件和障碍分析》，《特区经济》2009年第10期。

[2] 魏宗财、陈婷婷、李亚洲：《新一轮区域规划高潮背景下的广佛同城化发展规划探讨》，《规划师》2012年第2期。

[3] 陆昂、张涌：《广佛同城化的实践及启示》，《宏观经济管理》2013年第4期。

[4] 叶祥松、彭良燕：《广佛同城化的博弈分析》，《广东商学院学报》2011年第2期。

[5] 何冬华、袁媛、杨箐丛等：《佛山市南海区在广佛同城化中的应对策略研究》，《规划师》2011年第5期。

[6] 姚宜：《广佛同城化对珠三角一体化的示范作用》，《特区经济》2010年第7期。

[7] 赵英魁、张建军、王丽丹等：《沈抚同城区域协作探索——以沈抚同城化规划为例》，《城市规划》2010年第3期。

[8] 张佳美、冯健文：《长株潭空间一体化发展模式研究》，《中外建筑》2002年第3期。

[9] 袁兮：《长株潭空间一体化研究》，硕士学位论文，云南师范大学，2003年。

[10] 曾群华、徐长乐、邓江楼等：《沪苏嘉一体化进程中的同城化研究》，《华东经济管理》2012年第3期。

性特征，这样群体的行为才能反映整个行为主体的状况，而不再以个体的意识、目的为转移。与群体行为相比，个体行为表现为在一定的思想认知、意志和情感的支配下，个体所采取的符合或不符合规范的行动。这些行动既受到个体主观内在因素（生理因素、文化因素、心理因素、经济因素等等）的作用，也受到来自外部客观环境的影响（包括群体的内部环境和群体的外部环境）。本书对跨界钟摆族的行为研究主要涉及四个方面，即决策行为、迁移行为、出行行为和交往行为。

一 社会行为理论与个体出行行为

对社会行为（Social Act）的研究最早可以追溯到笛卡尔、皮尔斯等哲学家的理论基础[①]，米德（Mead G. H.）在其主要著作《社会行为主义视角的自我、心灵与社会》[②]中围绕社会行为作为一种制度化的社会互动过程进行了讨论，不仅阐释了语言及符号（Significant Symbol）的起源和结构，还说明了分化社会位置的社会互动所表现出的制度化模式。米德的社会行为理论主要侧重于理论层面，着眼于社会情景定义和符号互动的研究，但缺乏系统性的经验研究。此后学者对社会行为的探讨逐步引入多视角的研究，成为观察、分析以及研究社会现象、过程和关系的切入点，包括不同语境和层次的宏观多学科，如社会学、哲学、地理学、城市学等等，以及同一学科内的多重视角，如社会学中的功能主义视角、后现代理论视角、韦伯视角等对研究所涉及的社会行为进行整合和区分。对于像跨界钟摆族这样的群体以及个体的研究，社会行为理论的视角意味着"环境"和"观点"，包括对群体和个体的不同主张、看待问题的角度等，在不同的环境中群体对某一现象的表征和行动也有所不同，其中对出行行为的研究最为直接。在社会行为中关于出行行为的研究大体可以分为两个方向。

一方面城市学和地理学研究视角更多地从群体的实证数据出发，探究影响人们出行的因素和作用机制，涵盖了出行者自身特征（包括年

---

① 汪新建、俞荣龄：《米德社会行为理论的经验验证》，《山西大学学报》（哲学社会科学版）2009年第6期。

② Mead G. H., *Mind Self and Society*, Chicago: Chicago University Press, 1934.

龄、性别、收入水平、家庭结构、教育水平、职业特征）、出行行为特征（包括出行距离、出行时间、出行目的、出行紧迫性等）、交通方式特征（包括安全性、舒适性、经济性、便利性等）三个大的方面。[①] 例如宋凯、徐满满基于"旅客出行意愿调查"数据对城市群城际出行的研究，从城际旅客的个体特征、出行特征和行为特征等三方面进行了调查。[②] 刘健、张宁基于2400份京津城际铁路旅游的样本调查，分析了城际铁路开通对商务/公务活动、工作等出行行为的作用。[③] 李军等通过对长株潭城市群的城内和城际出行交通的抽样调查分析，对城际出行者的经济社会特征、出行目的、出行时间以及交通方式的选择等方面进行了比较，认为随着同城化程度的提高、城市基础设施的完善以及居民消费水平的提高，城际出行的需求将愈加旺盛，原本居住在城市内的居民选择在城市以外居住的比例将逐步增加，进而导致跨城市的上班、上学、娱乐、购物等出行更加频繁。[④] 熊竞等通过对伦敦交通工具的研究发现，跨区域就业通勤很大程度上仍然受制于空间距离的阻隔，居住地所在的区位离中心城市越近，内向通勤（从城市外围向中心城市）的数量越多，反之离市区越远数量越少。[⑤]

另一方面，社会学、心理学、政治学等人文学科通过观察、访谈、历史研究、个案分析等方法，重点围绕社会规范（包括社会风气、群体影响、面子因素等）和制度情境（包括社会奖惩机制、交通制度、宣传环境、公共交通系统的完善性等）进行研究，例如社会表征理论等社

[①] Bowman J. L., Ben-Akiva M., "Activity-based Disaggregates Travel Demand Model System with Activity Schedules", *Transportation Research*, 2000.

[②] 宋凯、徐满满：《城市群城际旅客出行行为特征分析》，《现代城市轨道交通》2012年第4期。

[③] 刘健、张宁：《基于模糊聚类的城际高铁旅客出行行为实证研究》，《交通运输系统工程与信息》2012年第12期。

[④] 李军、朱顺应、李安勋等：《长株潭城市群城际与城内客运出行特征》，《交通科技》2006年第6期。

[⑤] 熊竞、马祖琦、冯苏苇：《伦敦居民就业通勤行为研究》，《城市问题》2013年第1期。

会心理学研究为群体行为研究建构了机制、提供了方法和技术参考。[1]在研究实践上,塞尔杜(M. D. Certeau)[2] 在日常生活层面分析了人们在时间和空间方面的实践,他认为强者(例如政府、大企业等)通常以"场所"作为基础的"战略"占有特定的社会空间,从而在空间中以强力界定社会关系,而弱者(主要指普通个体)则以"实践"为基础的"战术",在没有固定社会空间的情况下,只能依靠游走、流动、穿梭等方式来适应社会。莱因(Tilly Line)等人认为影响人们出行方式意愿的决定性因素包括驾驶的欲望、价值观、社会感知、自我形象以及对交通方式的感情等。[3] 国内牟振华等在对广州—佛山跨城市出行行为的研究中分析了"居住在佛山,到广州上班"群体,发现在这种出行模式下的居民大多为青年群体,从事的工作大多数为企业管理和专业技术类。其研究发现该群体的社会关系较为单一,没有太多的家庭负担,因受到广州的城市压力,更偏向于选择跨城市职住分离的生活模式,而同时小城市的同城化建设能够很大程度上消除居民"异地、跨城"的出行心理和空间阻力。[4] 侯雪等在京津城际出行研究中发现,城际高铁的建设改变了人们对城际出行的空间感知,越来越多的人愿意接受职住分离,并能够接受这种跨城市的全新的就业生活模式。[5] 许芳等将对人们出行行为的影响因素归结为行为理念、家庭属性、交通管理水平、出行方式服务水平和出行特征等五个方面。[6] 上述围绕社会个体出行行为的多学科、多向度、历时性的研究、观点的交织与对立,科学实证的数据与人文学科的感性理解,已经逐渐形成一种立体的研究场域(见图2—9)。

---

[1] Moscovici S., *The Phenomenon of Social Representations*, London: Cambridge University Press, 1984, p. 41.

[2] Michel De Certeau, *In the Practice of Everyday Life*, University of California Press, 1984.

[3] Line T., Chatterjee K., Lynos J., "The Travel Pehavior Intentions of Young People in the Context of Climate Change", *Journal of Transport Geography*, 2010.

[4] 牟振华、李美玲、崔东旭等:《广佛同城背景下居民城际出行行为研究》,《城市发展研究》2014年第8期。

[5] 侯雪、刘苏、张文新等:《高铁影响下的京津城际出行行为研究》,《经济地理》2011年第9期。

[6] 许芳、肖前、徐国虎:《基于SPSS的城市居民绿色出行行为方式选择的因子分析》,《中国集体经济》2000年第7期。

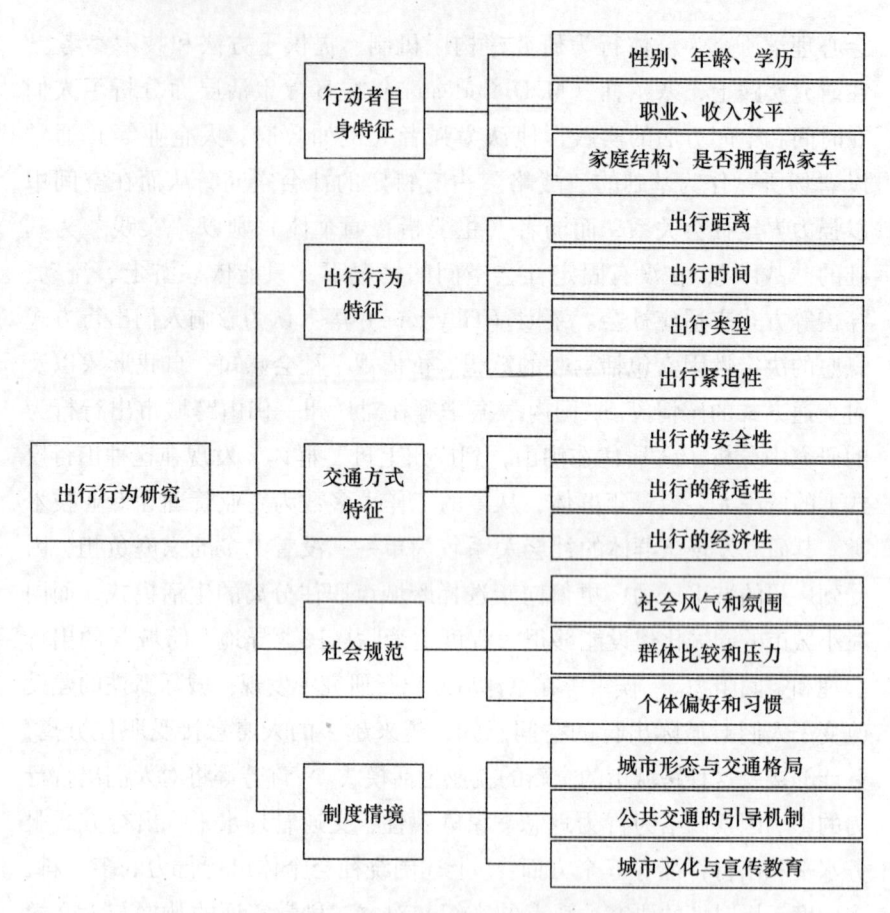

38 大都市边缘城镇化及跨城市生活群体研究

```
                          ┌── 性别、年龄、学历
              ┌─ 行动者自身特征 ─┼── 职业、收入水平
              │                └── 家庭结构、是否拥有私家车
              │
              │                ┌── 出行距离
              │                ├── 出行时间
              ├─ 出行行为特征 ──┤
              │                ├── 出行类型
              │                └── 出行紧迫性
              │
              │                ┌── 出行的安全性
出行行为研究 ─┼─ 交通方式特征 ─┼── 出行的舒适性
              │                └── 出行的经济性
              │
              │                ┌── 社会风气和氛围
              ├─ 社会规范 ─────┼── 群体比较和压力
              │                └── 个体偏好和习惯
              │
              │                ┌── 城市形态与交通格局
              └─ 制度情境 ─────┼── 公共交通的引导机制
                               └── 城市文化与宣传教育
```

图 2—9 出行行为的影响因素分类与要素

二 参照群体理论与个体决策行为

参照群体（Reference Groups）理论源于社会心理学研究，现如今已经广泛应用于社会学、传播学、管理学等领域，成为重要的具有普遍意义的分析工具。参照群体理论由美国著名的社会学家赫伯特·海曼（Herbert Hayman）在 1942 年正式提出，认为是人们在评价社会地位时依赖可供比较的社会框架，但更早的思想可以追溯到互动论大师乔治·米德、柯利、詹姆斯以及萨姆纳等的相关研究，后经莫顿、罗西以及凯

利等人进一步完善。① 参照群体对于个体理解自身,以及个体与世界互动方式的影响更为显性化,并促进个体形成信念、态度和价值观等。参照群体不一定是个体所属的群体,有可能是个体希望加入的群体,甚至可能是关联性较弱的外部群体。② 参照群体可能是正面的,当某个群体已经达到的目标是人们所追求的,便会按照这个群体的行为模式来行动。参照群体也可能导致负面的影响,这会引起人们对参照群体行为的反思。社会学家认为,正面参照群体的价值和标准是人们认知世界的社会基础③,社会中每一个个体都需要扮演多种不同的社会角色,参照群体作为一个心理的参照点,反映了其他群体在社会变迁中的要求和期望。参照群体理论可用于对大都市边缘的钟摆族群体的跨城市选择、社会地位认知、文化冲突和认同等方面的研究,这些相对主观性的评价主要依赖于多种不同的参照群体而展开,他们相互冲突又相互强化,发挥着或正面或负面的功能。"钟摆族"将某个群体作为自身心中的参照群体,就会按照该群体的标准和相关规范来对照和约束自己的行为,运用这一理论可以解释他们的许多行为逻辑。

三 同质性理论与个体社会交往行为

同质性理论反映了社会交往中"物以类聚,人以群分"的现象,是指个人在社会交往中偏向与同自身在经济、社会等特征相似的人建立联系。关于同质性的研究最早起源于 20 世纪 30 年代傅特等对小社会群体的研究④,其研究表明同质性现象广泛存在,表现在年龄、性别、种族、教育、经济地位等人口特征和智力、态度、包袱等心理特征两个方面。⑤ 拉扎斯菲尔德(Paul Lazarsfeld)和默顿(Robert Merton)通过地

---

① 毛晓光:《20 世纪符号互动论的新视野探析》,《国外社会科学》2001 年第 3 期。

② 参见戴维·波普诺《社会学》(第十二版),李强等译,中国人民大学出版社 2007 年版。

③ Muzafer S., Carolyn S., *Groups in Harmony and Tension: An Introduction to Studies on Intergroup Relations*, New York: Harper & Row, 1953.

④ Miller M., Lynn S., James M. Cook., "Birds of a Feather: Homophily in Social Networks", *Annual Review of Sociology*, Vol. 27, 2001.

⑤ Warner W. L., "The Family and Principles of Kinship Structure in Australia", *American Sociological Review*, Vol. 2, No. 1, 1937.

位同质性（Status Homophily）指出群体中朋友位置之间或朋友隶属群体之间的相似性现象。[1] 此后，康德尔（Kandel）延续拉扎斯菲尔德和默顿的观点，将地位同质性的概念扩展为具有密切社会互动的人们所隶属群体或社会地位的相似性。[2] 劳曼（Edward Laumann）是对同质性理论做出重要贡献的人物，他在1966年提出了人类交往最基本原理之一的"似我原理"（Like-me Principle）[3]，指出人们倾向于跟自己相像的人们交往。[4] 关于在流动群体同质性现象研究方面，布劳（Peter Blau）指出社会流动使流动者的人际关系发生改变，可能导致流动者徘徊于原属经济社会群体和现属经济社会群体之外[5]，他在1977年出版的《不平等和异质性》（Inequality and Heterogeneity）一书中指出，社会整合不仅取决于共享价值和社会依赖，还取决于社会成员之间的实际交往以及不同群体、等级之间的社会交往。[6] 布雷顿（Breton）和皮纳德（Pinard）在对移民群体的研究中发现，缺乏一致的理性标准（主要指职业）导致形成的移民群体呈现出低度同质性，而缺乏与外群体交流能力的移民形成非理性标准方面高度同质性的群体。[7] 跨城市生活的钟摆族群体中同质性现象十分典型，相似的人生经历、文化层次和生活方式等要素使得个体间更容易形成联系，相对孤立和缺乏地缘互动的特征又促进了群体的团结与整合，但同时钟摆族职业构成的多样性降低了该群体的同质

---

[1] Marx J. H., Spray S. L., "Psychotherapeutic 'Birds of a Feather': Social-Class Status and Religio-Cultural Value Homophily in the Mental Health Field", *Journal of Health and Social Behavior*, Vol. 13, No. 4, 1972.

[2] Kandel D. B., "Status Homophily, Social Context, and Participation in Psychotherapy", *The American Journal of Sociology*, Vol. 71, No. 6, 1966.

[3] 劳曼认为地位、态度、信仰和行为的相似性促使社会地位占据者之间相对紧密或同质性关系的形成，根据不同的网络类型可以分为：纯粹的同质性、纯粹的异质性、宗教种族同质性与职业异质性、宗教种族异质性与职业同质性。

[4] 参见张文宏《中国城市的阶层结构与社会网络》，上海人民出版社2006年版。

[5] Blau P. M., "Social Mobility and Interpersional Relations", *American Sociological Review*, Vol. 21, No. 3, 1956.

[6] 参见彼特·布劳《不平等和异质性》，王春光、谢圣赞译，中国社会科学出版社1991年版。

[7] Breton Raymond, Maurice Pinard, "Group Formation Among Immigrants: Criteria and Processes", *The Canadian Journal of Economics and Political Science*, Vol. 26, No. 3, 1960.

性，并形成了群体分层和分化的基础。个体之间的交往不仅取决于自身的能动性，还受到社会结构、文化等因素的影响，同质性理论预示着具有共同特征（共同生活模式、相似的社会经历等）的人们有更多的接触机会，有利于钟摆族群体社会关系的形成。

四 劳动力迁移理论与流动人口迁移行为

对劳动力迁移的研究最早可以追溯到古希腊时期，著名思想家柏拉图、色诺芬等就对人口转移、社会分工等问题进行过基础研究。系统性地提出劳动力流动和迁移理论的是19世纪末的雷文斯坦（E. G. Ravenstein）[1]，他在其著作《人口转移规律》中提出人口流动和转移的原因主要是受到压迫、歧视、气候环境灾难、负担沉重、生活条件恶化等，其中经济方面的原因是最主要的，农村向城市的劳动力迁移总是小于从城市向农村的反向迁移，迁移受到城市商业和制造业繁荣的吸引，这些结论成为后来对劳动力迁移研究的基础，并被认为是此后产生的"推—拉"理论的源泉。推拉理论（Push and Pull Theory）是研究人口迁移的重要理论之一，为跨界钟摆族这样的流动群体的研究提供了合理的分析框架。1938年，赫伯尔（Herberle R.）在其发表的《乡村—城市迁移的原因》中指出，迁移是由一系列力量导致的，包括促使个体离开一个地方的"推力"和吸引其到另一个地方的"拉力"。[2] 20世纪60年代，人口学家唐纳德·博格（D. J. Bagne）[3] 系统性地提出了"推拉理论"，随后在全世界范围内得到广泛的运用和肯定，成为研究人口迁移和流动的较有影响力的理论分析范式之一。博格的推拉理论认为人口的流动是"推力"和"拉力"两方面作用结果，一种是促进人口流动的正向力量，另一种是阻碍人口流动的负面力量。博格认为改善生活条件是人口迁移的根本动因，在人口自由流动和开放的市场经济环境中，人口的迁移是在"拉力"（流入地中能够改善生活的因素）和"推力"（流出地对改善生活不利的因素）共同作用下的结果。埃弗雷特·李（E.

---

[1] Ravenstein E. G., *The Laws of Migration*. *J. Stat. Soc*, 1885.
[2] 参见李竞能《现代西方人口理论》，复旦大学出版社2004年版。
[3] Bogue D. J., *Principles of Demography*, New York: John Wiley and Sons Inc, 1969.

S. Lee）在博格研究的基础上进行了完善，指出流入地不仅有拉力，还有推力，流出地不只有推力的作用，也有拉力的作用，因此，无论对流出地还是流入地而言，吸引和排斥两方面的因素都是同时存在的。[①] 如果迁入地的拉力和迁出地的推力的合力大于迁入地的推力和迁出地的拉力的合力，人们就会比较倾向于产生从迁出地到迁入地之间的流动，反之则拒绝流动或产生反向的回流。除此以外，人口的迁移中迁入地和迁出地之间还存在诸多障碍因素，例如距离的远近、物质障碍、地域的文化差异等，都会对人口的流动产生不可忽略的影响[②]，这些因素都在某种程度上构成了对人口流动和迁移的阻力。此后，关于劳动力迁移的理论日趋丰富，1980年以后，以史塔克（Stark）为典型代表的新经济迁移理论（the New Economics of Labor Migration）学派强调在劳动力迁移的决策中家庭因素的重要性，决定迁移的考量往往基于整个家庭对于风险的评估和预期收入的最大化[③]，对解释"候鸟式"流动就业、农民工往城市的个体迁移等现象提供了系统性的理论基础。到20世纪末，更多的关于人口迁移的理论大量涌现，例如文化迁移理论、人力资本理论、迁移网络理论等，这些理论进一步丰富了劳动力迁移的理论体系，对研究劳动力的城乡流动和跨区域迁移做出了重要的贡献。

劳动力迁移理论作为研究人口流动的基本理论，在国内被大量应用于流动群体的研究中，例如候鸟式流动就业的农民工群体、游离于高校与社会之间的待业毕业生群体、高学历的海归人才等。本书的研究对象——跨界钟摆族也是具有流动和迁移特征的群体，推拉理论对笔者的研究颇有启发，跨界钟摆族的"钟摆式"流动可以看作是"推力"和"拉力"、"反推力"和"反拉力"综合作用的结果。全世界最大的

[①] Lee E. S., "A Theory of Migration", *Demography*, Vol. 3, 1966.

[②] 对"推—拉"理论的应用总体上还侧重于新古典经济学迁移的视角，强调区域经济发展水平的差异、收入水平的差异、社会发展水平的差异在人口迁移中的决定性作用。对于当代中国经济社会发展的现状，区域经济的水平在人口的流动和迁移中确实是最重要的动力因，但户籍制度、公共福利等的地区差异对人口的跨区域流动也产生了重要的影响，因此对于跨界钟摆族的研究还必须结合时代的背景和中国社会的实际来进行"推拉"分析才能将该理论更好地应用到对具体现象的解释。

[③] Stark O., Bloom E. D., "The New Economics of Labor Migration", *The American Economic Review*, Vol. 75, No. 2, 1985.

人口流动和迁移就是城市化的过程，对其研究建立在从落后地区到经济发达地区迁移研究的基础之上。跨界钟摆族的流动和迁移既有从中小城市进入大城市的流动，也有从大城市向中小城市的流动，具有逆向流动和双向流动的特征。此外，传统的"推力"和"拉力"都是相对迁移人口原有居住地而言的，因此，对于跨界钟摆族这样相对复杂的人口流动和迁移并不能完全依赖于传统"推拉理论"的分析框架，而需要在具体的研究中进行分析方法的改进和创新。对于个体而言，迁移本身与迁移意愿本身并不是等同的概念，但促进人类社会演化和变迁的核心还在于作为参与者的意向[1]，对跨界钟摆族的真实迁移动因及影响因素的研究也有助于对群体迁移行为规律的认识。在市场经济日益完善的今天，人们跨越行政边界的流动已经成为越来越普遍的社会现象，全面分析这种社会流动的规律和推动流动的"推拉"因素，有助于加深对流动群体和相关社会变迁的理解。

第三节　社会文化的理论视角

社会文化的理论视角源于人类语言习得的研究，苏联心理学家维果斯基（Vygotsky L. S.）创立的文化—历史发展学说（Cultural-Historical Activity Theory）认为，人的心理机能从根本上来说就是一个由文化产品、活动和概念充当中介的并受中介调节的过程，不能脱离社会文化环境去研究人类认知的发展[2]，强调社会文化因素在人类认知功能的发展中所发挥的核心作用。在这样的理论框架中，人类认知活动最重要的形式是通过社会和物质环境内的互动而得到发展的，人类本身被理解为利用原有的文化工具来创造新的文化工具，并利用这些文化工具来调节他们的生理和行为活动。社会文化的研究逐步拓展到社会互动，即研究社

---

[1] 参见道格拉斯·诺思《理解经济变迁过程》，钟正生等译，中国人民大学出版社 2008 年版。

[2] Lantolf J. P., Thorne S. L., *Socio-cultural Theory and the Genesis of Second Language Development*, Oxford: Oxford University Press, 2006, p. 1.

会主体之间通过接触产生的相互交流和相互影响的过程，这些互动的过程包括了个体与个体、个体与群体、群体与群体之间的相互关系，涉及社会差异、社会认同、社会排斥、社会网络等多个方面。

一 社会认同理论与社会身份类型化

社会认同（Social Identity）是一个社会心理学概念，弗洛伊德提出"认同"的本质是一种心理防御的机制。[1] 在社会学研究中更多强调的是对自我在社会关系中形成的认知和界定，与库利的"镜中我"和托马斯的"情境定义"等概念具有相似性。在日常的研究中，还常常涉及自我认同（Self Identity）、角色认同（Role Identity）、个人认同（Personal Identity）等相关概念，对这些概念的界定存在一定的差异，但总体上都是个体基于自身意识对自我的内在界定。个体的社会认同是通过多维度的认同来构建的，对跨界钟摆族群体的社会认同也不例外。布朗[2]就曾提出社会认同理论作为社会心理机制，必须充分拓展其概念，形成多样性的认识维度，仅考虑一个维度是远远不够的。著名社会学家亨廷顿曾将社会身份解构成六个大的类别：（1）归属性认同，包括年龄、性别、血缘关系、人种属性、群体、祖先等；（2）文化性认同，例如从生活方式上界定的民族、部落、语言、宗教等；（3）区域性认同，例如个体所属的国家、地区、州、城市、街道、村庄等；（4）政治性认同，例如意识形态、党派、利益团体、政治派别等；（5）经济性认同，例如产业部门、工作单位、职业、雇主等；（6）社会性认同，例如社会地位、同事、社交友人等等。[3] 艾利亚斯认为，群体成员的社会习性与群体之间不断变动的权力紧密相关，他提出的集体污名、网络（Networks）、凝聚力（Cohesion）、认同化（Identificaton）等概念被大量应用在与现代城市相关的社会科学研究中。在这些维度的

---

[1] Bloom, William, *Personal Identity, National Identity and International Relations*, Cambridge: Cambridge University Press, 1990.

[2] Brown R., "Social Identity Theory: Past Achievements, Current Problems and Future Challenges", *European Journal of Social Psychology*, Vol. 30, No. 6, 2000.

[3] 参见塞缪尔·亨廷顿《我们是谁？美国国家特性面临的挑战》，程克雄译，新华出版社2005年版。

认同中，钟摆族与普通社会群体的差异主要突出体现在地域性认同（由跨行政区域生活引发的对地区的认知混乱）、文化认同（城市生活与乡村生活方式的差异）、社会性认同（跨界生活区域的社会地位的悬殊等）等方面，这些方面的认同本身也在建构着钟摆族群体对自身归属群体的特征描述以及对自身群体的归属认同。

二 社会排斥理论与城市边缘的社会区隔

社会排斥的研究最早源于20世纪70年代，是从贫困问题的研究中产生的，对经济放缓所带来的"新贫穷"问题形成了"社会排斥"的概念。法国学者拉诺（Ren Lenior）在1974年最早提出了"社会排斥"的概念，他指出法国十分之一的人口都是"被排斥者"，包括残疾者、自杀者、受虐待儿童、越轨者、单亲父母、边缘人、老年患者、反社会的人以及社会不适应者等等。社会排斥理论的逐步形成使得社会排斥现象和问题逐步成为社会研究关注的焦点，社会排斥也逐步延展到社会经济的其他方面。贝尼（Byrne）[1]认为社会变迁必然导致社会排斥的发生，是作为一个社会的总体对社会中的个人或某个群体的压迫。社会排斥会以不同的形式呈现，例如经济排斥、政治排斥、空间排斥和认同排斥等等，社会排斥的结果是造成人群出现自然的或人为的类型化区分。其中，认同排斥是人主观的、内心的、自我的一种选择，受到文化要素的决定和影响，其存在隶属于经济排斥之中，是一种语境和背景，与外部显性化的排斥形成内在的支撑。大城市边缘地区的社会排斥主要发生在外来群体和本地群体的互动之间，体现在以下几个方面：首先是居住空间隔离带来的排斥。外来群体的侵入所带来的生活空间上的冲突，本地群体的生活空间被压缩。其次是公共服务和公共基础设施共享上的排斥。跨界区域的诸多商业和公共服务设施，包括学校、商场、酒店等都是针对外来群体设计建造的，较少考虑本地群体的实际需求，经营上对外来置业群体的额外优惠也给本地群体带来了相对的剥夺感，例如某些新建的贵族学校仅对购置了住宅的对象给予优惠。最后是外来群体生活变迁中对其本身带来的排斥。远离大城市的地理因素使他们与原来的社

---

[1] Byrne David, *Social Exclusion*, Open University Press, 1999, p. 2.

会网络主体互动减少,造成他们被其原有的社交网络所排斥。城市边缘的社会排斥对跨界钟摆族的研究意义重大,是影响其社会认同、社区互动以及能否长久扎根的重要因素。

三 边际人理论与跨界钟摆族的双重边缘性

跨界钟摆族群体是在经济社会转型的背景下产生的,其从传统到现代化的转型形成了完全不同于以往其他群体的"新生代"特质,对于这样处于转型中的边缘群体,心理学和文化学称之为"过渡人",社会学家称之为"边际人",而人类学家称之为"边缘人"。"过渡人"更多偏向于时间维度,反映了从旧式人格向新型人格的转化过程所引发的各种不适和冲突。"过渡人"常常被认为是社会向现代化变迁的结果,也是推动现代化加速发展的重要力量。例如冷纳(Daniel Lernen)在《传统社会的消逝》中研究了"过渡人"现象,并认为社会变迁率与过渡阶层的数量呈现出函数关系,即如果有更多的人趋向于现代,社会现代性的整体表现也就越高。[①]"边缘"是地理学的基本概念,更偏向于空间维度,指沿着边的部分,更多用来描述在相同的时代背景下处于不同区域、不同民族、不同社会制度的矛盾和冲突下的人格的转型特征,也常常用来表达那些处于两种文化交界和远离文化中心的人。美国著名的华裔人类学家许光在其代表作《美国人与中国人:两种生活方式比较》一书中介绍了其自己作为跨文化的"边缘人"的生活经历和反思,面对中国和美国两种截然不同的文化环境,"感觉自己就像漫步于两种文化边缘上的两个人"[②]。社会学从社会分化理论出发,借用"边缘"的概念和范畴,侧重于对研究对象的位置和地位进行描述,形成了"边际人""边际关系""边缘阶层""边缘群体"等概念。边缘人包括的范围十分广泛,那些游离于城市和乡村之间的都市农民工,跨越迁居、侨居海外的移民以及跨国婚恋群体等可以被看作是边缘群体。钟摆族群体

---

① Daniel Lernen, *The Passing of Traditional Society, Modernizing the Middle East*, New York: the free press 1958, p. 85.

② 许光:《美国人与中国人:两种生活方式比较》,华夏出版社 1988 年版,第 3 页。

尽管并不包括在传统的对于边缘群体的研究类型之中①，但因其具有典型的边缘性特点，也应该在某种程度上被归纳为"边缘群体"的范畴，一方面是钟摆族居住地在地理位置上的边缘性——通常位于中心城市与其相邻城市的边缘区域；另一方面是钟摆族群体中相当一部分成员也是被经济排斥、空间排斥和认同排斥的典型"边缘人"。

对于跨界钟摆族群体而言，在"过渡人""边缘人"和"边际人"三种表达方式中，笔者更倾向于使用"边际人"的概念。②"过渡人"偏重于时间维度，跨界钟摆族似乎更偏向于跨空间的意涵，而"边缘人"的概念虽然很好地表达了空间的概念，但又不可避免地带有一定的局限性，不利于对文化认同、生活方式等方面的研究和阐述，"边际人"的概念更加具有延展性，为分析跨界钟摆族群体提供了良好的观察角度和解释框架。边际人生活在多元文化和社会变革的环境中，相应的角色行为也是迷茫的、困惑的和充满矛盾的，带有典型的"边际性"的人格特征。"边际人"的概念最早是由德国著名社会学家 G. 席美尔在代表作《异乡人》一书中提出的③，其在对城市中的"精神流浪者"的研究中提出了边际性的概念。20 世纪 20 年代的罗伯特·帕克则从理论总结和其对城市社区人口流动的实证研究中系统阐述了"边际人"理论，并于 1928 年在《美国社会学杂志》上发表了著名的《人类流动与边际人》一文。帕克认为边际人生活在两个世界之中，无论对于哪个世界而言，自己都是一个外来者。④ 就像他笔下的欧洲犹太人、亚裔混血儿等，他们既属于跨文化的两个群体，但事实上他们又不完全属于任何一个。边际人理论在中国被大量应用在社会底层群体、移民群体和流

---

① 通常对于边缘群体的研究主要包括以下几类：一是下岗职工或其他失业人员，知识层次和就业能力偏低，没有稳定的收入；二是进城务工的农民工群体，他们无法享受与城市居民同等的教育、保险等劳动权益；三是体制外人员，包括靠打零工、摆小摊的低收入群体，以及残疾人和孤寡老人。

② "边缘人"和"过渡人"本质上都是"边际人"，后者的文化概念的范畴更加宽泛，边际性既可以用来表征时间又可以用来表征空间，既可以是新旧时代连续过程的产物，也可以是两种文化体系冲突的结果。

③ 参见刘易斯·A. 科瑟《社会学思想名家》，石人译，中国社会科学出版社 1990 年版。

④ Park R. E., *Race and Culture*, New York: Fress Press, 1950, p. 356.

动群体的研究中，例如刘开明对深圳外来工群体的社会学研究[1]，叶南客对大过渡时代下脑开族、民工族、领潮族、夏娃族等文化学、社会心理学意义上的文化移民的研究[2]，汪和建对跨国移民、城乡间移民、边际角色人群等的研究，并提出了消除边际人格的三种具体途径。[3] 与上述族群相比，钟摆族也是典型的文化移民群体，是时代转型下的"新人类"。这种"新人类"的出现是现代人格转型的标志，代表着一种不同于以往各代人格特征的新生代的崛起。

---

[1] 参见刘开明《边缘人》，新华出版社2003年版。
[2] 参见叶南客《边际人——大过渡时代的转型人格》，上海人民出版社1996年版。
[3] 汪和建：《中国社会的边际人问题》，《江海学刊》1989年第1期。

第三章

研究对象与研究方法设计

本书所要研究的大都市边缘的跨界钟摆族是互联网时代的新兴概念，需要在研究前弄清楚研究对象的基本概念是什么，即什么是大都市边缘城镇化，什么是钟摆族？在对研究对象的概念定义明确的基础上，还需要对该群体的概念给予"操作定义"[①]，以明确概念的内涵和外延。操作定义可以为抽象的概念提供一些经验性的参照[②]，有助于人们形成对研究对象的清晰认知。只有通过操作化的过程，才能将理论概念"翻译成"经验世界人们可见的具体事实。[③] 对于"钟摆族"这样意涵宽泛的群体概念，确定操作定义的过程需要对群体概念进行详细的类型化分解，使研究对象具体化，明确研究对象——大都市边缘的跨界钟摆族的分类维度和依据，帮助研究者在研究的现实中测量概念，使研究的结论建立在科学的基础之上，而不是一种主观的臆断。

第一节 研究对象与区域

文本研究的对象"钟摆族"（Pendulum Clan）是一个非正式的亚文化群体，被誉为互联网时代的"十大种族"[④]之一，也是典型的新兴群体，学术界目前还没有对其形成明确的概念定义。根据中国学术期刊全

[①] 参见高燕《社会研究方法》（第一版），中国人民大学出版社2002年版。
[②] 严辰松：《定量型社会科学研究方法》（第一版），西安交通大学出版社2007年版，第44页。
[③] 参见风笑天《社会学研究方法》，中国人民大学出版社2001年版。
[④] 来自网络的调侃说法，指在互联网时代的社会变迁下产生各类具有特定象征意义的群体，如蚁族、啃老族、钟摆族、新丁克族、赖校族等。

文数据库(CNKI)的检索结果,直接以"钟摆族"为关键词的文章仅5篇,那么对钟摆族群体的研究首先就需要对该群体进行界定。钟摆族是近年来逐步产生和流行的词汇,并屡次出现在报纸、杂志、新闻和网络媒体中,主要描述的是那些因工作和生活频繁往返于两座城市之间的新兴群体[①],他们在生活状态、观念态度、工作方式、社会交往方式等方面独具特色。当前媒体对钟摆族群体定义都可以追溯到这样的一段表达,"越来越多的人突破城市界限,工作生活双城化、房子两地买、婚姻周末化,社交网络多城交叉,原有的单一城市生活工作模式被打破,'钟摆族'应运而生"。[②] 同样的表达出现在大量媒体的报道中,大致描绘出了该群体较为生活化的情境,但缺乏相对严谨的界定。国内学者程继隆[③]也提过"双城记生活"的概念,即在一个城市中工作的人,由于家庭、经济条件等诸多因素的影响,而选择在另外一个临近的城市生活,他认为"双城记生活"的前提是两个城市之间的生活质量相差不大而生活成本相差巨大,难以承受工作所在城市的生活压力,其中最重要的前提条件是两个城市之间的往返距离要足够短。随着中国城市化进程的深入,大城市的规模快速增长使得大城市生活成本越来越高,"双城记生活"因此成为这种城市化进程的必然产物。

从对钟摆族基本特征的描述来看,钟摆族群体至少包括以下三个方面的典型特征:一是要具备稳定的职业特征,"工作生活双城化"的前提是要有工作,年龄太小或太大而不具有工作能力的人群应被排除在外,例如异地养老群体、学生群体等。二是在空间维度上表现为居住地和工作地的双城分离,即在一个城市工作,在另外一个城市生活。"钟摆族"一词的字面含义并不包含"双城分离"的含义,这就使得部分人将同一城市内长距离职住分离的人群也纳入钟摆族的范畴。[④] 事实上,工作空间和生活空间的分离是绝对的,除了少部分自由职业者以

---

① 李婉瑄:《网络新词的简洁性特点分析——以 PENDULUM CLAN "钟摆族"为例》,《重庆科技学院学报》(社会科学版)2011年第6期。
② 摘录自《国际金融报》2010年7月15日第2版。
③ 参见程继隆《开放催生"双城记"》,山东大学出版社2009年版。
④ 为了避免字面含义的误解,本书的标题采用了更严谨的提法"跨界钟摆族",与同城市内长距离职住分离的通勤族区别开来。

外，大部分人都面临职住分离的问题，只是这种分离的程度不同而已。跨界钟摆族是升级版的职住分离群体，与同城市生活的人们相比，跨越城市的边界不仅意味着更长的通勤距离，还将面对不同城市间的文化差异、社会保障的差异、城市管理的差异以及由此产生的文化认同的差异等问题。三是应该具有"钟摆"式的工作生活特征，这是对钟摆族最难定义的部分，"钟摆"包含特定的时间属性，"钟摆"周期的长短又是相对的，很难界定一个准确的"时间/周期"临界点来进行概念的界定。对"钟摆族"群体的概念界定必须建立在类型化研究的基础之上，通过明确研究对象的时间范畴、地域范畴和模式范畴，进一步明确本书研究对象"跨界钟摆族"的具体特征和内涵。

一 钟摆族群体的解构与类型化分析

钟摆族不是类型单一的人群，而是对内涵丰富、类型多样的一类人的总称。尽管在中国产生的时间不长，但共同的工作生活模式使部分成员间形成共同的行为模式，因此钟摆族群体已经不再是简单的社会类属（social categories）[1]，而是具有结构特征的社会群体。从普遍意义上看，任何一个个体都拥有多个群体从属关系[2]，以年龄可以划分为年轻人群体、老年人群体等，以性别可以划分为男性群体、女性群体，以职业可以划分为公务员群体、蓝领群体等，根据地域身份可以划分为大城市居民和中小城市居民，根据交通出行方式可以划分为公共交通出行和私人交通出行等，这些划分依据还同时界定出更加细分的群体，如年轻的女性公务员群体等。钟摆族群体包含了多个维度的划分依据，包括跨区域的地理特征、生活状态的特征、周期性的行为特征等，可以根据这些维度对钟摆族的构成进行简单的类型化分析。

首先从时间维度上看，钟摆族可以分为工作日钟摆族、周末钟摆族和候鸟式钟摆族等。物质世界的钟摆是有特定运动周期和摆动频率的，

---

[1] 社会类属（social categories）与群体最大的区别在于是否具有社会结构，社会类属的成员并不一定需要相互交往、彼此认识或共享某种社会结构。

[2] Castles S., Miller M. J., *The Age of Migration: International Population Movements in the Modern World*, New York: The Guilford Press, 1993.

鉴于此，社会学意义上的钟摆族也可以根据钟摆的周期特征来进行界定。在日常媒体和学术研究中大体可以分为三种类型：第一，最常见的是那些短周期、高频率的钟摆族，也是日常媒体报道最多的工作日钟摆族，他们在上班的日子里在两个城市间往返奔波，是钟摆族群体中比较辛苦的一类，他们主要面临每天长时间的通勤时间和不菲的通勤费用。如王世福等[①]研究的广佛地铁跨城活动的市民。第二，周末钟摆族也是另一种常见的人群，平时两地分居，只是在周末团聚，即所谓的"5 + 2"模式，例如褚丽萍所提及的"周末夫妻"[②]以及国外的半糖夫妻（Half-sugar Husband and Wife 或 Weekend Couple）。第三，候鸟式钟摆族是指那些迁移周期更长，甚至以"年"为时间单位，但同样是过着居住、工作空间分离的生活，例如胡小武研究的以年为周期往返于"北上广"大都市和中小城市之间的候鸟型白领[③]，周大鸣称之为"永恒的钟摆族"的远离家乡务工的外来农民工群体。[④] 这类研究群体由于工作生活两地的交通往返周期过长，往往也被冠以其他的符号或归类为其他群体，例如外出打工族、候鸟族等。本书研究的钟摆族群体应该更多的是指第一种类型，在每年的大部分时间中保持两地往返交通的状态，与其他特征的社会群体有所区分。

其次从空间维度上看，钟摆族可以根据通勤距离的长短分为长距离通勤的钟摆族和短距离通勤的钟摆族，按照跨越行政区的程度又可以分为：城市内的钟摆族，如杨卡研究的南京的东山、仙林和江北新城的通勤群体[⑤]；跨城市的钟摆族，如赵渺希等研究的广佛地铁出行群体[⑥]；

---

① 王世福、赵渺希：《广佛市民地铁跨城活动的空间分析》，《城市规划学刊》2012年第3期。

② 褚丽萍：《转变中的家庭》，《人口与经济》1997年第4期。

③ 胡小武：《候鸟型白领：逃离北上广与"大都市化陷阱"》，《中国青年研究》2013年第3期。

④ 参见周大鸣《永恒的钟摆——中国农村劳动力的流动》，载柯兰君、李汉林编《都市里的村民——中国大城市的流动人口》，中国编译出版社2001年版。

⑤ 杨卡：《大都市郊区新城通勤行为空间研究——以南京市为例》，《城市发展研究》2010年第2期。

⑥ 赵渺希、王世福、张小星：《基于地铁出行的广佛城市功能联系研究》，《华南理工大学学报》（自然科学版）2012年第6期。

甚至跨省（州）、跨国的钟摆族，例如2013年《当代生活报》报道了英国人萨姆·库克尼因嫌伦敦房价太贵，跨国打"飞的"上班的新闻①，文章也评论到这种通勤方式看上去高端大气上档次，事实上也充满了心酸，报道中的主人公与其他城市之间的钟摆族一样，在省时间和省钱之间选择了后者。在上述群体中，跨城市的通勤者也被称为"跨界钟摆族"，其工作、生活等要素被分散到不同的地域空间。城市边界是城市作为主体，能够运用自身资源和特质性能力谋求城市发展的势力空间界限②，跨越城市边界意义非凡，代表了生活空间的跨界、地域文化的改变和生存环境的变迁。尽管在现代交通方式下距离被重新定义，相比距离的远近，人们更关注通勤的时间，但跨界带来的交通障碍、社会服务的差别，特别是不同城市间文化环境的差异，使得跨界钟摆族群体具有不同的行为逻辑和生活方式。

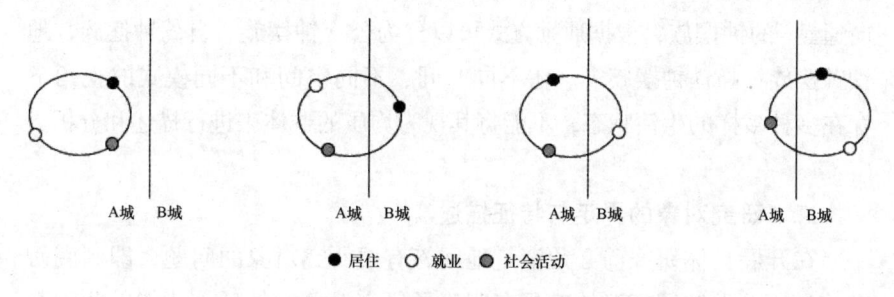

图3—1 基于生活要素归纳出的四种生活模式

最后从钟摆模式上看，在跨界钟摆族身上存在生活要素功能在不同城市发生的现象。随着交通方式的重大改变，城市的功能空间也随之发生根本性的改变，使原本存在于一个城市中的生活要素的功能扩散到其他城市中去。③ 跨城市的交通不仅存在于居住和就业之间，而且必须能

---

① 参见《当代生活报》2013年11月6日第27版，原标题为"英国白领跨国打飞的上班"。
② 刘兴政：《城市边界：关于城市发展一个新的理论解释框架》，《现代城市研究》2007年第8期。
③ 王世福、赵渺希：《广佛市民地铁跨城活动的空间分析》，《城市规划学刊》2012年第3期。

够连接其他的各项功能性活动（例如社交活动、消费活动、休闲活动等）。根据上述分析视角，仅从"居住—就业—其他社会活动"（包括社交、消费、休闲等社会活动的总称）三大功能要素的空间模式就可以将人们归纳为四种类型（见图3—1）：（1）就业、居住和社会活动均在一个城市的模式；（2）就业在一个城市，居住和社会活动在另一个城市的模式；（3）居住在一个城市，就业和社会活动在另外一个城市的模式；（4）就业和居住在一个城市，社会活动在另外一个城市的模式。其中后三者均呈现出生活功能要素在空间上断裂的状态，因此可以纳入跨界钟摆族群体的范畴。如果将生活功能要素更加细分，例如分为"居住—就业—社交—购物"四大功能模式则可以归纳出更多的类型和细分。由此可见，跨界钟摆族并不是单一类型的，除上述根据时间、空间和模式的分类以外，钟摆族还可以根据更多的维度来进行分类，例如根据日常出行的方向不同，钟摆族群体可以分为内向通勤[①]的钟摆族和外向通勤[②]的钟摆族，根据通勤方式可以分为公交钟摆族、自驾钟摆族、地铁钟摆族、高铁钟摆族等。在不同时间、不同空间和不同模式的视角下存在多种多样的生活状态，不能将其视为均质的群体来进行描述和分析。

二 研究对象的界定与特征描述

在开展具体研究前必须清楚地回答有关研究对象的问题，即到底研究的是哪一类钟摆族群体？只有明确了研究对象的外延，才能以此为基础对研究对象进行全面的范围界定和特征分析。文本所关注的钟摆族是大都市边缘的跨界钟摆族，他们是钟摆族群体中的一种特定类型。根据上述对钟摆族群体的类型研究，可以从以下三方面对研究对象进行界定：首先，从时间周期特征来说，本书研究的大都市边缘的跨界钟摆族是通勤频率较高的一类，钟摆周期不是以周为单位的"周末夫妻"，更不是以月、以年为单位的"候鸟式"工作群体，他们具有一定的通勤频度，几乎在工作日里往返于居住和就业的城市之间，呈现出典型的"钟摆"特征。其次，从地理空间分布来看，本书研究的大都市边缘的

[①] 内向通勤也称为进城通勤，指在城市外围地区居住，到中心城市就业。
[②] 外向通勤也称为出城通勤，即在中心城市居住，到中心城市以外区域就业。

跨界钟摆族首先排除了通勤范围局限在同一城市的通勤族，又排除了远距离乘坐高铁、飞机等高速交通工具的长距离通勤族。研究对象生活在大城市的边缘地带，更加准确地说是在紧邻大城市边界线的乡村或小城镇，在行政区划上通常属于与大城市相邻的中小城市或县城。[①] 生活在这样特定区位的钟摆族在全国范围内广泛分布，例如与北京相邻的燕郊、廊坊（见图3—2），与上海相邻的昆山、嘉兴（见图3—3），与广州相邻的佛山、东莞（见图3—4），等等，与大城市相邻的特殊地理位置呈现出特殊的"边缘效应"，既受到大城市的辐射，又兼有中小城市的优势，是一种典型的"中间状态"。最后，从钟摆生活的模式来看，文本研究的钟摆族是居住与工作两地分离的群体，更加准确地说，文本研究的是那些居住在大都市边缘的隶属于中小城市一侧、就业在大城市的钟摆族，这就排除了同一城市的长距离通勤群体、没有工作的跨界养老族等。至于其他社会生活（社交、休闲、购物等等）所在的区域，并不作严格的区分，只需满足上述钟摆模式即属于本书的研究对象。

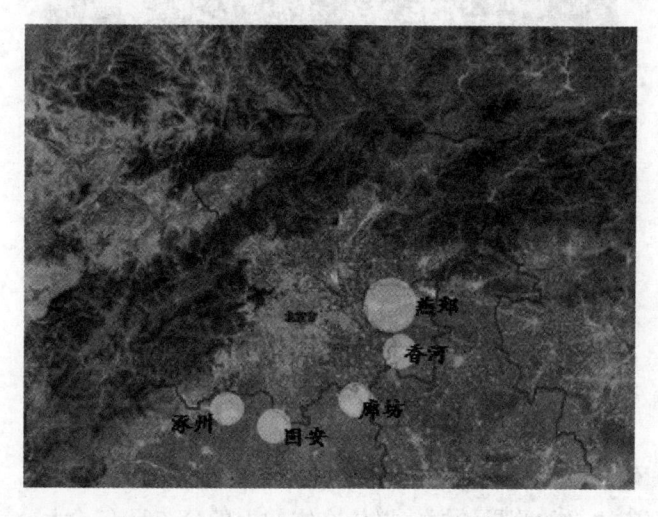

图3—2　北京周边钟摆族相对集中区域示意

[①] 对于相邻的两个城市而言，跨城市生活的研究能够反映城市间功能联系的紧密程度，通过对居民跨城市活动的观察，可以了解区域一体化在微观层面的变迁过程。

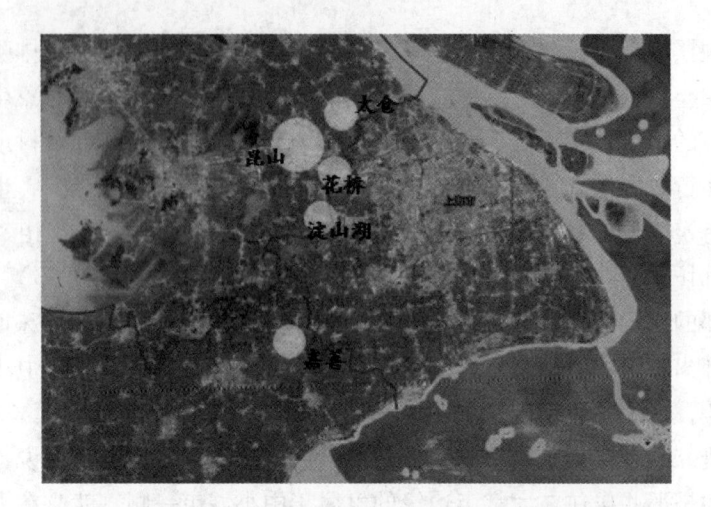

图 3—3　上海周边钟摆族相对集中区域示意

图 3—4　广州周边钟摆族相对集中区域示意

三　研究地域及研究对象的选择

大都市边缘的跨界钟摆族群体在空间上的分布具有"大分散、小集中"的特点："大分散"是指在宏观和中观尺度上高度的分散性，从全国范围上看钟摆族主要分布在京津冀、长三角、珠三角、长株潭等经济相对发达的地区，而对于具体某个中心城市而言，他们有可能分散居住在城市东南西北各个方向上。这样大范围的分散居住大大增加了对钟摆族群体的研究难度，大规模的群体调查几乎无法展开，加上钟摆族群体本身的流动性，不仅难以掌握群体的年龄分布、家庭构成、收入水平等基本信息，甚至无法估算该群体的规模到底有多大。"小集中"是指钟摆族的跨城市居住不是完全的分散，而是相对集中地居住在中心城市周边的小城市或小市镇的某个楼盘或社区。这种相对集中的居住方式为钟摆族的研究提供了基本的条件和便利，虽然不能全面系统地掌握钟摆族群体的总体特征，却可以通过对典型性的钟摆族个体和钟摆族社区的研究，了解这个群体的思念观念、生活状态以及和普通单一城市工作生活群体的差异。本书研究的跨界钟摆族必须围绕大城市边缘这样的特定空间来完成，在研究前须明确研究所涉及的地域范围。

　　对研究范围的选择包括了三个基本的步骤：第一个步骤是在大尺度的选择上以南京都市圈的钟摆族为研究的重点区域。一方面是考虑跨界钟摆族的典型性，南京作为全国 16 个特大城市之一[1]，目前已经初步形成了一定规模的跨界生活群体，在以南京为中心的城市边缘地带出现了诸多紧邻边界线的跨界小镇，吸引了大量来自中心城市人口的集聚，为研究钟摆族创造了最基本的条件。另一方面也是考虑笔者个人进行研究所具备的时间、精力、财力和物力等客观因素的制约，难以将研究区域扩大到更大的地理空间中以追求研究的广度，转而希望在较小尺度的空间环境中研究钟摆族群体的细节以寻求研究的深度。第二个步骤是在南京都市圈内选择钟摆族相对集聚的区域。2013 年南京市委提出酝酿设立"镇级市"，在宁镇扬都市圈板块打造"六大跨界新城镇"，包括仙林—宝华科学新市镇、龙潭—下蜀临港新市镇、汤山—黄梅休闲新市镇、湖熟—郭庄空港新城、六合—仪征跨界新城和禄口—柘塘—博望新城[2]。在这六大新城镇中，紧邻仙林的宝华镇、紧邻汤山的黄梅镇已经形成了典型的跨城市生活群体，南京周边的马鞍山、和县、仪征、全椒等地也有跨界钟摆族群体的零星分布。经过资料的收集、整理和筛选，

---

[1]　根据国务院 2014 年 11 月 20 日发布的《关于调整城市规模划分标准的通知》规定，城区常住人口 500 万以上 1000 万以下的城市归类为特大城市，城区常住人口 1000 万以上的城市为超大城市。根据南京市统计局官方网站发布的信息，截至 2017 年年末南京市常住人口总量为 833.5 万人，属于特大城市。

[2]　资料来源于《苏南现代化建设示范区南京市规划（征求意见稿）》。

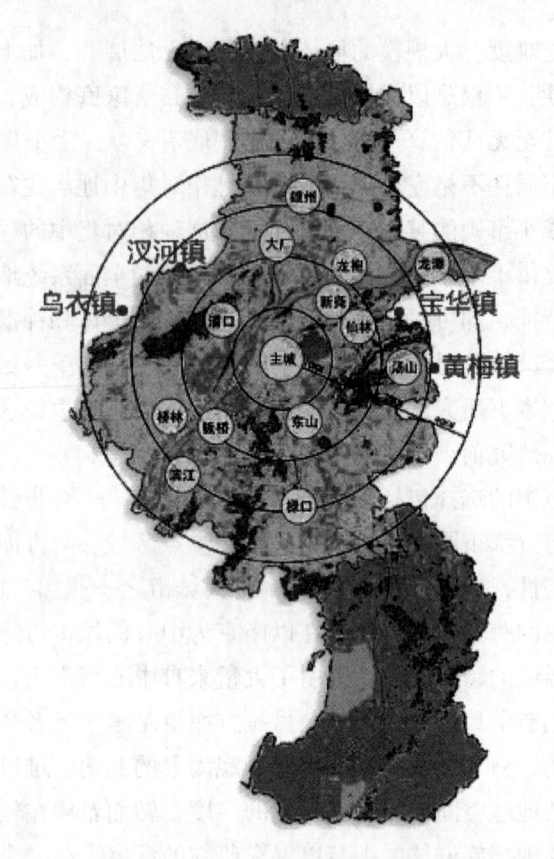

图 3—5　研究区域四个镇在南京都市圈中的位置关系

笔者最终确定了以四个跨界小镇作为重点研究区域，即句容宝华镇、句容黄梅镇、来安汊河镇、滁州乌衣镇（见图 3—5）。这些跨界小镇是南京都市圈周边已经形成的钟摆族相对典型的区域，通过以已经建成的所谓"都市圈楼盘"为载体，吸引了众多跨城市置业生活的人群。未来伴随着宁安城际铁路、宁天城际、宁和城际规划线等的开通，还将形成更多的这样的跨界小镇，但就目前而言，上述四个区域的钟摆族群体相对比较集中和典型，便于开展有计划的调研和访谈[①]。第三个步骤是确定具体访谈的个案。在个案的选择上，笔者主要以特定的封闭社区为

---

① 在来安汊河镇和滁州乌衣镇的钟摆族不仅是跨城市生活，同时也具备了"跨省"生活的特征，丰富了研究区域的类型，为钟摆族的研究赋予了新的内容。

主。笔者重点选择了四大跨界小镇中的新建社区开展研究，例如句容市黄梅镇的碧桂园凤凰城社区、句容市宝华镇的恒大雅苑社区、仙林悦城社区、来安县汊河镇的碧桂园城市花园社区和滁州市乌衣镇的碧桂园欧洲城社区等。上述社区都是跨界小镇中规模较大、人口相对集中的封闭式社区，是吸引跨城市居住人群的重点社区。此外，笔者还通过在社区巴士站、地铁站、安置房社区等地进行随机的补充访谈，并通过人际关系的介绍接触到个别对象，从而丰富了访谈者的构成方式。

除了上述对研究范围和对象选择的阐释以外，这里还需要简要说明的是关于个案代表性的问题。由于研究对象本身的复杂性，本书的研究并不奢望能够通过对访谈对象的研究结论来推出全部钟摆族群体的研究结果。费孝通先生在江村的研究中就提到，中国各地的农村在地理和人文方面是截然不同的，江村并不是中国农村的典型，更不能把江村的社会体系套用到对中国其他地区农村的研究中。尽管如此，江村毕竟是中国的农村而不是其他地方的农村，至少具备了中国农村所共有的模式或类型。[①] 中国的钟摆族分布范围广泛，在地方文化差异和社会经济发展不平衡的背景下，很难找到两个地方完全类同的社区，这就难以获得具有典型意义的范例。对一定数量的个案研究或许并不能达到认识总体的目的，但至少可以获得对一类现象和规律的认识，并以此形成所谓"概念性的代表"[②]。笔者也曾在研究设计之初试图在研究中增加普遍意义的定量研究，但最终还是放弃了这样的想法，只是基于一定数据进行少量的特征归纳，主要原因有两个方面：一方面是考虑到钟摆族群体居住的分散性特点。在宏观空间上，他们遍布全国各地，分散在各大城市群，即使对于某个中心城市而言，他们也是分散在城市东南西北各个方向上。在微观空间上，钟摆族们可能生活在跨界小镇的普通商品房小区，也可能租用农民的安置房，抑或是那些外人难以进入的豪华别墅小区。这样的分布特征就使得任何对于局部社区的抽样都难以推广到总体。另一方面是考虑钟摆族群体流动性的特征。跨界钟摆族

[①] 费孝通：《江村经济——中国农民的生活》，商务印书馆2001年版，第317—319页。
[②] 斯特劳斯和科宾笔下"概念性的代表"也可以称为"分类同质化"的推论，指个案的研究体现出的特定类型和属性的特征，能够阐释一定现象之间的关联关系。

具有多样性的交通出行方式，他们可能会乘坐社区巴士、长途汽车、地铁，或是自驾车、拼车等，如选择在地铁站、公交车站等相对集中的通勤场所进行调查，则可能忽略了以其他方式出行的群体。但即使能够调查以各种交通出行方式通勤的钟摆族，仍然不能得知选择各类交通方式的人群比例。这就使得基于通勤过程抽样的方式不可避免地产生疏漏。更根本的原因在于，对于钟摆族群体的总体规模始终无法准确地把握，也许永远也无法回答这样的问题："某个城市周边到底居住着多少钟摆族？"这样的群体特征使得任何基于定量抽样的方法都显得过于轻率和不严谨。因此，基于跨界钟摆族群体所具有的上述特点，在研究方法的选择上，对于钟摆族这样缺乏研究积累的新兴群体，笔者更加倚重质性的研究[①]，即结合一定的数据归纳来发现群体的一般现象和特征，通过中外的现象比较来发现差异，通过空间的推演来寻找规律，力求能够形成对钟摆族群体轮廓性、鲜活性的描述和研究。

第二节　研究方法

研究方法是思维方式、行为方式、程序和准则的集合，包括了从事研究中的计划、策略、工具、手段以及研究的全部过程[②]，其核心是要注重"事实"和"逻辑"两大方面。对于本书的研究，"事实"就是要言之有据，通过尽可能多地对群体相关资料的收集、整理和提炼，形成对群体的相对准确的认识；"逻辑"就是要言之有理，通过运用社会学的各种分析方法探究现象背后的逻辑，两者缺一不可，共同构成了探究人类社会发展规律的目的。文本研究的跨界钟摆族群体内部既有"同质性"，又客观上具有分化的特征，个体的分布特征、生活经历、社会地位、文化背景的巨大差异又增加了对该群体信息、资料的收集难度。在研究方法上，文本对这样特定空间背景中的钟摆族偏重于个案研

[①] 陈向明在《质的研究方法与社会科学研究》一书中认为，要想深入人类体验的深处，就必须立足于从少数的个案着手。

[②] 陈向明：《质的研究方法与社会科学研究》，教育科学出版社2000年版，第6页。

究（Case Study）的方式，主要采用了深度访谈法、参与观察法、文献研究法和空间分析法，其中以对研究个体的深度访谈和社会观察为主，文献分析法和空间分析法起到辅助论证和说明的作用。

一 深度访谈法

深度访谈法是本书研究采用的主要方法之一，笔者在实际研究中采取了单独谈话的方式对 67 名受访者进行了深度访谈。以语言为主要形式的谈话和交流是人类社会最为常见的生活场景，但社会学研究中的访谈更注重研究性、思想性和学术性。尽管在访谈前，笔者精心设计了针对研究对象的访谈提纲（附录1），但在实际过程中还需要针对个案的基本信息和交流的情势进行把握并做出及时的调整，还需要考虑访谈对象的世界观、文化背景和性格特征的差异性等。从学术意义上来说，对研究对象的深度访谈不仅是一个客观地了解对象情况的过程，而且是一个双方相互作用的、构建共同的"事实"和"行为"的过程。[①] 在本研究的访谈过程中，笔者一方面注重对研究对象情况的了解，认识和把握跨界钟摆族群体的客观现状、群体特征和认知倾向；另一方面更注重通过对话和交流发现钟摆族群体在整个社会系统中承担的功能意义和存在的现实问题。具体而言，深度访谈以半开放式访谈和开放式访谈相结合的方式进行，主要采取的是面对面的交流方式。笔者在接触访谈对象的方式上也进行了精心的考虑，在客观条件允许的情况下，尽可能选择与研究问题和现象紧密相关的方式入手，形成容易进入、容易观察的背景。[②] 例如通过社区管理者的引领和介绍接触被研究对象，这种方式能够最大程度上避免陌生人的"不信任"带来的抗拒心理，使被研究对象能够更快、更积极地配合从而完成调研和访谈工作。在研究过程中，笔者也得到很多朋友、同学、师长的帮助，通过他们接触到了更多的钟摆族个案，这对于更加翔实地反映钟摆族的全面特征、解释钟摆族的社会行为等方面具有一定的补充作用。笔者还通过共同乘坐交通工具、参与社区活动等方式接触被访者，

[①] 陈向明：《质的研究方法与社会科学研究》，教育科学出版社 2000 年版，第 413 页。
[②] 风笑天：《社会学研究方法》，中国人民大学出版社 2001 年版，第 244 页。

使得访谈能够在更加宽松的环境中进行。此外,本研究的访谈对象除了跨界钟摆族本身以外,还辅助对本地居民、地产开发商、物业管理人员、地产销售人员、当地经营者等对象进行补充访谈(附录2访谈对象名录及基本概况中其他访谈对象部分),以此分析钟摆族以外的群体对钟摆族的认知以及与钟摆族群体参与当地的社会互动关系等情况。

二 参与观察法

参与观察法属于实地研究 (field research)[①] 的范畴,源于人类学家对非本民族和相对原始群体的研究,目前已经被社会学家们普遍运用于本民族文化和现代社会的研究中[②],成为社会学田野作业运用十分广泛的研究方法之一。参与观察要求研究者嵌入研究对象的生活环境中去,以一种相对平等的、相互理解和信任的态度去建立工作基础,避免用自身的文化价值衡量和强加给被研究对象。与其他研究方法作为"局外人"的角色相比,参与观察能够减少研究资料的偶然性和对研究对象的文化偏见,其最初被提出也是对那种忽视实地调查以及揣测、随意资料分析和解释资料的批判。[③] 正如参与观察法创始人之一的马林诺夫斯基 (Malinowski B. K.) 所说的"一切的知识都要亲眼观察而得来丰满,不要由着不甚情愿的报告人而挤一点一滴的谈话"[④]。在本书的研究中,笔者作为一个生活在钟摆族群体相对集中的社区成员之一,每天与这些钟摆族们在同一个社区空间中相处,具备了长期观察的基本条件。参与观察的研究根据角色选择的不同可以分为公开的观察者和隐蔽的观察者两种身份,前者的真实身份对被研究对象而言是公开的,而后者的真实身份是被刻意隐藏起来的,以研究的社区或群体的一个实际成员的身份来

---

① 实地研究通过定性分析来理解社会现象,主要包括参与观察和无结构访谈两种方式,其特征是强调"实地"深入研究对象的社会生活环境中,通过和研究对象的长期、反复的接触,以及观察、询问和交往来获得研究对象的行为并理解其行为的逻辑。
② 参见风笑天《现代社会调查方法》,华中科技大学出版社2009年版。
③ 蔡家麒:《试论田野作业中的参与观察法》,《云南民族学院学报》1994年第1期。
④ 马林诺夫斯基:《巫术科学宗教与神话》,李安宅编译,上海文艺出版社1987年版,第184页。

进行观察。[1] 笔者在本书的研究中灵活地扮演了上述两种角色,例如在社区成员的网络空间(QQ 群、微信群)等环境中更多地使用隐蔽观察者的身份,从而避免了使用真实身份而影响研究群体间相对放松的交流环境。而在真实的面对面的交往和观察中,需要获得更准确的观点时,笔者也会明确告知被研究者自己的身份和谈话意图,使得探究的问题能够深入进行。

三 文献研究法

文献研究有助于对历史和当前的研究成果、数据形成全面的认识,明确研究当前所处的水平、应该解决的问题和未来发展的方向。除了对钟摆族群体的深入访谈和参与观察外,文献分析是本书采用的另一个重要的研究方法,主要包括两个方面:一方面是比较法,这种比较主要体现在对中西方两种社会背景下的各种维度的比较。中西方跨城市生活群体的产生和发展是建立在截然不同的社会背景之下,中国的跨城市生活群体和西方的跨城市、跨区域生活群体是不同的,这种差异体现在个体的微观动机、群体的生活样态、社会文化的认同、社会制度性因素以及发展规律等诸多方面。两种社会背景下的综合比较有利于更加深刻地理解在中国特殊社会背景下钟摆族群体所具有的地方性特征[2],更会对后续的跨城市生活相关社会政策的研究有所启发。另一方面是构造类型法,即通过对以往的研究经验或思辨从研究对象的资料中抽象出概念,并通过这些概念将研究的对象划分为各种不同的类型。这种类型学上的划分有利于认识和理解跨城市生活群体的构成、群体内部的差异性以及不同子群体的生活样态。具体资料方面,本研究收集、整理和分析的主要文献和数据资料包括以下几类:

(1) 国内外相关学者围绕与钟摆族相关的职住分离、郊区化、区域一体化、边缘社区、流动空间等专题的文献;

(2) 通过碧桂园集团获得的南京都市圈范围内的跨界社区(句容

---

[1] 参见风笑天《现代社会调查方法》,华中科技大学出版社 2009 年版。

[2] 本研究的比较研究包括共时态和历时态两个维度的比较:共时态的比较主要体现在对发展状态的比较,主要是中西方跨城市群体的生存状态、选择要素等的比较;历时态的比较则侧重于跨城市群体的发展和演化过程,这个维度上比较有利于理解群体产生的制度性因素的差异和发展规律。

市黄梅镇碧桂园凤凰城、来安县汊河镇碧桂园城市花园、滁州市乌衣镇碧桂园欧洲城）经过条件筛选的 1723 位跨界生活个体的基础数据；

（3）通过深度访谈获得的 67 位被访者的基本数据；

（4）1980—2014 年从中央到地方各级政府对于同城化建设的相关政策、法规和政府文件汇总资料；

（5）报纸、杂志、网络等公众媒体对"钟摆族"的各类文字报道、个体案例、专题文章和影像资料；

（6）基于百度大数据分享与探索平台的相关分析数据。

四 空间分析法

时空是社会结构运作的外部环境，对社会结构的认识也必须放在特定时空背景中来进行考虑。① 跨界钟摆族群体本身跨区域的特征就带有强烈的时空色彩，在对其研究中特别增加了与之相关的空间分析和研究。根据空间的层次大体可以分为三个层级：首先在宏观尺度上对都市圈、城市群、同城化的空间特征进行研究，在此基础上与钟摆族的空间分布进行比较，归纳和总结出钟摆族群体的宏观分布特征，形成较为直观的"钟摆族地图"；其次在中观尺度上对钟摆族的跨城市生活行为进行空间特征分析，基于南京都市圈范围内相关城市的空间规划资料以及与此相关研究的图表等空间数据，对跨界钟摆族的居住空间、就业空间、交往空间的分离以及长距离通勤特征进行特征描述和分析；最后在微观尺度上深入钟摆族居住的跨界小镇，结合句容市宝华镇的卫星影像资料、相关规划等空间数据，对钟摆族群体造成的大城市边缘地区空间演变的侵入与接替的过程进行分析，揭示跨城市生活群体的形成带来的城市空间结构和经济社会的变迁。

第三节 研究框架及研究过程

对钟摆族群体的实地研究开始于 2013 年 2 月，此前笔者通过对

---

① 叶涯剑：《空间社会学的方法论和基本概念解析》，《贵州社会科学》2006 年第 1 期。

碧桂园集团"郊区大盘"模式的接触了解到这样的城市边缘特殊群体，并由此产生浓厚兴趣。确定选题后笔者便着手围绕跨城市生活群体开展文献收集和相关理论的学习。2013年7月笔者购置了一处位于南京边缘地区的住宅，从而有机会面对面地接触跨城市生活群体。通过系统性的计划，笔者于当年11月开始展开有计划的深度访谈和在社区的参与观察。在正式访谈进行前，笔者详细设计了访谈提纲，并对6个个案进行了预访谈，通过在此过程中发现的新问题对访谈提纲进行了修正和改进，在相对比较熟悉访谈技巧和大致了解个案特征的情况下开始正式访谈。在访谈提纲的设计上大致可以分为两个部分（见附录1）：一部分是访谈对象的基本情况，根据这些基本信息来进行有针对性的、有侧重的深度访谈[1]；另一部分是开放式的访谈，在获得被访者信任的基础上，重点围绕跨城市生活的动机、认同、社区互动等方面展开。访谈的过程全程录音，并于访谈结束后当天进行内容的整理。在访谈对象的选择上，笔者力求每个个案都能够服务于一定的研究目的，尽可能避免大量同质化的访谈，正如王宁所强调的个案应该具有的研究典型性。[2] 通过历时近一年的访谈，笔者在句容宝华镇、句容黄梅镇、来安汊河镇、滁州乌衣镇等四个研究区域累计完成了共67个跨界钟摆族的深度访谈，直到很难找到新类型的个案才终止访谈工作。[3] 2015年3月，笔者得到了南京都市圈三个规模较大的跨界社区（房地产行业称为"都市圈楼盘"）常住居民的匿名基础数据，按照群体范围界定进行筛选后最终形成了包括1723个钟摆族的数据样本。在后期的研究中，笔者在对访谈资料、数据库、文献资料等进行系统分析的基础上，按照设计的技术路线完成本书的写作，如图3—6所示。

---

[1] 为确定被访谈对象符合跨城市钟摆族群体，在访谈开始前笔者首先确认被访者的工作生活状态，若符合跨城市生活钟摆族的基本特征才继续访谈工作，遇到不符合条件的访谈对象则选择终止访谈并表达谢意。判断的标准主要有三条：一是有稳定的工作；二是工作地点和常住地点分别位于两个城市；三是具有钟摆式的生活状态。

[2] 王宁：《个案研究的代表性问题与抽样逻辑》，《甘肃社会科学》2007年第5期。

[3] 笔者对个案的选择主要基于复制法则（Replication Logic），而不是调查统计中的抽样法则（Sampling Logic），复制法则包括两类：一类是与之前个案相同的复制，称为"刻板复制"（Literal Replication）；另一类是与之前个案不相同的复制，称为"差别复制"（Theoretical Replication）。对钟摆族访谈的目的就是尽可能多地进行差别复制，接触尽可能多的个案类型。

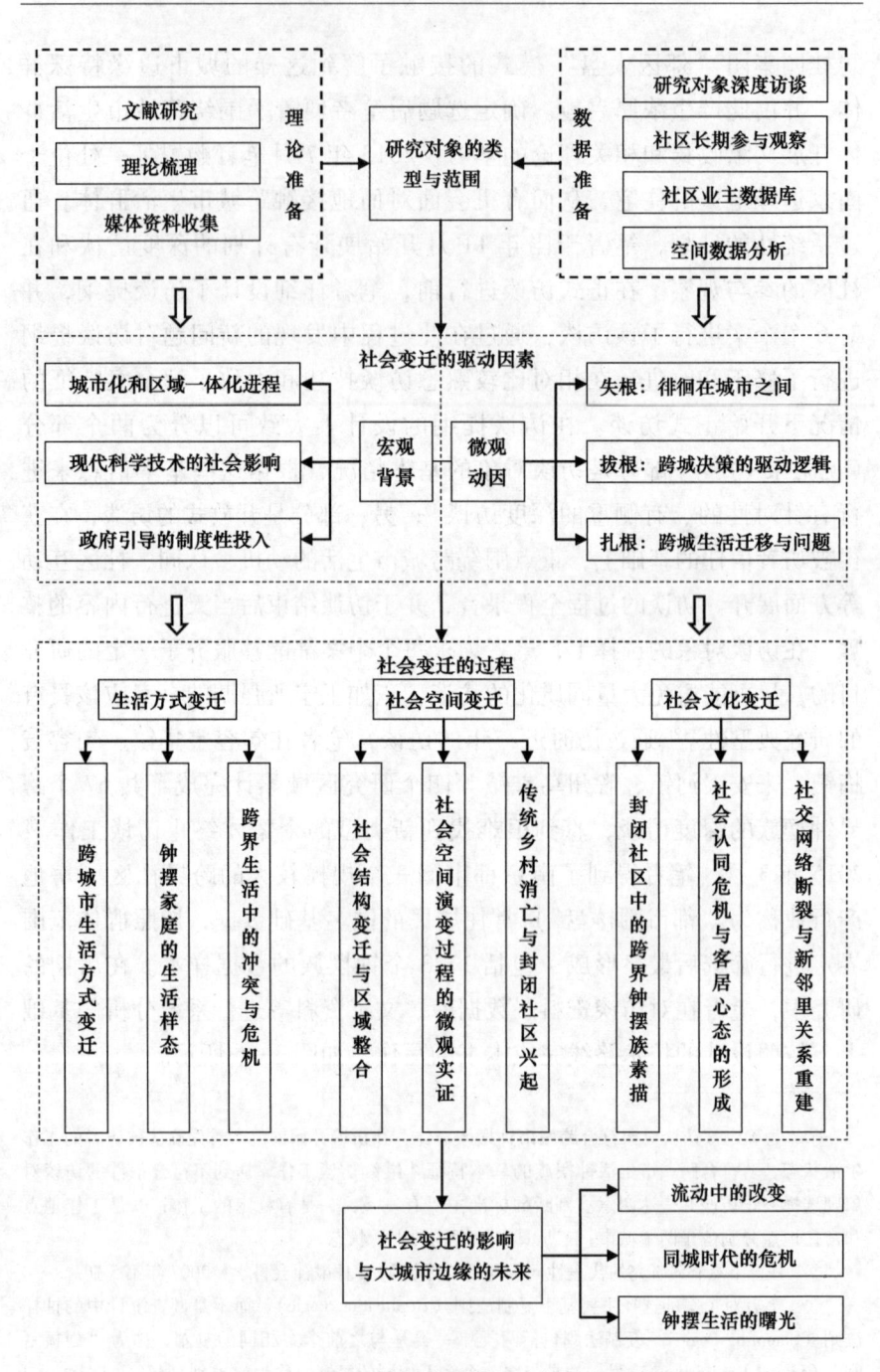

图3—6 跨界钟摆族群体研究的技术路线

第四章

大城市边缘城镇化与跨城市生活群体的产生

> 那是最美好的时代,那是最糟糕的时代。
> ——查尔斯·狄更斯《双城记》

大城市边缘跨城市生活钟摆族的产生和壮大是社会变迁的结果,要从社会变迁的角度去发掘钟摆族的产生原因及其背后主要的社会、经济、文化影响因素和变迁的过程,首先要解决的是视角和背景的选取问题。影响社会变迁的因素是多种多样的,在什么样的层次上来理解和认知社会变迁的因素十分重要,在不同的研究视角和层次上,对社会变迁结构和动力的理解和结论可能是完全不同的。德国社会学家沃尔夫冈·查普夫在《现代化与社会转型》一书中说道,现代社会关于社会变迁和社会结构的概念比古典学者的范畴更加抽象,不仅仅是制度和进步,生产力和生产关系,理性化和统治制度……当要解决社会变迁的问题时,这些概念就进入现代社会学:组织机构、群体、互动、体制、社会心理、小群体研究、文化人类学等等,这些概念更加抽象,但也促进了社会变迁理论的普及化。① 大都市边缘的跨界钟摆族是在何种社会变迁的背景下产生的?为了较为全面、系统地回答这个问题,笔者从宏观和微观的二元论出发,试图从宏观和微观两个层次去理解跨界钟摆族产生的经济社会背景。对大城市边缘跨界钟摆族的研究,首先应该明确钟摆族是一个时代的产物,对其研究需将其放置在相应的时代背景中去考

---

① 参见沃尔夫冈·查普夫《现代化与社会转型》,陆宏成、陈黎译,社会科学文献出版社1998年版。

量和认识。

第一节　城市化和区域一体化：同城化与钟摆族崛起的时空耦合

城市化和区域一体化是跨界钟摆族群体产生的土壤，也是社会生活方式变迁中最显性化的社会背景因素。从人类社会发展的历程来看，城市化和城市现代化始终是推动社会结构变迁的重要力量。城市学者张鸿雁认为城市化和城市现代化在外在形式上表现为城市数量的增多和城市规模的扩大，内在形式上表现为城市复杂性的提高、城市社会结构的分化和城市素质的提升。[①] 城市社会的变迁和社会结构在数量关系上存在无数可变参数的变量，是一种非线性关系的发展过程。丹尼尔·贝尔也同样认为城市社会变迁是城市社会要素（包括数量、密度和比例）之间相互影响和变化的结果。[②] 同城化作为城市化发展的高级形态，在推动区域经济社会整合和社会变迁中发挥着越来越重要的作用，跨界钟摆族作为在不同城市之间流动的人群，是伴随着城市的发展和城市间的经济社会流动产生的，与同城化的过程在时间和空间上均具有耦合的特点，这种耦合性因不同地区经济社会发展水平而存在差异，但总体上可以归纳为三个阶段。

一　制度性开放与人口流动常态化

人口流动是跨城市生活的前提，中国人口流动源于改革开放带来的政治经济的全面开放。1978 年，党的十一届三中全会明确了全党全社会的中心从政治斗争转向经济建设，在传统计划经济中引入市场机制，实施对外开放政策，离开传统生活空间的人口流动从此展开。改革开放

[①] 张鸿雁：《侵入与接替：城市社会结构变迁新论》，东南大学出版社 2000 年版，第 189—191 页。

[②] 参见丹尼尔·贝尔《后工业社会的来临——对社会预测的一项探索》，高铦译，商务印书馆 1984 年版。

初期，乡镇企业的发展和乡村工业的兴起带来了大量的非农就业机会，同时，国家对人口管理政策的放开，使得对人口流动的控制趋于缓和，人口的流动大量出现，形成了农村劳动力"离土不离乡，进厂不进城"的迁移模式。① 这一时期中国人口迁移主要以短距离迁移为主，乡镇吸纳了主要的流动人口，长距离迁移尚不多见，省际年迁移人数及迁移率分别在 100 万人和 1‰以下。② 进入 90 年代以后，随着国家推行全面开放的政策，中国经济逐步参与到全球化竞争之中，经济蓬勃发展带来了大城市的迅速发展，人口流动由短距离迁移逐步转向跨城市、跨省、跨地区的长距离迁移为主。1982 年，全国人口规模最大的 10 个城市吸纳的流动人口只占全国流动人口总数的 11.86%，到 1990 年这个数值上升到 17.04%，到 2005 年达到了 23.65%。③ 在当代中国，区域经济的快速发展使得这种突破传统、走向流动的趋势越来越显性化，流动人口的规模在改革开放以后持续增长。根据历次人口普查数据来看，全国流动人口从 1982 年的 657 万人增加到 2017 年的 2.45 亿人，短短 32 年时间就增加了 37.2 倍，占全国总人口的 18%左右（见图 4—1）。根据国家卫计委发布的《中国流动人口发展报告 2017》，2.45 亿流动人口向特大城市的集聚态势在加强，在北京、上海、广州等大城市中，超过 40%都是流动人口。根据国家卫计委的预测，到 2030 年中国流动人口的规模将达到 3 亿人，其中，农村到城市之间的流动人口将达到 2.3 亿人，城镇之间的流动人口约 8000 万人。④ 以京津冀都市圈为例，2000 年至 2012 年都市圈人口增加了 1591.79 万人，京津冀都市圈人口分布已经形成以北京、天津、石家庄和保定为中心的高密度人口聚集地。广东省流动人口数量居全国首位，深圳、中山、东莞等城市的流入人口数量占常

---

① 殷江滨、李郇：《中国人口流动与城镇化进程的回顾与展望》，《城市问题》2012 年第 12 期。
② 王桂新：《改革开放以来中国人口迁移发展的几个特征》，《人口与经济》2004 年第 4 期。
③ 段成荣、杨舸：《我国流动人口的流入地分布变动趋势研究》，《人口研究》2009 年第 6 期。
④ 《国家卫计委：2030 年流动人口将逾 3 亿》，《新京报》2015 年 7 月 10 日 A16 版。

住人口的比重超过一半以上。①

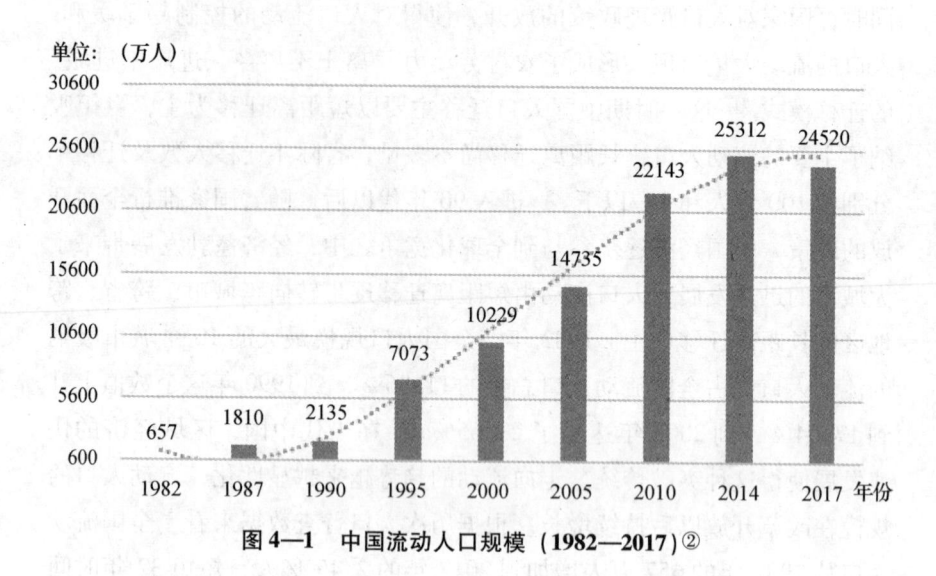

单位：（万人）

图 4—1 中国流动人口规模（1982—2017）②

政策的开放和区域一体化的发展促进了人口向都市圈大城市集中以及人口流动的常态化。区域一体化的观点从改革开放以来就已经出现，而早在1982年湖南学者就已提出同城化的概念——长株潭一体化。③ 1993年6月，在沿江城市经济体制改革讨论会上17个城市的代表就共同开发长江经济带提出过政策性建议。④ 伴随着区域一体化的提出和发展，社会分工得以在更大范围内整合要素。城市群作为城市化的地域空间组织方式，以一个或多个中心城市为核心，通过现代发达的交通网络创造出了通达性，在区域空间内实现经济、社会、技术和文化的一体化。人口的流动促进了大城市劳动力的供给，丰富了城市劳动力市场，促进了大城市经济的快速增长。同时，大规模的人口流动也促进了城市向郊区和相邻城市的扩展，城市郊区化和区域一体化的趋势逐步形成，

---

① 资料来源于国家卫计委《中国流动人口发展报告2017》。
② 资料来源：根据中国历次全国人口普查和历年国民经济发展报道提供的数据估算。
③ 衣保中、黄鑫昊：《我国同城化发展的现状及其效应分析》，《理论探讨》2012年第6期。
④ 朱可芹：《长江发展战略——区域一体化》，《长江论坛》1995年第1期。

日益活跃的人口流动增强了区域内城市间的联系，促进了区域经济社会一体化的发展。自20世纪90年代以来，长三角对流动人口的吸引力逐步增强，与京津冀、珠三角共同成为流动人口集中的三大都市圈。[①] 在这一阶段中，人口的流动性增强，跨越城市之间的流动人口规模逐步扩大。虽然人口流动的"周期性"和"钟摆性"不典型，但这种大规模的人口流动毕竟解放了土地对人的束缚，为跨界钟摆族群体的产生提供了制度层面的支撑。

二 同城化肇起与跨城市生活初现

同城化是区域一体化发展的高级阶段[②]，两个相邻城市之间同城化的兴起对跨城市生活意义重大，使得跨城市生活可以深入具体的城市之间。伴随着城市群和经济全球化的发展，在全世界范围内城市的经济社会活动都毫无争议地跨越了其原有的行政边界的约束[③]，城市的跨界发展在客观上表现为城市区域空间的整合，同城化战略逐渐成为城市扩大规模、增强区域竞争力的务实路径。[④] 中国的同城化在21世纪后逐步发展：2002年西安咸阳正式提出经济一体化，2005年深圳提出与香港"同城化"发展，首次在政府文件中出现了"同城化"概念，深圳市政府在其官方报告《深圳2030城市发展策略》中提出了深圳要强化与香港在现代服务业、高端制造业等相关领域的紧密合作，与香港"同城化"发展。[⑤] 同城化作为一种社会改革和制度性创新，在推动地区发展中发挥着越来越积极的作用。从实际效果看同城化具有明显的经济扩散作用，具有优化区域之间的社会分工、区域统筹协作和优化资源在区域

---

① 郑真真、杨舸：《中国人口流动现状及未来趋势》，《人民论坛》2013年第4期。

② 李圣军等将区域一体化分为四个阶段：第一阶段是基础设施的一体化，着重在硬件层面，包括建立不同城市之间的人流、物流和信息流的通道；第二阶段是公共服务一体化的阶段，主要包括医疗、教育、体育、文化、养老等社会事业，对于个体的自由流动解决了保障性的障碍；第三阶段是经济要素一体化阶段，包括劳动力、土地、资本、能源、环境等要素的一体化，真正打通城市之间的经济生活；第四阶段是同城化，消除行政壁垒，打破行政边界约束，相邻的城市之间深度融合是区域一体化的最终形式。

③ 顾朝林：《论城市管制研究》，《城市规划》2000年第9期。

④ 王德、宋煜：《同城化发展战略的实施进展回顾》，《城市规划学刊》2009年第4期。

⑤ 见深圳市规划局2005年12月编制的《深圳2030城市发展策略》。

空间里的合理配置等作用。[①] 因此，在进行理论探究的同时，中国各地方政府在"同城化"方面的实践也纷纷展开。截至2014年年底，中国地级市及以上级别的城市提出实施同城化战略的就多达数十个，其中部分城市间还成立了专门的政府间协调机构。同城化正在各地如火如荼地开展，各地方政府积极提出并推动同城化战略的实施。2005年以来全国各地每年都有大量的城市加入同城化战略的大军，且这种增长的速度在逐渐加快，据不完全统计，到2015年年底，提出同城化战略的地级城市已经达到23个，覆盖了大部分经济相对发达的省会城市（见表4—1）。

表4—1　　　　　　中国同城化／一体化城市情况一览[②]

名称	提出时间	涉及城市	城市距离	说明
深港	2005	香港、深圳	中心距离42千米	由深圳在《深圳2030城市发展策略》中提出
广佛	2002	广州、佛山	中心相距20千米	城市融合发展中形成的共识，成为珠三角地区发展龙头
宁镇扬	2009	南京、镇江、扬州	南京到镇江81千米 南京到扬州98千米	目标是形成具有较强活力和竞争力的国际性大都市圈
郑汴	2005	郑州、开封	中心距离72千米	中原城市群中心的核心组成部分

[①] 彭震伟、屈牛：《我国同城化发展与区域协调规划对策研究》，《现代城市研究》2011年第6期。

[②] 本表格根据截至2014年年底媒体公开报道的全国各地级市及以上级别地方政府文件正式提出同城化战略的资料汇总整理而成。

第四章 大城市边缘城镇化与跨城市生活群体的产生 73

续表

名称	提出时间	涉及城市	城市距离	说明
长吉图	2009	长春、吉林、珲春	长春到吉林107千米 长春到珲春550千米	我国沿边开发开放的重要区域、东北亚经济技术合作的重要平台
沈抚	2007	沈阳、抚顺	中心距离30千米	定位为辽宁老工业基地振兴的载体
成德	2011	成都、德阳	中心距离45千米	德阳希望通过与成都的同城化成为四川经济发展的增长极
长株潭	1982	长沙、株洲、湘潭	株洲到湘潭10千米 株洲到长沙40千米	长株潭一体化的提法出现最早，成为湖南经济社会发展的核心组成部分
西咸	2002	西安、咸阳	中心距离20千米	从2002年签订《西安咸阳经济一体化》协议开始，定位为关中城市群发展的龙头
乌昌	2007	乌鲁木齐、昌吉	中心距离32千米	强化在新疆经济发展中的核心地位
太榆	2008	太原、榆次	中心距离25千米	通过与太原的同城化成为山西地区经济发展的增长极
酒嘉	2010	酒泉、嘉峪关	中心距离20千米	通过两个城市的同城化发展，成为甘肃的次中心城市
京津冀	2014	北京、天津、沧州、保定、廊坊、承德等	北京到天津130千米 北京到廊坊58千米	由"首都经济圈"而来，加强环渤海及京津冀地区经济协作
京廊	2009	北京、廊坊	中心距离57千米	主要由廊坊提出，突出交通一体化的打造

续表

名称	提出时间	涉及城市	城市距离	说明
昌九	2013	南昌、九江	中心距离 130 千米	全省发展升级引领区、中部地区崛起重要增长极、长江经济带开放开发重要支点、体制机制改革创新先行区
京张	2013	北京、张家口	中心距离 120 千米	以京张城际铁路建设为机遇，促进区域融合发展
四梨	2014	四平、梨树	中心距离 15 千米	由四平主导，提出"以保障和改善民生"为主要目标
厦漳泉	2011	厦门、漳州、泉州	厦门到漳州 63 千米 厦门到泉州 76 千米	由福建省政府协调并出台《加快推进厦漳泉大都市区同城化工作方案》，重点突出城市交通、重大项目和公共服务等方面
沪苏嘉	2007	上海、苏州、嘉兴	上海到苏州 80 千米 上海到嘉兴 90 千米	由嘉兴、苏州推动，力求增强区域的国际化竞争力，降低跨区域交易成本
合淮	2007	合肥、淮南	中心距离 105 千米	由淮南提出，强化在皖中北地区的经济社会地位
北部湾	2013	南宁、钦州、北海、防城港	钦州到防城港 54 千米 钦州到北海 111 千米	由钦州、北海、防城港三市的"北部湾一体化"而来，后加入南宁，形成"广西北部湾经济区"
贵遵安	2014	贵阳、遵义、安顺	贵阳到遵义 144 千米 贵阳到安顺 98 千米	同城化发展的初级阶段，2014年提出三市通信同城化
济莱	2013	济南、莱芜	中心距离 98 千米	通过建设济南莱芜协作区实现同城化

在新型城镇化的背景下，新一轮城市空间整合的序幕正在拉开，越来越多的城市加入城市一体化发展的序列，一个同城化的时代正在来临。同城化战略提出的区域空间分布不均衡，主要有三大特点：一是发生在空间上邻近程度比较高的城市之间（通常两城市之间的距离在100公里以内），且主要围绕经济发达的一线城市和省会城市；二是多由中小城市政府提出，同城化城市之间推动力度存在不均衡性，仅有长株潭、宁镇扬、西咸、郑汴等由省级或以上层级政府协调促成，这也在客观上决定了同城化推动的过程和结果不是很乐观；三是多以经济增长和城市竞争力提升为主要诉求和目标，大多数政府间同城化的战略都特别强调产业的聚集、城市生产分工的协调等，而居民生活、居民就业、社会福利等相关内容通常处于较为次要的地位。虽然同城化在推进过程中存在一些问题，但随着同城化的蓬勃发展，跨城市生活的钟摆族群体开始出现，并受到相关媒体的关注和报道。根据数字出版搜索引擎搜报网以"钟摆族"作为关键词按年份的检索结果来看，媒体对钟摆族的关注最早从2007年开始，主要集中在北京、上海等一线城市及其周边。

三 跨界钟摆族崛起与文化迟滞现象

跨界钟摆族群体的真正崛起并形成社会影响力是在2010年以后，特别是在网络媒体的推广下，"钟摆族"日益走进人们的日常生活。跨城市生活是区域发展一体化诉求下的新型城市生活样态，其形态并不只是简单的跨越行政边界，离不开产生它的基础条件和驱动因素作为支撑。在这个发展阶段中，地理上相邻、人文上相近的城市间的联系达到一定程度后所自然呈现出的经济、社会和文化生活的一体化越发显性化。换言之，跨城市生活既是一种经济现象，也是一种社会现象，同时也是一种文化现象。跨界钟摆族的产生是一个缓慢渐进的过程，驱动因素多种多样。如城市化导致的土地价格的提升，城市功能半径的扩大；城市间交通格局的改变，新的交通方式的涌现；医院学校等社会资源以及文化设施的转移；等等。这些因素之间相互重叠，导致社会变迁的过程具有高度的复杂性、连锁性、时空交错性，城市之间的一体化也逐步进入全面整合阶段中。2010年前后，跨界钟摆族逐渐成为社会各界关注的热点，相关报道的热度呈现逐年上升的趋势（见图4—2）。

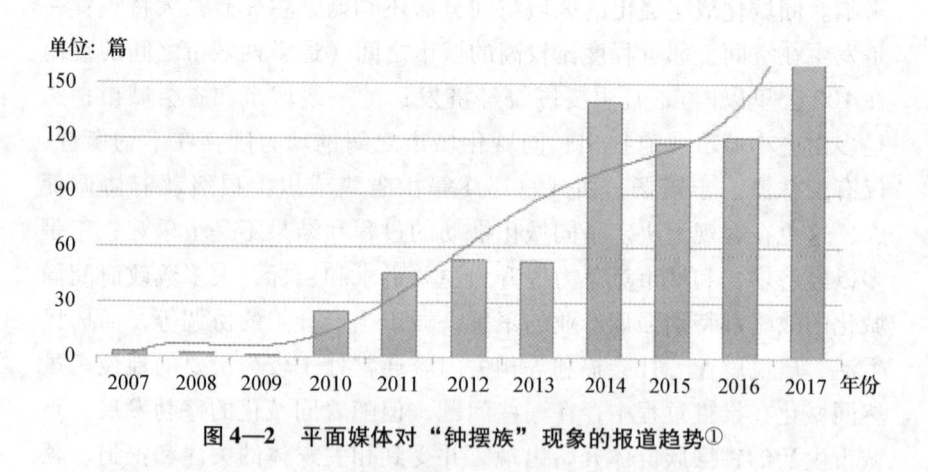

单位：篇

图4—2 平面媒体对"钟摆族"现象的报道趋势①

从空间分布特征来看，跨界钟摆族群体逐步由一线城市扩散到省会和经济发达的开放城市。当今社会已经进入超级城市引领全球的时代，上海、北京等大城市都成了国际都市，有限的城市空间变得更为拥挤，房价、物价随之上涨，因此出现部分人口逆向流动的现象，跨界钟摆族也从北上广等一线城市逐步延伸到内地。从空间分布来看，华北地区主要集中在京津冀周边，包括北京、张家口、廊坊、天津等，以及重点省会和经济发达城市周边，如石家庄、济南、青岛、郑州等；华东地区主要集中在经济发达的长三角区域，包括上海、杭州、苏州、南京、无锡等地，以及其他沿江城市，如合肥、滁州、马鞍山等；华南地区主要集中在珠三角区域，包括广州、深圳、香港、澳门、东莞、佛山等地，以及其他沿海城市周边，如厦门、漳州、泉州、南宁、钦州、北海等；华中地区主要集中在长株潭都市圈以及沿江城市，例如长沙、株洲、岳阳、南昌、武汉、宜昌等；西南地区主要集中在四川盆地成都—重庆走廊一线，包括成都、都江堰、乐山、重庆等地；西北和东北地区分布最少，主要集中在省会城市，例如沈阳、哈尔滨、西安等省会城市。

---

① 根据CNKI报刊和搜报网以"钟摆族"作为关键词按年份检索结果绘制。

从时间特征来看，跨界钟摆族群体的崛起滞后于区域一体化的进程，反映了现实和理论上的悖论，现代化过程中物质性的文化变迁在前，人性、人格等非物质文化的变迁要显得相对落后，即作为社会主体因素的人的现代化转型滞后于社会其他领域的变迁，这种现象被美国学者奥格本解释为"文化迟滞"[①]。这种现象在当代中国社会大的变迁中随处可见，与经济高速增长相比，社会成长却相对滞后，社会的结构性矛盾从而更加凸显。中国区域一体化兴起于2000年前后，跨城市、跨区域的高速公路、城际铁路、高速铁路建设大规模展开，而钟摆族的出现则是到2010年前后，直到现在仍处于群体发展的初步形成阶段，具有明显的滞后性。而更加滞后的是人们对于跨城市生活的观念和看法。在美国和欧洲等发达国家和地区，远离大城市的拥挤从而使跨区域和郊区生活司空见惯，甚至被视为社会相对上流和中产阶级生活方式的特征。而在中国，跨城市生活的钟摆族仍被视为城市中的边缘群体。当代中国大城市人口膨胀问题严重与这种观念和文化的"迟滞"紧密相关，一方面是人们疯狂地涌进大城市，使大城市不堪重荷而引发越来越严重的都市病；另一方面是现代化的交通方式越来越便利，跨城市生活的硬件条件在逐步改善，但选择跨城市生活的人数却增长缓慢。为什么人们观念的变迁总是慢于城市物质文化的变迁？在这个现象中，能够看到人在纷繁复杂的社会关系中所展现出的人性和人格的复杂性，这其中涉及的因素繁多，社会中各种矛盾和力量抗衡都映射在人们内心世界的变迁中。人是受利益驱动的又具有价值理性的变迁主体，在跨城市的变迁过程中，最根本的是人的变迁，正如布莱克在《现代化的动力》中所指出的，人的本质、人的生活、人的未来是现代思想关注的核心，现代化的心理具有最根本性的意义。跨城市的变迁也可以理解为从物质的量变到人的质变的过程，一旦人的转变开始，跨城市生活群体开始出现，就意味着社会的转型进入一个质变的新时代。

---

① 奥格本在1922年出版的代表作《社会变迁》中指出，现代的诸多变迁因素都起源于物质文化，其他文化的变迁都源于物质文化的变迁，非物质文化的变迁速度明显慢于物质文化的变迁。因此通常都是物质文化变迁先于其他方面的变迁，这种滞后引起的失调时间过长，是造成社会问题的重要原因之一。

第二节 现代科学技术的社会影响：网络社会生活方式的嬗变

20世纪中叶以来，随着第三次工业革命引发的现代通信技术、交通通勤技术的飞速发展，使全球范围内的生产和生活可以轻易地突破区域空间的束缚，世界正变成一个相互紧密联系的整体。在这个全球化的时代背景下，传统意义上时间和空间的度量都被极大地改变了，正如大卫·哈维（David Harvey）在《希望的空间》（*Spaces of Hope*）里描述的那样，"如今世界的时间和空间都被大大地压缩了，距离变得不是那么的重要。"[1] 时间空间分析是当代社会学研究的一个重要视角，哈维认为"时空压缩"是资本主义创造的、人造环境的重要特征之一，现代通信技术和交通技术带来了社会互动的延展和加速，社会关系也因此而发生了深刻的改变，文化、历史记忆和社区也被压缩，形成了相对扁平化和无深度的后现代体验。[2] 现代城市的发展方向越来越趋向全球化和网络化，从而引起城市的经济和社会活动方式发生重要的转变。科学技术是促进社会结构变迁的根本因素和推动力量，对此，丹尼尔·贝尔在《后工业社会的来临——对社会预测的一项探索》一书中已经进行了充分的剖析和解释，他认为技术一直是划分时代和衡量社会变化的主导力量[3]，同时技术也在改变着社会关系和社会要素运行的方式。著名的系统进化论学者拉兹洛认为，"重要的技术进步总是造成超越自然的影响，把反常的事物变得正常，把难以想象的事物变得普普通通。它不断挑战着人们的生活习惯和价值观，并动摇那些已经确立下来的制度基础。"[4] 世界近代史从以蒸汽机为代表的第一次工业革命拉

---

[1] Harvey D., *Spaces of Hope*, Berkley: Unversity of California Press, 2000.

[2] Harvey D., *The Condition of Postmodernity: An Enquiry into the Origins of Cultural Change*, Cambridge M. A.: Blackwell, 1990.

[3] 丹尼尔·贝尔：《后工业社会的来临——对社会预测的一项探索》，高铦译，商务印书馆1984年版，第211—212页。

[4] 参见拉兹洛《进化——广义综合理论》，闵家胤译，社会科学文献出版社1988年版。

开帷幕,蒸汽机火车、轮船使人类的生产和活动领域得到巨大扩张,发电机、电报、传真等带来的"电气时代"更让人们足不出户就可以在世界范围内分工协作,计算机和网络技术的发明和应用使得"地球村"的概念应运而生,地理空间的阻隔在技术进步面前显得越来越微不足道。如今科学技术对人类社会运行方式的影响越来越显性化,技术使人们对时间和空间的观念发生了彻底的改变,使得跨越地理阻隔和行政边界约束的跨界生活成为可能。

一 交通方式的变革与跨城市物理通道的连通

现代交通方式的涌现是跨区域生活产生的最为重要的因素之一,是实现跨城市生活的物理基础。现代交通方式(特别是高速铁路、城际铁路、高速公路、城市轨道交通等)对从城市中心区到乡村的梯度格局影响深刻,并在一定的地域空间内形成新的社会结构空间体系。例如宁杭城际铁路为分布在高铁沿线的不同城市之间的工作通勤和跨城市婚姻提供了极大的便利。根据"美国社会调查"(2013年)的数据显示,在美国范围内1/4的通勤族都居住在工作地点以外的城镇。[①] 美国的跨城市和跨州生活离不开联邦政府和州政府对跨区域交通的大量投入,1956年的州际公路法案规划,投资费用260亿美元(其中90%的费用由联邦政府承担),建成了串联美国各州的州际公路4.1万英里[②],这是汽车成为普通市民常用的交通工具的物质基础之一。曼纽尔·卡斯特(Manuel Castells)提出,在高技术社会环境下,借助于城际铁路、航空运输以及互联网等物质和技术条件,传统的场所空间将逐步被流动空间所取代,城市的物质边界将趋于模糊,原本在一个城市空间范围内的功能活动延伸到了其他的城市。[③] 现代化交通大大缩短了城市间的通勤时间,"半小时生活圈""一小时生活圈"等概念应运而生,

---

[①] 数据来源于《外滩画报》2014年12月30日第623期,原稿标注资料来源于BBC和USA TODAY。

[②] Kenneth T. J., *Crabgrass Frontier: The Suburbanization of the United States*, New York: Oxford University Press, 1985, p. 249.

[③] 曼纽尔·卡斯特:《网络社会:跨文化的视角》,周凯译,社会科学文献出版社2009年版,第491—495页。

更重要的是这些生活圈所涵盖的地理范围还在不断扩大,大大超出了原有的城市行政区域的范围,跨城市生活从而变得触手可及。徐卞融、吴晓[1]认为,从个体方面来看流动人口的职住分离主要受到经济状况的影响,与城市居民相比更多的是一种被动分离,同时也受到个体的职业特征和选择偏好的影响;从外部环境来看,就业机会、交通条件、居住机会以及配套设施等是流动人口职住分离的主要原因,其中地铁等快速通勤方式对流动人口职住分离的影响较大,长距离的跨区域交通不再是通勤的障碍,从天津到北京、从镇江到南京工作的通勤者,乘坐跨城市高速铁路的时间可能少于从火车站到工作单位的时间。在中国,跨界钟摆族群体与现代交通方式的依存关系更加典型,2000年以来在中国各类媒体和学术研究中对"钟摆族"的调查和讨论无一例外地都与高速铁路、城际快速、城市轨道交通以及高速公路的建设紧密相关,新型交通方式的涌现被认为是导致跨界钟摆族群体产生的首要因素。

"钟摆族"的出现大部分是迫于就业或住房的压力,但也离不开区域一体化带来的交通快捷便利、生活成本降低。在长三角地区,将随着沪宁城际铁路、沪杭城际铁路以及京沪高铁等铁路网的建成运行而使出行更加便捷。整个长三角"两小时都市圈"的形成改变了人们对城市间的时空距离的认识,3—5分钟就有一趟车发出,使得在这些路网附近的城市人群到另外一个城市购物,就像下班后去菜场买菜一样方便。

——《国际金融报》(2010年7月15日第2版)

以本书主要研究的南京都市圈的跨界钟摆族为例,来安的汊河镇、滁州的乌衣镇、句容的宝华镇和句容的黄梅镇之所以成为众多跨界钟摆族选择的定居地,与它们的地理区位和现代交通方式的建设紧密相关。

---

[1] 徐卞融、吴晓:《基于"居住—就业"视角的南京市流动人口职住空间分离量化》,《城市规划学刊》2010年第5期。

上述 4 个镇所在的地理位置与南京的邻近度（Proximity）[①] 较高，均位于以南京为中心的 40 公里半径范围内，地理位置的邻近性成为形成跨城市钟摆社区的基础条件，在该区域率先出现跨界钟摆族群体也具有某种必然性。而促进跨界钟摆族社区形成的直接原因还是现代交通方式的出现带来的交通可达性的提升。根据韩艳红等[②]的基于 ArcGIS 对南京都市圈交通可达性[③]的研究成果（见图 4—3），南京都市圈的交通可达性自 1993 年以来迅速提升，其格局由近似于圆形向（沿长江方向）椭圆形格局演变，形成以南京为核心向外圈层式递减的格局。区域整体交通可达性由 1993 年平均小于 4.5 小时，到 2005 年平均小于 3 小时，再到 2011 年平均小于 2 小时。本研究涉及的 4 个镇在 1993 年交通可达性还处于 1.0—1.5 小时区域，自 1999 年以后陆续进入 0.4—1 小时区域，到 2011 年已经完全处于 0.4—1 小时区域，其交通可达性甚至大大超过了南京同行政区的南部区域。其中来安的汊河镇依托宁滁城际轨道交通规划，滁州乌衣镇依托宁滁快速通道建设，句容宝华镇依托南京地铁二号线以及规划中的地铁四号线建设，句容黄梅镇依托沪宁高速、宁句快速路以及宁句城际轨道规划。这些现代交通方式的出现是跨城市钟摆社区形成的重要推动力，也成为促进跨城市生活的直接动因。钟摆族的出现与跨区域交通的发展密切相关，在当今中国"一小时生活圈"的概念已经越来越深入人心。随着区域一体化的大力推进，特别是交通体系的构建——高速公路网、城市轨道交通、城市公交对接系统、城际铁路的规划——使得城市之间的联系更加紧密。不断缩短的跨城通勤时间让人们对居住地的选择范围也极度扩张，这在客观上使得双城钟摆生活具备了可操作的现实基础。

[①] 邻近度描述了地理空间中两个地物距离相近的程度，是空间分析的一个重要指标。
[②] 韩艳红、陆玉麒：《南京都市圈可达性与经济联系格局演化研究》，《长江流域资源与环境》2014 年第 12 期。
[③] 其交通可达性的计算按照 $A_i = \sum_{j=1}^{n} T_{ij}/n$ 进行计算，其中 n 为栅格数量，T_{ij} 是从 i 节点到 j 栅格的最短时间距离，公式计算的数值 A_i 越低说明该节点的交通可达性越好。

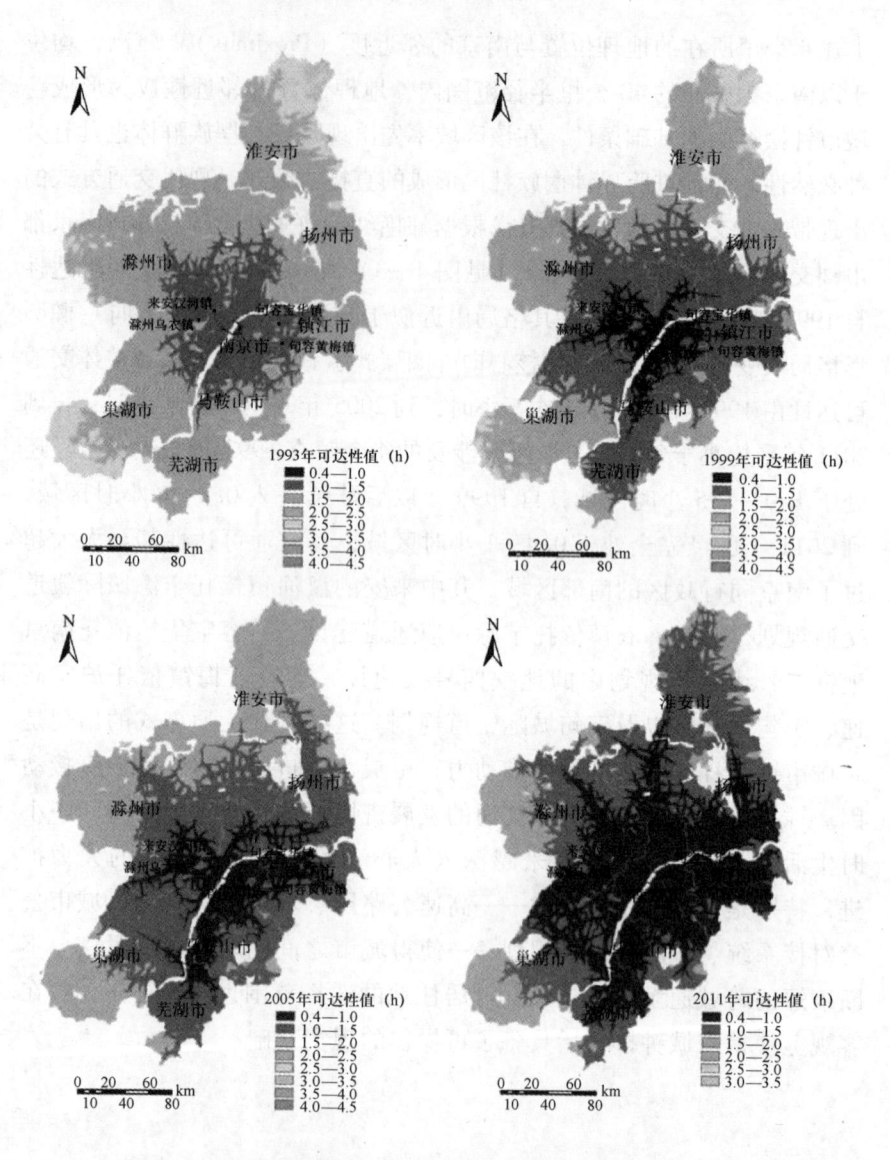

图4—3 南京都市圈在4个时期交通可达性空间格局的演化①

---

① 根据韩艳红等关于南京都市圈交通可达性分析成果上绘制。韩艳红、陆玉麒：《南京都市圈可达性与经济联系格局演化研究》，《长江流域资源与环境》2014年第12期。

二 信息技术的进步与社会心理距离的弥合

现代信息技术是拓展城市空间、消减社会心理距离的重要方式和手段。发达的交通网络和通行方式推动了交通可达性的提高和通勤时间的降低,而现代通信技术的发展更是改变了人们对跨城市心理距离的认知。历史上,城市之间大多是有明显的地理区隔的,山川、河流以及各类人工建筑构成了城市之间的界线标志。空间上的区隔也在客观上影响并形成了人们对于城市观念上的社会心理阻隔,即在人们心中城市与城市之间是有距离感的,跨城市生活除了要突破地理区隔造成的物理屏障,还要消除来自人们心中的社会心理距离。城市学者张鸿雁认为,网络创造了城市虚拟的多中心体系,给人们带来行为方式上的改变,除了信息利用、交往方式上的改变外,还包括消费行为、观念行为、感情行为以及空间距离与人际互动的变迁,城市边缘与城市中心不仅在心理距离上发生了变化,在实际生活中也发生了改变。① 技术进步对城市空间的拓展和社会心理距离的消减主要表现在两方面,首先是由便捷交通通行带来的通勤时间的缩短,其次是得益于信息技术进步带来的即时化沟通的体验。卡斯特提出了社会发展的"信息化发展模式",认为借助信息技术的手段,社会发展空间获得了极大的拓展,形成了"信息流空间"②。以长株潭同城化为例,电话、传真、电子邮件、视频会议、移动通信等信息技术手段日新月异的发展使人们对实际出行的要求在逐渐降低,并且可以不必再拘泥于生活工作地点的束缚,加上同城化带来的三地电话区号的统一,更进一步地缩小了三地之间的距离感,在株洲和湘潭的居民也可以感受到居住在长沙的便利,跨城市的置业和生活就变得不再那么遥不可及。对于跨界钟摆族而言,尽管居住在不同的城市,但仍然可以通过移动通信自由地进行沟通、毫无障碍地获得工作城市的各类资讯,这些技术变革带来的便利都大大降低了跨城市生活所产生的心理距离。

---

① 参见张鸿雁《侵入与接替:城市社会结构变迁新论》,东南大学出版社2000年版。
② 参见曼纽尔·卡斯泰尔《信息化城市》,崔保国等译,江苏人民出版社2001年版。

三 互联网技术的普及和虚拟化生活的实现

互联网技术正在改变传统的工作生活模式，特别是在移动互联网迅速发展的信息化时代，对信息占有量的多寡成为社会分化的重要表征，贫富差距除了表现为物质金钱外，所拥有知识和信息的程度显得越发重要，很难想象一个信息的匮乏者能够成为社会中的富有者。而网络时代对信息的占用则是不拘泥于特定地理空间的，无论在大城市、中小城市还是在乡村，都可以实现对信息的创造、占有、加工和传播。网络化创造出新的工作和生活方式，随之而来的家庭办公、SOHO（Small Office Home Office）办公等新兴工作模式也正在摆脱地理空间的束缚，使工作和生活的要素小型化和分散化。发达国家的城市化逆转、郊区化生活的出现预示着城市人不再是那些居住在城市的人，而是以城市的方式生活着的人。[①] 城市在空间上无限蔓延，从城市到乡村，从大城市到中小城市都可以成为承载后工业社会城市生活的空间，跨界生活开始变得平常，"住在城里的未必是城里人，住在乡下的也未必是农村人"，跨城市的生活方式成为以互联网技术为引领的网络社会下城市变迁的缩影和表达方式。

互联网技术的普及使得跨城市生活的成本发生变化，在网络社会形成的以信息技术为载体的低能耗、低物耗的经济网络中，无论处于大城市的中心区、城市郊区，抑或是中小城市都可以享受同等的价格和便利。城市的中心区和边缘区域在网络社会中形成了平等的"虚拟空间"。无论是在西方发达国家，抑或是在发展中国家的中国，网络购物、网络学习、网络交友、网络求医都让"足不出户"的生活成为一种可能。城市的商业中心、大型超市在人们生活中的地位和作用也在悄然发生着改变。电子购物尽管不能够完全取代传统商业区的功能，但在很大程度上补充了传统商业区缺失带来的弊端。[②] 这些事实已经表明，网络

[①] 丹尼尔·贝尔认为，在后工业社会城市的发展不再是以人口的集聚为主要特征，而是建立在人们相互联系的方式和联系的频率基础之上。

[②] Miles I., *Home Informatics*: *Information Technology and the Transformation of Everyday Life*, London: Pinter, 1988.

化的城市社会正朝着多元化、多中心、多极化和无中心化发展①,科学技术的发展已使城市社会发生了天翻地覆的改变。由技术进步导致的社会变迁还将继续改变人们对生活方式的认知和定义,现代技术的发展和系统性的科学进步,使得跨城市、跨区域的生产和生活方式变得更加容易。互联网时代下,跨越城市、国家等地理界限的虚拟城市已经出现,全球城市(Global City)、网络城市(Network City)等概念的涌现预示着城市社会的结构正在发生根本性的改变,城市生活的要素将在更广阔的空间内实现分散,技术让人们更自由地摆脱了空间的束缚。

第三节 政府引导的城市增长联盟:制度性投入与多主体参与

对于正处于现代化过程中的国家和地域而言,城市现代化和由此引发的社会变迁的过程必然充满了政治变革和社会改革的因素。在全世界范围内的社会改革和变迁一直都在发生,无论是中东、非洲、拉丁美洲因社会混乱而激发的社会变革,还是西方民主的从未停歇的改革努力,这些社会改革和变迁都直接与政治体制相关联。米尔斯(Mills E. S.)等在对美国郊区化的研究中就指出政府财政和社会措施是导致城市扩散和郊区化的重要起因,与城市化的其他要素共同推动了大都市区人口与就业的郊区化发展趋势。② 中国的同城化本身也带有强烈的政府行政化的色彩,且政府要素对这个过程的影响更加显性化。丹尼尔·贝尔认为,"个人是社会决策的基本单位,但对于那些影响重要资源分配或一个国家社会面貌的重大问题而言,决策单位则是政府或者集团。"跨界钟摆族群体是在同城化的背景下发生的,同城化的发生又离不开政府这个至关重要的角色,政府在竞争化的环境下具有主动进行区域整合的动力。在现实社会中,社会结构的变革、新社会群体的出现往往都离不开

---

① 参见张鸿雁《侵入与接替:城市社会结构变迁新论》,东南大学出版社2000年版。

② Mills E. S., Price R., "Metropolitan Suburbanization and Central City Problems", *Journal of Urban Economics*, Vol. 15, No. 1, 1984.

特定的政治理论、政策机制以及与之相关的一系列的社会改革措施，这些政策、理论和措施都会直接影响和作用于社会结构，推动社会结构的变迁。

一 大都市病的产生与同城化的制度性投入

大城市病也是导致人口从大城市空间向外扩张，以及跨界群体产生的重要背景之一。在美国和欧洲等发达国家，"大城市病"是导致大城市中心区域衰落和"空心化"的重要原因和驱动力[1]，当城市人口超过环境承载力和大城市所能接受的负荷容量时，各种"大城市病"就必然会产生。二战后美国城市的高速发展导致一系列严重的社会问题，大城市面临交通拥堵严重、环境污染事件不断、城市犯罪率上升，使人们对大城市的厌倦情绪高涨，"反都市主义"流行。如英国著名作家劳伦斯对大都市阴暗的愤慨之言，"我宁可去海角天涯，也不会走向这个世界上的大都会"[2]。这构成了后来美国"郊区化"的重要原因，推动了人口和资本从大城市向郊区的转移。改革开放以后中国就进入了一个城市化高速发展的阶段，大城市的急剧扩张对土地、人口、经济和环境都提出了极大的要求，导致城市中各种需求构成多样化，社会矛盾冲突加剧，中国大城市同样也面临严重的"城市病"：土地价格和房价的高涨、就业、养老、医疗等保障体系的不完善、噪声污染、空气污染、交通拥堵、家庭暴力、吸毒犯罪等。中国城市所面临的"城市病"丝毫不逊色于20世纪中后期的美国，这些问题虽然在不同的城市有着不同的侧重，但导致人口或主动或被动地向大城市郊区和外围地区转移集聚的结果是一致的。不同的是，美国社会中大量存在的中产阶级具有外迁的能力，他们的外迁行为导致了美国的"郊区化"。而中国经济发展水

---

[1] 戴维·波普诺引用赫伯特·甘斯（Herbert Gans）的观点，在美国城市中心可以看到五种人：（1）受到过好教育的"四海为家者"；（2）未婚和无子女者；（3）由外国移民构成的"民族村落居民"；（4）"被剥夺者"（the deprived）；（5）"深陷城市的人"（the trapped），指无力搬家的老年群体。城市中心这样的人群构成与各种各样城市社会问题的涌现紧密相关，一部分有能力的群体选择躲避城市病带来的伤害，往往选择向郊区迁移。

[2] 参见戴维·赫伯特·劳伦斯《劳伦斯书信选》，刘宪之、乔长森译，北方文艺出版社1988年版。

平无法支持如此规模与形式的外迁,而是形成了社会中贫困和富裕两个相对极端群体或被动或主动地外移,其中的很大一部分人构成了跨界钟摆族群体的组成部分。

城市的集聚和扩散过程与政府的力量和区域的制度性因素紧密相关,其过程是依托于市场配置资源的传导机制,通过经济学上所谓的集聚效应、扩散效应、乘数效应等市场机制交互实现的。① 对于大城市边缘地区而言,以往经济社会发展的相对滞后是城市行政区划制约自然集聚—扩散机制的结果,城市与城市之间难以形成直接的流通,更不能发挥经济的协同作用。但随着经济活动和信息的跨区域流动能力的增强,区域市场的开放性必然要求打破区域经济的封闭性,传统的行政区隔必然被自由融合的市场所替代,这是市场经济发展的客观规律和必然趋势。这就要求城市之间必须消除制约市场流动性的制度障碍②,促进跨城市生产要素的自由流动,一方面是经济要素向大城市的集聚,增强中心城市的首位度;另一方面是中心城市向周边中小城市的扩散,从而带动周边城市的经济成长。以南京都市圈为例,南京作为中心城市首先占据了经济发展的核心地位,能够对相邻的镇江、扬州、滁州、马鞍山等城市形成吸纳能力,这些中小城市一方面吸纳来自南京的辐射,获得技术、资本、人才等要素的共享;另一方面也通过市场的资源配置,承接来自南京的部分产业转移,以实现区域间合理的经济协作关系。在这个过程中,市场的资源配置和城市集聚强化了城市之间的依赖关系,从而形成了打破跨区域制度障碍、走向融合一体化的动力。

在跨区域融合以及跨界群体产生和发展的过程中,由于社会体制的

---

① 参见孙兵《区域协调组织与区域治理》,上海人民出版社2007年版。
② 对于跨区域的整合和人口的跨区域流动而言,公共资源和服务的一体化至关重要,例如宁镇扬一体化的措施中包含了诸多重要方面:整合公共客运资源,建设交通信息服务系统,为居民提供快速化、低成本的同城交通服务;积极开展教育交流合作,促进优质教育资源共建共享,设施布局统筹完善,基本实现基础教育优质均衡配置、职业教育创新发展;以区域卫生信息平台为基础,不断完善医疗卫生服务体系,推进医疗卫生机构合作共建、优质医疗资源战略合作,促进基本医疗卫生均衡发展;共同推进历史文化名城建设与保护,优化文化体育资源配置,共申共办重大文体节事活动,形成合作互动、共同发展新格局;深化就业服务合作和社会保障合作,推进就业信息和职业技能培训资源共享,全面对接社会保障制度安排和标准水平;深化公共事务管理合作,推动公共事务信息共享与跨界联动。

差异,制度的作用和影响的维度存在显著的不同。资本主义世界社会变迁的发展过程更多地表现出一种"历史自然"的过程,是在政府与社会的互动作用下完成的,政府的作用源于社会主流群体的意志以及制度机体存在的功能性的创新能力,而不是在特定社会改革时期中暂时的过程和运动。[①] 在中国"大政府、小社会"的格局下,社会结构往往具有明显的"设计"痕迹,政府行政责任者的个人主观介入意味浓厚,社会结构的变迁往往需要权力的介入才可以完成,更多地表现为一种"自上而下"的变革过程,而不是由底层力量的诉求来引导,因而更加显性化地体现出执政群体的选择意志。中国钟摆族的产生所带来的诸多社会问题在欧美发达国家并不多见,究其原因可能还在于缺乏对社会变迁的总体思考和政策关系的整合,以及着眼于微观的社会改良的制度性基础。政府层面在同城化的初始阶段往往更注重同城化所带来的经济层面的价值和意义,而缺乏对于社会结构变迁带来的城市功能的改变和潜在的社会问题的思考,更缺乏从底层群体的视角来感受和认知社会变迁所带来的影响。

二 地方思维下的地域竞争与博弈

为了在区域竞争中占据优势,许多欧美发达国家以政府为主体的城市管理模式正在逐步产生"城市企业化"(Urban Entrepreneurialism)的趋势[②],政府在城市管理中往往不再立足于以往的福利主义原则,而是充分利用市场化的机制和手段,促进城市的经济成长和提升在区域结构中的竞争力。正如列斐伏尔(Lefebvre H.)所说,空间永远是政治性和策略性的,是政治的和意识形态的,充斥着各种意识形态的产物。[③] 当政府在资源配置方面很大程度上承担了市场的功能,不可避免地陷入一种逐利的企业化(Entrepreneurial Local State)的倾向。[④] 这种经济力量

[①] 国家行政学院国际合作交流部编:《西方国家行政改革述评》,国家行政学院出版社 2000 年版。

[②] Harvey D., *The Urban Experience*, Oxford & Cambridge: Blackwell Publishers, 1989.

[③] 参见亨利·列斐伏尔《现代性与空间的生产》,王志弘译,上海教育出版社 2003 年版。

[④] Harver D., "From Managerialism to Entrepreneurialism: The Transformation of Governance in Late Capitalism", *Geografiska Annaler*, Vol. 71, No. 1, 1989.

是引导同城化和跨城市生活更加根本性的内在动力,市场机制的发生和运作依赖于统一而开放的市场环境,市场的发展和交易网络的深化在客观上必然导致区域一体化市场的形成,从而使社会生活也能够突破行政界的束缚。奥罗姆（Orum A.）[①]和卡斯特（Castells M.）[②]等对中国城市的研究认为中国地方政府在空间发展中越来越注重经济发展因素的考量。以《南京都市圈规划（2002—2020）》出台为例,作为一部跨省区域规划首先面临的是行政区域的制度性障碍,毕竟这不是一部由两省共同编制或国家层面协调的规划,要想获得对方的认可和支持,难度是可想而知的。然后事后不同城市的态度却出现了逆转,纳入南京都市圈的江苏和安徽城市表现出截然不同的两种态度。[③]作为一部江苏省政府制定和批准的规划,都市圈内的安徽城市表现出极大的兴趣,特别是距离南京最近的马鞍山市,而省内的扬州和镇江反而态度相对冷淡。在开放合作的环境下,城市之间的经济竞争都更加显性化,各城市总是选择在经济利益上对自己有利的城市来进行合作。相邻的安徽城市可以获得南京作为中心城市的辐射,而镇江和扬州地处长三角腹地,可以结成经济社会协作的选择面更宽（如上海、苏州、无锡、常州等）,但这样的现象随着南京经济地位和首位度的提升而逐渐发生了改变,宁镇扬的同城化协作关系近年来也越发紧密。

城市经济竞争的背后是政府政绩的博弈,发展城市经济也是政府积极作为、创造政绩的客观需要,同城化的经济博弈和协作在经济发达的直辖市和省会城市周边表现得尤为典型。大城市相邻的中小城市政府有着更加强烈的同城化意愿,从而能够在道路建设、公共资源投入、城市规划和相关政策上为同城化社区的产生创造条件,中小城市在住区营造上的积极配合是客观上促成跨界社区的最直接因素。反观经济欠发达地区,由于缺少经济发达、首位度高的中心城市,相邻城市的政府层面缺乏同城化的协作动力。作为与大城市相邻的中小城市,依靠大城市的功

[①] Orum A., Chen X. M., *The World of Cities: Places in Comparative and Historical Perspective*, Blackwell Publishers, 2002.

[②] 参见曼纽尔·卡斯特《千年终结》,夏铸九、黄慧琦等译,社会科学文献出版社2003年版。

[③] 颜剑:《把脉南京都市圈》,《小康》2004年第7期。

能转移，争当副城，形成组合发展的格局是最为明智的选择。以句容为例，早在2009年就提出实施"推进同城同建、打造南京副城"的发展战略，强调以副城的标准建设句容，在更大范围内承接南京的辐射，成为宁镇扬同城化的先行军[1]，并围绕这一战略采取了一系列实质性的措施，如率先制定了首部跨行政区域的发展规划《南京镇江相邻地区区域规划》；在交通上率先实施122省道的快速化改造，开通南京到句容的城市公交，实现城市公交IC卡"一卡通"，特别是推动宁句城际轨道交通S6线的建设；在新闻媒体上，在《南京日报》开辟句容专版；在城市基础设施上，供水利用南京水资源，实现区域供水全覆盖，在通信方面甚至将逐步取消移动电话长途和漫游资费，并将率先在交界地区实现南京区号全覆盖，通话费调整为区间通话费水平。这些由政府促成的政策和措施源于政府推动地方经济社会发展的动机，在客观上满足了跨城市生活钟摆族的需求，成为吸引钟摆族定居的重要因素。

三 多主体介入与城市空间增长联盟的形成

在区域一体化的变迁中，城市中的各种利益主体（包括政府、开发商、金融机构、民间社团等）为了城市经济增长的共同目标，会产生趋于结成各种类型的合作伙伴关系，来实现共同的经济目标。对于大都市边缘的城市化而言，不可能仅仅依靠政府的单一力量就能够推动，需要诸多发展主体结成的伙伴关系共同参与到这个过程中来。这种伙伴关系可以理解为城市增长联盟（City Growth Coalition），这一理论最早由罗根（Logan J.）和莫洛奇（Molotch H.）[2]在《城市财富：地方的政治经济学》一书中提出，城市增长联盟是促进城市经济成长的共同主体，往往包括地产开发商、投资者、律师、地方金融机构、广告商、物业管理公司、建筑公司、市政公司以及支持城市增长的政治家们等的社会精英群体，他们沉迷于城市的经济增长和价值提升，"增长"成为共同的且唯一的意识形态。正如莫洛奇所说，城市精英通过利益共识而推动

---

[1] 资料来源于《句容市国民经济和社会发展第十二个五年规划纲要》。

[2] Logan J., Molotch H., *Urban Fortunes: The Political Economy of Place*, Berkeley: UC Press, 1987.

"土地增值纲领"①，这是理解大城市边缘结构变迁和动力的重要方面。在这个城市增长联盟中，政府和开发商作为其中最重要的主体分别通过土地和资本参与了大都市边缘的整合变迁。政府以土地为资本来参与和控制区域的发展。土地历来是政府拥有和支配的最大资本，政府通过土地的竞标和拍卖来介入区域的开发，提升大都市边缘的市场价值潜力成为其必然选择。

在促进大城市边缘变迁的力量中，除了政府主导的城市增长联盟以外，关系到区域发展的所有利害相关者都参与其中，包括本地居民、外来定居者、社会组织、相关企业等，他们对于大城市边缘地区的发展也发挥着重要作用。以宁镇扬同城化为例，随着跨城市民间社会交往的不断加深，跨城市的经济合作日益增多，当行政体制的约束影响到区域的流通，带来交往成本、交易成本上升时，例如跨城市交通不畅、通勤成本过高、跨行政区通信成本过高、跨区域污染无法根治等，民间社会力量对同城化的诉求就日益强烈，专家学者、企业家、社会媒体、网络论坛等多渠道、多形式的讨论就逐渐形成了对该区域公共政策的影响。以宁镇扬一体化为例，相关学者和普通大众以网络为平台围绕同城化展开大量讨论，以个人观点为推进南京都市圈和宁镇扬同城化建设贡献意见和观点，提出要基础设施互联互通、产业发展合作共赢、公共服务共建共享、跨界区域协同建设、生态文明联动推进等，特别是普通大众最关心的跨城市的交通整合与公共服务的同城化。交通方面提出宁镇扬主枢纽站之间半小时通达、主城区之间一小时通达；公用服务方面提出推进公共交通、教育、医疗卫生、文体、就业与社会保障、公共事务管理协同发展等。这些主体的行为与政府行为之间形成了某种程度上的互动，对同城化公共政策制定发挥了积极的影响，多主体的介入对于跨区域整合和同城化区域的经济社会变迁发挥着共同的推动作用。

---

① Molotch H., "The City as a Growth Machine: Toward a Political Economy of Place", *American Journal of Sociology*, Vol. 8, No. 2, 1976.

第五章

从失根到扎根——钟摆族个体的跨城选择

> 人生就像一只钟摆,永远在渴望的痛苦和满足的厌倦之间摆动。
>
> ——亚瑟·叔本华

跨城市生活的钟摆族是在现代城市社会快速变迁中产生的典型的"无根性"群体,他们离开原本生活的城市、离开家乡、离开熟悉的生活环境,他们中有迫于大城市的生活压力选择"逃离大城市"的年轻人,有从乡村到城市务工的打工仔,也有不堪大城市拥挤和污染的"城里人"。可以说,"拔根"和"扎根"是现代社会变迁下的必然表现,西蒙娜·薇依[①]在《扎根——人类责任宣言绪论》中就指出,西方自文艺复兴和工业化以后,"拔根"和"扎根"的现象在城市历史演变中就变得越来越普遍。城市生活通过技术进步和大规模的社会分工使得社会个体获得"价值"的同时,也造成了现代生活的"无根性"。这种"无根性"是导致自杀率升高、群体社会心理失衡、逃离大城市等"非典型现代都市病"的重要原因。[②] 对于跨界钟摆族来说,如果原本生存环境的土壤不肥沃是他们选择"拔根"的原因,那么社会环境能否使社会个体"有尊严"地生活则反映了更深层次的社会病理。选择跨城市的生活方式,来到大城市边缘"扎根"的跨界钟摆族们能否真正"扎

[①] 参见西蒙娜·薇依《扎根——人类责任宣言绪论》,徐卫翔译,生活·读书·新知三联书店2003年版。

[②] 张鸿雁:《中国"非典型现代都市病"的社会病理学研究》,《社会科学》2010年第10期。

根",还仅仅是再次"拔根"前的某种临时性过渡?对于处在钟摆族群体中的每一个具体的人来说,选择跨城市的钟摆生活可能将要面对通勤、户籍、教育、社交等一系列的问题。在选择跨城市生活的背后,究竟还隐藏着怎样的动机?本章节试图从微观的、最真实的个体需求去理解这种选择的行为逻辑。

第一节 失根:徘徊在大城市与中小城市之间

跨界钟摆族的双城工作、生活模式是受到来自大城市和相邻中小城市"双向推拉"的结果(见图5—1)。人口迁移的"推拉理论"为跨界钟摆族的迁移和流动提供了良好的分析框架,推拉理论认为迁移是一系列力量引起的,包括促使个体离开一个地方的"推力"和吸引其到另一个地方的"拉力"[1]。跨界钟摆族的流动居住就业行为本身就充满诸多"推力"和"拉力"的驱动因素,居住地和工作地在空间上跨行政区的分离也可以理解为来自大城市"推拉"和相邻中小城市"推拉"作用相互博弈和平衡的结果。从跨界钟摆族的现实情况来看,钟摆族选择在大城市工作和在相邻的中小城市居住都离不开相应的推力和拉力。但与一般人口的单向迁移不同,跨界钟摆族大多表现出"大城市工作、中小城市居住"的空间分离特征:一方面"中小城市居住"是受到了来自大城市的推力和中小城市的拉力,另一方面"大城市工作"又是受到了来自中小城市的推力和大城市的拉力。跨界钟摆族在不同城市之间"钟摆式"地流动可以被认为是上述"大城市推力""中小城市拉力""大城市拉力""中小城市推力"四个方面共同作用的结果。

一 游离大城市:迈向双城的动力逻辑

大城市的推力是作用于跨界钟摆族向大城市边缘流动的外推力量,也是促进钟摆族形成"双城跨界生活"最具显性化的力量之一。大城市的推力既包括了对原本已经在大城市生活的劳动力的外推力量,也包

---

[1] 参见李竞能《现代西方人口理论》,复旦大学出版社2004年版。

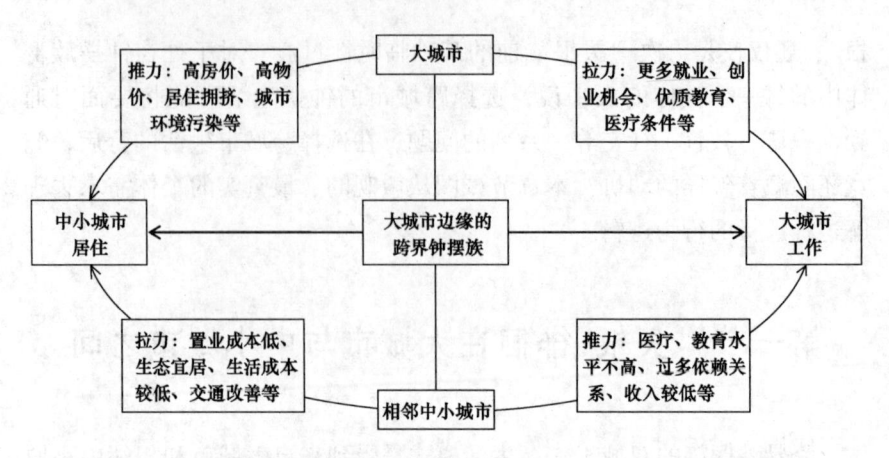

```
                            大城市
  推力:高房价、高物    ┌─────┐    拉力:更多就业、创
  价、居住拥挤、城市    └─────┘    业机会、优质教育、
  环境污染等                        医疗条件等

  ┌──────┐      ┌──────────┐      ┌──────┐
  │中小城市│◄────►│大城市边缘的│◄────►│大城市│
  │居住    │      │跨界钟摆族  │      │工作  │
  └──────┘      └──────────┘      └──────┘

  拉力:置业成本低、                  推力:医疗、教育水
  生态宜居、生活成本                 平不高、过多依赖关
  较低、交通改善等                   系、收入较低等
                          相邻中小城市
```

图5—1　大城市边缘钟摆族跨界迁移决策"推力—拉力"模型示意

括了对大城市潜在的外来劳动力的外推力量。人们来到大都市边缘的中小城市定居，既可能是中小城市的有利因素吸引而产生的，也可能是大城市的不利因素发展导致的。例如英国历史上在工业革命时期圈地运动导致的人口向城市流动，主要不是因为当时的城市生活本身有多么美好，而是农村生活状况的恶化。对于部分跨界钟摆族而言，选择跨界生活并不是因为大都市边缘的生活本身具有多大的吸引力，而只是在大城市生活压力下的无奈选择。大城市的推力主要包括以下几方面的构成要素：（1）大城市的高定居置业门槛。大城市的高房价近年来在中国饱受诟病，随着大城市人口的急剧膨胀和住房制度的市场化改革，经济发达的大城市普遍迎来房价爆发性增长，使在大城市定居的成本越来越高，"房奴""蜗居""逃离北上广"等词汇的涌现客观上反映了大城市定居门槛的提高。"我当然也想过在南京买房子，但是房价实在是太高了，城里房价都要两三万元，外围新城的房价也要一万多元，对于我们这样的工薪族要想在南京买房子实在太困难，要么就要背几十年的贷款，成为地地道道的房奴"（HM-021，句容黄梅镇受访者）。（2）大城市的高生活成本。生活成本是影响劳动力流动的决定性因素[①]，包括

[①] 有关人口流动角度的大量理论都强调了生活成本的重要性，例如克鲁格曼的"中心—边缘"模型中就指出，市场接近效应、生活成本效应和市场拥挤效应是影响经济活动和劳动力走向的三种基本作用力。

了在大城市生活的各种直接和间接费用，如教育、医疗、社交生活以及衣食住行等方方面面。全世界城市发展的经验已经表明，城市经济规模越大、人口越集中的城市，生活成本往往越高。这些生活成本都是人们选择在大城市生活时就必须承担的经济负担，大城市的高生活成本也直接抵消了在大城市的部分工作收入，无论是对于已经在大城市生活的人们，还是那些准备进入大城市生活的人们都会产生相应的推力。(3) 交通拥挤、犯罪率增加等"大都市病"。近年来，由于空间规划不合理、产业结构落后、城市管理不足等原因，使得许多大城市都面临严重的交通堵塞、吸毒、犯罪、污染等都市病，在大都市巨大的生活成本和高节奏的生活下，越来越多的现代都市人陷入身心憔悴和亚健康状态，面临忧郁症、免疫力下降、失眠、焦虑等烦恼，越发感受到大城市生活的弊端。"我原来是打算第二套房子买在尧化门那边的，因为我爱人在烷基苯厂附近工作，那边房价其实也便宜，但最后想想还是没有买，毕竟那里是南京的工业区，也算是郊区，外来人口多，收废品的、进城的农民工很多，沿着长江那一带污染也很重，我们家宝宝小，住在那里不放心，怕对后代有什么不好的影响。我们夫妻俩工资不高，（南京）城里肯定是买不起，仙林新区的房价也太高，所以只能买在宝华这里的，相比而言，这里环境也要好一点，靠近宝华山，我老公上班这个距离也勉强能接受，就是每天要早一点出门。"（BH-007，句容宝华镇受访者）在当代中国城市社会快速变迁的背景下，大城市所呈现出的高房价、高物价、现代都市病等问题正在破坏大城市的"扎根"环境，"逃离大城市"的隐患尽管不会在短时间内爆发，但必然成为人们选择跨界生活的重要动因。

中小城市的拉力是吸引跨界钟摆族向大城市邻近的中小城市流动和定居的力量。部分跨界钟摆族到大城市边缘定居不是因为在大城市推力下被动无奈的选择，而是本身所呈现的积极主动地选择跨界生活愿望，他们更多的是受到来自中小城市拉力的驱动。唐纳德·博格（Bogue D. J.）认为人口流动中强烈的拉力比强烈的推力更容易刺激人口的迁移。[①] 中小城市的拉力主要包括以下两个方面：一方面是土地级差下的

---

① Bogue D. J., *The Study of Population: An Inventory Appraisal*, Chicago: University of Chicago Press, 1959.

低成本定居——这是与大城市的推力因素完全相反的——更低的房价是吸引人们选择跨界生活的重要因素。在当代中国，不同行政区划下土地成本的差异导致的房价差异是非常明显的，相邻城市之间的道路基础设施、生活设施、社会资源的差异都是导致土地级差的重要因素。这种土地级差在城市边缘地带，更准确地说是在城市的行政边界线附近十分明显。"宝华跟仙林就隔着一条八乡河，河的西边就算南京，房价一万五，河这边算句容，房价才六七千，在南京买一套小户型够在这里买一套大别墅。我在南京有房子，这一次换房子纯粹是为了改善居住条件，既然是要想改善，我还不如买得大一点，住得也更舒服，距离也就差个几公里，多开五分钟车的事。"（BH-002，句容宝华镇受访者）在巨大的定居成本的差异下，人们自然还是更多地趋于经济理性的选择。另一方面是优质的自然环境的吸引。与大城市相比，中小城市的人口密度相对较低，环境承载压力相对较小，机动车尾气、工业废气污染、城市噪声污染等相对较轻，优美的自然环境成为吸引跨界钟摆族的重要动因。"这里环境真的非常好，我的想法就是花小钱买大健康，这里空气是真的好，你们从城里过来应该能感觉到，一进老山整个感觉就不一样了。你们看我前几天早晨拍的照片，从我窗户看出去整个老山都能看得到。不是我给小区做广告，小区售楼处也不给我一分钱，这个照片我发在网上，有好几个朋友也说要过来和我做邻居。"（WY-003，滁州乌衣镇受访者）历史上美国郊区化在很大程度上也是人们追求的更好生活环境，在当代中国大城市的环境问题日益严重的背景下，大城市的拉力与推力的关系和权重正在发生改变，中小城市的环境优势正日益彰显，使人口"一边倒"地向大城市流动的模式发生了微妙的改变。

二 跨城市工作：留驻大城市的黏滞力量

跨界钟摆族选择在"大城市工作"受到来自大城市的拉力和中小城市的推力的共同作用。关于大城市的拉力因素在农民工进城、人才流动、跨境移民等诸多热点社会问题中已经有了较为翔实的分析。与这些人口流动不同的是，大城市的拉力对于跨界钟摆族的作用是吸引其继续留在大城市工作，以形成"钟摆式"的生活节律。大城市的拉力主要体现在以下几个方面：（1）大城市高就业机会和收入预期。追求自我发展和更多的经济利益是影响人们行为决策以及人口流动的主要动力和依据，获得较高的经济收入是人们进入大城市的最重要拉力。人们向大城市的集中，很大程度上是受到大城市较多就业机会和高收入预期的吸引。通常情况下，大城市是经济社会资源的集中地，也意味着更多的收入预期。[①] 大城市周边的中小城市也存在收入预期，大城市在经济上的拉力很大程度上取决于两者之间的差距。以本书研究的南京都市圈为例（见图5—2），南京都市圈中其他七大城市人均可支配收入远低于处于中心城市的南京。在大城市预期收入水平、城市生活成本、就业概率等因素确定的情况下，是否留在大城市则取决于周边中小城市的收入预期。可以看到这样的事实，跨界钟摆族尽管用脚投票选择了在相邻的中小城市生活，但都仍然坚定地坚持在大城市工作的原则。(2) 相对公平的制度体系。在更加精细的社会分工体系下，大城市必然拥有更多精细的管理制度和监督机制，这就使人们可以较少地依赖社会关系，仅仅凭借自身在特定领域的能力就可以获得较好的工作机会。相比之下，中小城市更偏向于人情社会，日常的社会活动都离不开错综复杂的人际关系，有时候人际关系甚至高于个人能力。人际关系简单、凭能力说话是大城市最具有吸引力的地方，那些宣称要"逃离北上广"的人们在回到中小城市生活后，往往发现中小城市难以提供展现自己能力的工作机会，离开了社会关系网络更是寸步难行，最终不得不"重回北上广"。(3) 有利的社交环境与原有的社会关系。在大城市工作能够更多地接触来自全国乃至世界各地的朋友，丰富个体的社会关系，扩大生活网络，以及更大的择偶范围等等，都是吸引人们来到大城市的动力。对于熟悉城市生活的人们，其选择行为中自身社会关系的维持和发展是非常重要的因素，特别是对于在选择居住地这样重要的问题上必然会考虑到原有社会关系的维持，同时也会受到社会关系中其他成员的影响。在是否要跨界生活的理性选择过程中，家庭关系、同事关系、朋友关系都会直接影响个体的行为决策。决策的个体会评估跨界生活对自身家庭和社会关系带来的改变和影响，如果深刻感受到原有家庭和社会关系都需要

---

① 根据托达罗预期收入差距假说，收入预期是预期工资水平和就业概率的乘积，在城市中就业概率越大，预期工资水平越高，则城市预期收入的拉力就越大。

自己留在原有的生活圈，或是其自身对原有城市生活空间表现出不舍的情绪。这种情绪会转变为阻止原有大城市生活的人们跨界居住的大城市拉力。"搬到碧桂园来之后跟原来朋友的联系少多了，我以前在江北工作，原来的同事和朋友也大多数在江北和（南京）主城区，他们聚会和活动我就很少参加了。从原来工作单位开车到我这里不堵车也要一个半小时，相当于开车从南京到芜湖那么远。一直想约他们到我这里来玩，都讲了一年多了也没有机会实现，主要还是离得太远，把这么多人约在一起太困难。"（HM-003，句容黄梅镇受访者）受访者尽管最终选择了跨界生活，但仍然可以感受到其原有大城市的社会关系对其强力的吸引力。大部分钟摆族群体都是过着大城市的生活，其社会交往关系都是围绕大城市展开的，长期在大城市生活中形成的社交网络都会形成大城市的拉力，社交网络成员的观点和建议也会直接影响到个体在跨界生活选择上的决策。

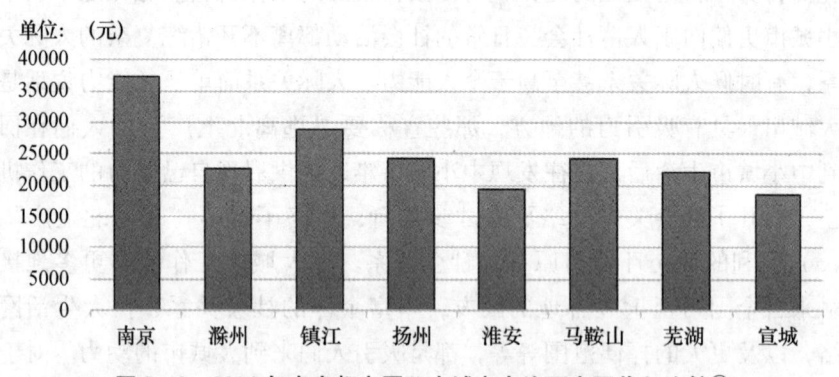

图 5—2 2014 年南京都市圈八大城市人均可支配收入比较①

跨界钟摆族来到大都市边缘的中小城市生活，但并不是完全意义上的迁移，工作和主要社会关系仍然留在大城市，没有真正实现人口从大城市向周边中小城市的转移扩散，其关键力量在于这些中小城市中存在的"推力"作用，这种推力主要体现在三个方面：（1）就业和创业的机会与空间相对不足。迁移能力较强的年轻人一般认为在大城市工作是

---

① 根据 2014 年各地方政府统计年鉴数据绘制。

更"有出息"的表现,认为大城市的生活更加精彩,中小城市缺乏像大城市那样的发展机会,对中小城市生活环境不满足,越来越多的年轻人来到大城市以寻求更好的教育、更有前途的工作岗位。大城市的魅力吸引着无数年轻人前赴后继地向大城市流动,尽管中小城市并不意味着没有发展机会,但与大城市多样化的职业体系和创业氛围相比,中小城市仍然存在巨大的差距,这是中小城市推力的重要组成部分。(2)优质社会公共资源的稀缺。中小城市在教育、医疗、文化等社会公共资源方面的劣势是不言而喻的,在大城市工作可以使自身获得更好的学习机会,掌握更多的知识和工作技能,享受更加优质的医疗资源和城市文化设施。更重要的是,其父母和子女同样可以享受到这些大城市的优质资源。此外,大城市中便利的公共交通、商店里琳琅满目的商品、精彩纷呈的文化活动、通宵经营的商业设施等,都是吸引人们流连忘返的重要因素。"当时买房子也是脑子热,也没想清楚,这里生活太不方便,没有大超市,没有大医院,句容城里的医院也是脏兮兮的,门口的路讲了前年就要修通的,也是拖拖拉拉到现在没有修通。有机会我还是想搬回南京去住,如果有合适的人买我的房子,我马上就出手,亏一点我也认了。"(HM-030,句容黄梅镇受访者)(3)文化环境的相对落后。城市是人类文化的容器,人类通过积累性的文化选择和甄别机制,使城市在主体上集中表现了人类文化的精华。[①] 根据马斯洛的需求层次理论,情感、尊重和自我实现等高层次的人类需求都离不开文化的载体和传承。当代普遍的价值观中,在大城市生活并不只意味着赚取更多的金钱,更是追求现代的文化和生活方式,在现代化的大都市中生活、发展和实现自己的梦想。大城市意味着更丰富的文化体验,中小城市相对落后的文化环境(包括休闲方式、社交方式、购物体验等)让人们感到失望,即使在中小城市可以获得相对舒适安逸的生活,他们仍然向往着大城市所代表的生活方式。

三 互动与平衡:式微的跨城阻力与断裂的双城生活

在大城市和相邻的中小城市之间的跨界钟摆族是受到"大城市推

[①] 参见张鸿雁《城市文化资本论》,东南大学出版社2010年版。

力""大城市拉力""中小城市推力""中小城市拉力"四种力量共同作用的结果,但其作用的结果并不表现为上述四种力的合力,而是在大城市和中小城市的"推拉"作用下工作和生活被撕裂成两个部分,造成客观上生活连续体的断裂,形成跨越行政区的钟摆式生活状态。[①] 跨界钟摆族深陷大城市和中小城市的"推拉"之间,对不同城市没有形成强烈的地域认同,使他们成为缺乏社会归属感的"失根"群体。至于大城市和中小城市之家的"推拉"能否促使人们真正迈入跨界生活的步伐,还要看"推拉"的合力能否突破跨城生活的阻碍。跨界钟摆族群体近年来的迅速壮大也是这些跨城阻碍力量减少的结果,具体表现在以下四个主要方面:(1)跨城市生活的条件成熟。并不是每个城市都具有跨城市生活的条件,对于跨城市生活而言中小城市的拉力是形成钟摆生活状态的重要力量,当大城市的推力显著而中小城市拉力不足时,迁移选择性是相对较小的,并不是每个大城市周边都有适合跨界生活的中小城市,这种情况下更多的人或迫于大城市的生活压力而成为城市中的蜗居族、蚁族等群体。(2)思想观念的开放。跨界钟摆族的生活期望与人们传统上对"大城市"的看法和观念有明显的不同,他们对生活在大城市有更加理性的判断,不再盲目追求所谓大城市人的身份,对大城市的依赖也不那么强烈,而是更加精明和理智地判断在大城市和中小城市所带来的经济和生活上的利益和便利。"有同事跟我开玩笑问我怎么搬到安徽去住了,我说现在我虽然住得远,但我进城逛街比你们还方便,从小区门口有班车直接坐到河西万达广场,半个小时就到。所以我就讲,现在哪里还有什么城里人、乡下人,江苏人、安徽人,这些都是老观念,要我看,怎么方便怎么来,怎么舒服怎么来。住在南京城里就了不起吗?我看不一定,住在城里的小房子蜗居,有什么生活品质。就像人家说的,上海的老城里现在住的都是穷人,有钱人都住在新区,国外有钱人都住在乡下,所以我就是觉得这里好,来我这里

[①] 如果用公式加以表达的话,则可以表示为:中小城市净推力=大城市推力+中小城市拉力,大城市净推力=大城市拉力+中小城市推力,两者的共同作用不是在"中小城市净推力—大城市净推力"的作用下导致人口向中小城市或大城市的迁移,而是在"中小城市净推力+大城市净推力"的合力作用下导致居住和工作的分离。

玩的朋友都还羡慕我呢。"（WY-003，滁州乌衣镇受访者）（3）跨界成本的降低。跨界成本包括两方面：有形的成本，例如跨城通勤中的乘车费用、私家车维护费用以及跨城生活需额外购置的交通工具和生活用品等；无形的成本，例如跨城上下班的通勤时间、部分社会交往机会的丧失以及购物、医疗等活动中需要额外消耗的时间和精力。在本研究的实际调研中，许多受访者在提及跨城生活的原因时最多的就是感慨跨城交通的巨大改变和通勤时间的降低。"我小的时候从句容到南京觉得特别远，坐长途大巴从老宁杭公路，时间长的时候要两个小时，现在有高速公路，到南京城里基本在一个小时之内，马上又要通快速线，将来还要修轻轨。我感觉距离已经不是问题，我的大学同学在北京上下班正常都要一个半小时，目前我对于这个上班的距离是完全可以接受的……"（HM-019，句容黄梅镇受访者）（4）人口管理制度的松绑。从国家到地方制度层面对人口流动的限制减少，是导致跨界生活产生的重要背景。这些制度阻碍主要由户籍制度以及围绕户籍制度的一系列政策制度构成，包括教育制度、医疗报销制度、社会保障制度等。我国传统的户籍管理制度是基于严格控制和管理人口流动而设计的，当人们离开户籍所在地工作和居住时就会遇到各种烦琐、冗杂的户籍相关事务，客观上阻碍了人们在不同城市之间的就业和居住。管理制度的改革大大降低了人们跨区域流动的障碍，拦在不同城市之间的条条框框在流动的市场需求下逐渐瓦解，特别是中国户籍制度从改革开放以来逐步放开，跨区域的制度整合也使得人口流动的阻力得以降低[1]，人们在工作、社交、生活等环节可以更轻松地跨越制度性的障碍，大城市和中小城市的"推力"和"拉力"作用的结果得以更加显性化。

---

[1] 20世纪80年代开始允许人们离开户籍地从事劳动和居住，随后在市场化取向的改革中，户籍相关的限制被逐步放开。2000年以后逐步兴起的区域一体化进程中，特别是同城化的推进，使得不同行政区域的制度性障碍被逐步扫除，跨城市医疗、交通、购房、教育等方面都有所突破。

第二节　拔根:跨城市生活决策的驱动逻辑

大都市边缘的跨界钟摆族无一例外的都是"异乡人",无论他们是离开大城市寻求舒适生活的城市人,还是离开乡村希望进入大城市打拼的乡下人,他们的生活都经历了一个"拔根"的过程。跨城市生活对于许多人而言提供了另一种生活的可能性,有些人只是停留在构想阶段,而有些人真正迈出了跨城的这一步成为跨界钟摆族。那么到底是什么力量使他们毅然决然地"拔根",离开自己熟悉的环境来到城市的边缘生活?社会学的开创者们从不同的视角对"拔根"引发的人性扭曲、社会断裂和道德失序进行了剖析,西蒙娜·薇依认为是金钱和军事的力量,海德格尔认为是技术的驱动。这些理论从宏观尺度上解释了技术、资本、军事、经济以及其他社会主体的介入对现代化进程带来的强大社会变迁的冲击力。但具体到钟摆族个体而言,仍然需要从底层的逻辑上理解人们为什么颠覆了原有的价值体系,扯断一部分的社会联系,从传统的社会秩序中剥离开来。在本研究的访谈中,提及选择跨城市钟摆生活的原因,每个访谈者都有数不尽的理由,但当追溯到最初的动因时,仍然可以归纳出一些具有普遍性的驱动逻辑。

一　选择的逻辑:被动钟摆族与主动钟摆族

城里的人想出去,城外的人想进来,到底是住在城里还是住到城外?这是一个始终困扰了无数现代人的话题。人类的居住空间不仅具有遮风避雨的功能,还具有自主、舒适、财富、社会地位,以及接触城市教育、医疗、文体设施等城市空间资源的功能。这些要素在不同个体的眼里并不一样,而且随着具体生活情境的差异而变化。因此,跨城市居住生活首先是一个选择的逻辑,不同的个体和家庭迁移的意愿、倾向和选择都存在差异,反映了个体如何决定自身的生存方式。城市的一体化和网络社会的来临,现代交通体系使得人们的流动能力大大增加,就业和居住选择日趋多元化,这就使得跨城市生活从理论上的可行逐渐演变成可以接受的现实选择。北京媒体的一项网络调查显示,超过30%受访者已经明显感到高铁等现代交通方式正改变着自己的工作与居住方式，而接近48%的受访者暂时不会考虑加入"钟摆族"①。大都市边缘的钟摆族群体中，选择的多元化是钟摆族的重要特征之一，这种多元化体现在选择类型、收入水平、地域身份等诸多方面。选择方式的差异和收入水平的不同也是后来导致钟摆族群体分层和分化的重要原因，根据社会流动和社会分层的相关理论，可以将大都市边缘的钟摆族大体划分为三种典型的类型，即高端生活型、主动改善型和被动置业型，每一种类型都呈现出各自不同的特点（见表5—1）。

表5—1　　　　大城市边缘钟摆族选择类型比较一览

	高端生活型	主动改善型	被动置业型
选择类型	主动	主动	被动
收入水平	高收入	中等收入	中低收入
职业特征	私营企业主、企业高级管理人员、政府公务员、高等院校教授等	企业白领、小企业创业者、高级技术人员、技术研发人员等	基层销售人员、普通技术蓝领、初级程序员、个体经营户、初级会计等
工作状况	工作时间相对自主，不需要每天通勤往返	大部分工作时间相对固定，需要每天通勤往返	大部分工作时间相对固定，需要每天通勤往返
心理状态	比较满足	基本满足、偶有抱怨	心理落差大、有抱怨
社交活动	社交活动内容丰富、活动范围大	社交活动丰富、活动范围较大	社交活动受到限制、活动范围较小
住房类型	高端别墅、大平层	微别墅、多层、高层	多层、高层住宅
人口密度	很低	中	中、高
住房面积	200平方米以上	90—200平方米	90平方米以下
居住分类	R1	R2	R2
人口密度	低密度	中、高密度	中、高密度
交通出行	以私人汽车为主	部分私人汽车，部分采用公共交通	大部分采用公共交通

注：该表格系根据本研究访谈对象的特征和访谈结果总结和归纳形成。

---

① 资料来源于《北京人才市场报》2010年11月24日第002版相关报道。

根据选择类型的差异可以划分为主动钟摆族和被动钟摆族，前者是自主选择的结果，而后者是在各种压力下无奈的选择：被动钟摆族群体主要以中低收入人群为主，他们往往并不包含社会最底层，后者对通勤成本十分敏感，跨城市生活所代表的长距离通勤往往是最底层群体无力承担的，但前者成为跨界钟摆族往往也是面对大城市压力（特别是大城市房价）迫不得已的选择。城际化生活吸引职场人最大的"原因"在于置业和生活成本的相对降低，"钟摆族"可以"享受"到较低的房价。"我原来在下关那边租的房子，两千块钱一个月才租了三十几个平方米的单室套，全家人都挤在那个小房子里，小孩那么大了也还跟我们睡在一起。现在住到这里来舒服多了，有三个房间，虽然上下班累一点，但毕竟晚上回来能有个住着舒服的地方。"（WY-005，来安汊河镇受访者）受访者此前是比较典型的城市蜗居族，夫妻两个人来到南京打拼十多年，此前一直在南京租房子住，双方都来自农村，面对疯狂上涨的房价，难以实现本地置业。地产开发商"地铁下一站，房价少一半"的宣传标语为他们提供了另一种选择，跨城市意味着极大的土地级差和定居门槛的降低，对跨界钟摆族构成了极大的吸引力。与原本"蜗居"式生活下常年的压抑相比，能够更加体面的生活成为其最大的诉求，大城市边缘可以提供的低成本住房最终促使其摆脱"蜗居"，转而成为跨城市生活的钟摆族。上述个案还反映了跨城市生活的决策往往不是个体的决策，而是综合考虑家庭成员的结果，史塔克（Oded Stark）的新经济迁移理论就认为在劳动力迁移的决策中家庭发挥着决定性的因素，决定迁移的考量往往基于整个家庭对于风险的评估和预期收入的最大化[1]；主动钟摆族群体则是为了追求更舒适的居住空间和环境，原本生活环境中的居住条件太过简陋，无法满足其自身的生存和发展的需求，跨城市生活可以提供更加宽裕的居住空间和生活品质。大城市边缘相对于大城市中心区拥有更为健康和宁静的生活环境，适于工作一天的职场人调整和休息，事业和家庭可以同时被兼顾，这种新的工作生活创

---

[1] Stark O., Bloom D. E., "The New Economics of Labor Migration", *The American Economic Review*, Vol. 75, No. 2, 1985.

新模式使得许多职场人主动改变居住地点和工作方式。与被动钟摆族相比，主动的选择往往更加具有积极意义，主动钟摆族通过跨城市生活实现了其最初的选择诉求，而被动钟摆族尽管暂时摆脱了定居和居住空间的困境，但也带来了更多的生活问题，例如生活成本的大幅上升、社交圈的萎缩、教育医疗设施的可达性不足等。

二 交换的逻辑：经济理性下生活要素的互换与权衡

跨城市钟摆式生活的选择不仅仅是地理空间和社会化组织的问题，对于某一个确定的个体而言，跨城市的生活选择本身更多是出于经济理性的因素考虑。经济学对城市的系统性研究始于 20 世纪 50 年代以后，使城市经济学从土地经济学和区域经济学中独立出来，成为一门相对独立的学科。① 个体居住空间的选择往往是综合权衡的结果，其背后往往隐含着交换的逻辑，其中很多现象可以用互换理论和权衡理论来进行解释。互换理论（Interchange Theory）是 20 世纪 60 年代阿隆索（Alonso）② 提出的，他认为个体在选择居住地点时主要考虑随着与城市中心距离增加而减少的住宅费用和增加的通勤费用之间进行"互换"，并最终趋于在综合费用最低的地点定居。互换理论主要还是基于经济学中理性经济人的假设，在跨界钟摆族的现实生活中，个体在选择居住地点时既要考虑住房的费用（包括房屋的价格、持有的费用，甚至包括升值的潜力等）的多少，又要综合考虑通勤的费用和远距离生活带来的机会成本的上升③，其中交通费用和住房费用的"互换"是最简单的逻辑。与

---

① 刘天东：《城际交通引导下的城市群空间组织研究》，博士学位论文，中南大学，2007 年。

② Alonso W., *Location and Land Use*, Cambridge: Harvard University Press, 1964.

③ 阿隆索认为家庭的收入主要用于住宅消费、交通消费和购买其他商品的消费，概括为数学模型可以表示为：$Y = PZ \cdot Z + P(t) \cdot G + K(t)$，其中 Y 表示收入，$PZ \cdot Z$ 是其他商品的单价和数量，$P(t)$ 是距离城市中心 t 的位置的单位面积地价，是一个随 t 升高而降低的函数，$K(t)$ 是距离城市中心 t 的位置的通勤费用，是一个随着 t 升高而升高的函数。当家庭收入一定的情况下，人们往往必须在 $P(t) \cdot G$ 和 $K(t)$ 之间进行交换和权衡，并确定最经济的组合方式。

此同时，西方经济学在居住区位的研究中提出了权衡理论（Theory of Trade）①，认为最佳的区位是通过城市不同区位的级差地租和上下班通勤费用的比较而确定的，距离和环境成为人们居住空间选择中最重要的两个因素，高收入群体由于具有较高的支付能力，居住区位选择的自由度较大，因而优先考虑环境的好坏。相比之下，低收入者对通勤费用支付能力较弱，更倾向于首先考虑距离的远近，因而只能局限于距离城市较近的地点居住。

跨界钟摆族在跨城市生活的选择上大量使用了交换的逻辑。大城市边缘地区原本就是典型的乡村地带，只有当地农民在此居住，后来定居的钟摆族群体大多数都是来自相邻的大城市或希望在大城市定居的人们。面对大城市日益高涨的房价，购房成为许多外来年轻人的头等大事，希望能够在大城市留下。对于经济并不宽裕的群体，有些人选择了透支未来消费，背上沉重的房贷成为所谓"房奴"；有些人选择了"蜗居"，在人均居住面积仅几平方米的房屋中生活；还有人选择了长期租房，把买房的计划长期搁置；更有收入拮据者选择群租，在大城市的高房价下坚守，成为都市生活中的"蚁族"；有些人选择彻底的离开，"逃离北上广"成为他们的口号，回到家乡去生活。这些选择从本质来说都是在收入条件一定的情况下，生活要素之间的交换与权衡的结果，其中最常见的关于交换的说法大体有三种：第一种是"以时间换空间"，其交换的要素在通勤时间的长短和居住空间的大小之间。"南京的房价太高了，根本想都不敢想。现在住在这里虽然远了点，路上浪费的时间多了点，但毕竟不用做房奴啊，赚点钱都给银行还利息了，贷款100万元，实际上就要还银行200万元，我们靠打工要还到什么时候。"（HM-012，句容黄梅镇受访者）这是时间换空间的典型说法，在本研究的访谈中被无数次提及，为了实现定居或是为了更宽敞的生活空间，人们选择了用更长的通勤时间来交换。空间和时间更精细的交换可以通过这样一个案例来说明，"对我来说，最大的影响是不会在上海买房了。"肖经栋说。在他看来，高速列车公交化直接带来"同城效应"的

---

① 杨上广、王春兰：《国外城市社会空间演变的动力机制研究综述及政策启示》，《国际城市规划》2007年第2期。

加剧。"住在昆山和住在上海,在时间上没有太大差别。"肖经栋算了一笔账:提速后,火车票贵了些,单程15元,月通勤费支出要660元。在上海居住的话,一个月房租至少需要1000元以上,市内交通费也是一笔开支。而在江苏省昆山市中心位置的新房也只要4000—5000元/平方米,比上海远郊的房价还要低很多。"完全可以将在上海支付房租的钱用来还在昆山购房的按揭。"① 近十多年来,伴随中国房地产的市场化改革,大、中城市的商品房一度疯狂上涨,面对大城市的高房价束缚,不同的人们选择了不同的生存策略,而精明的钟摆族们在时间和空间的交换权衡中,似乎找到了一种近似中庸的"最优"策略,既不离开大城市,又不退回到家乡。第二种是"以距离换环境",其交换的要素在通勤距离的远近和居住地的自然环境、居住品质之间。"原来我生活在江浦(现南京市浦口区)桥林(镇),我原来很多的朋友也还在那里,搬到这里来是很偶然的……这里风景很好,空气也好,而且价格非常便宜(从销售人员处得知约20多万元),我不光买下了这一套,还拉着我朋友买了隔壁一套。平常出门可以坐社区班车,现在微信什么的都很方便,平常跟朋友之间交流也不一定要当面,以前QQ什么的我们不会用,现在手机上的微信操作简单,我们年纪大一点也能会用……"(WY-006,滁州乌衣镇受访者)与第一种交换相比,这种类型的交换往往在年长的、相对富裕的对象中体现得更加典型,他们更注重自己的身体健康和生活环境,希望远离大城市的噪声和空气污染,而对距离和交通成本等因素并不十分敏感。第三种是"以城级换实惠",其最常见的说法就是"大城市挣钱、小城市花钱",交换的要素在城市级别和城市生活成本之间。"南京的生活水平高,这里(滁州)的生活水平要低很多,打个比方,单物业费一项,南京一般的小区至少都要一两块钱一个平方米,这里只有七八毛钱,只有在南京的一半。在南京一个月收入三四千块钱不算什么,但在这里可以过得很好。"(CH-008,来安岔河镇受访者)这种交换思维更多地表现在原本就居住在大城市相邻的中小城市的对象之中,在外人看来是"大城市边缘",但对于他们而言就是

---

① 案例来源于《人民日报·海外版》2007年4月26日第2版,原标题为"'钟摆族'的双城生活"。

自己熟悉的城市，他们对于大城市的机会和小城市的实惠有充分的感悟。在跨界生活的交换逻辑中，个体往往只是在自身生活要素之间进行交换，他们往往只凭着对陌生跨界生活的想象来进行评估和权衡，在他们看来这些交换往往对自己是有益的，但现实的跨界生活和他们想象中的生活往往是有差距的。在跨城市生活真正实现之后，跨界钟摆族们才会冷静下来思考这种交换的价值，考虑生活模式转换前后的利弊得失，想象与现实之间的差距是造成新的社会问题的重要原因。

三　比较的逻辑：参照群体范式下的多维比较

除了选择和交换两个逻辑话语以外，比较的逻辑也是人们"拔根"成为跨界钟摆族的重要方面。在个体动机与社会结构的交互作用研究方面，"参照群体"理论的分析框架被广泛使用，以反映个体互动中的群体绩效。"参照群体"理论源于社会心理学的研究，比较适合作为微观视角来研究个体的行为，在常见的社会学研究中广泛用于个体的动机、社会认同以及与社会结构中交互作用等方面的研究。参照群体理论对跨界钟摆族现象的研究存在双重社会学属性：一方面是效度的属性，跨界钟摆族在对自我和他人的评价中形成可以参照的标准，使自身与其他人群相比有了合适的参照框架，这里的参照群体不一定是个体所属的群体，也可能是个体希望加入的群体，甚至是关联性较弱的外部群体[1]；另一方面是信度的属性，通过参照群体的影响，形塑了跨界钟摆族群体的价值取向，并为该群体的社会行为方式提供了参照范式。对于大城市边缘跨城市生活的钟摆族个体而言，选择的本质是一种比较行为，跨城市生活的选择离不开那些个体取向的参照群体，无论这样的群体是否包含个体，都对决策者本身的选择产生影响。通过与参照群体的比较，个体获得了选择的依据，使得跨城市的选择得以进行和完成，并更进一步为选择的利益得失提供了评判的基础。[2] 跨界钟摆族参照群体是人们决

---

[1] 参见戴维·波普诺《社会学》（第十二版），李强等译，中国人民大学出版社2007年版。
[2] 在这样的选择过程中的参照群体是多元化的，是通过对多个参照群体的比较而形成的最终的决定，通过对不同参照群体的多个维度的分析，可以看出钟摆族在跨城选择中面对多样化的因素时选择的逻辑以及选择时心态的多变性和复杂性。

定跨界生活时所属或所选的群体集合，在本书研究的受访者中大体可以归纳出以下三个群体的比较。

首先是自群体比较范式，强调个体自身生活经历参照下的改善欲望。对于原本生活在大城市的个体而言，跨城市生活的选择最初的参照就是自身所建构的一种参照。这种参照群体包括钟摆族在选择观念中以自身以往生活经历作为参照的集合，例如原有的生活条件、居住面积、生活配套、地理区位等等。人们脱离原有的生活环境，希望在大城市的周边新的环境下定居，不可避免地与以往自身生活的要素进行参照。在这样的比较范式下，人们在选择是否跨界生活中往往认为新的生活方式起码不能比以往的生活差，这种参照是建立在自我角度评价基础之上，更多的是物质层面的比较和选择。"买这里的房子主要是想改善居住条件，我原来在（南京）江宁有一套房子，七几年建的老房子，面积也不大，当时买的时候算是二手房，原来就是一个国有企业的老家属院，也没有像样的物业，反正就是条件不太好。买这个房子其实很突然，那天是我跟我老婆去新街口，也不知道逛哪里，有销售跟我们推荐房子，说有车来回接送，不买也没关系，我们就当是去玩一玩的心态来这里看房子，看完当天我老婆就决定要买，房子漂亮、小区绿化又好，我老婆一眼看中，这个条件比我们原来的房子好多了。据说以后还要通地铁，关键是价格不高，这里一套房子的价格也就相当于在南京城里买一个房间，第二天就过来把房子定了，我们做决定是很快的。"（HM-031，句容黄梅镇受访者）跨界生活的物质环境（或想象中的物质环境）能够高于其自身原有的参照标准，通过以往和现在的比较就容易促使个体做出跨城市生活的决策。

其次是内群体比较范式，侧重于人际交往中的比较和从众行为。这里所说的内群体主要是指与钟摆族个体紧密地生活在一起的群体集合，他们包括亲人、朋友、同事等等，是构成其社会交换关系的主要成员。[1] 在对跨界钟摆族的访谈中，可以看到这样的普遍现象：当某个人

---

[1] 人们在日常生活中普遍具有攀比、从众、依附、效仿等心理，当其亲属、同事、朋友等社会关系成员选择跨界生活后，对于其自身仍然具有很大的影响和带动作用，尤其是在社会关系亲密的成员之间更加典型。

选择了在大都市边缘的中小城市定居后,他们的亲戚、同事、朋友,甚至亲戚的亲戚、同事的同事、朋友的朋友都会跟随着选择跨界生活。这种现象有点类似于在大城市里的农民工群体集聚的"河南村""陕西村"、回族群体集聚形成的"回民村"等现象,都是在原有社会关系带动下一批一批人的逐步集聚。"经过我手里买(房子)的客户很多都是相互介绍的,最多的是客户买我们的房子后能直接介绍十几个客人过来买,这些客户还会介绍更多的亲戚、朋友过来买,最后很多都是一个大家族,或者是一个大单位集中住在我们这里,他们原来的生活圈子是整体搬到这里……"(QT-001,句容宝华镇楼盘销售经理)还有部分跨界钟摆族原本在相邻的中小城市就有很多亲属关系和社会网络,他们的跨界生活本身也是受到原有社交网络的影响。① 内群体对钟摆族最初的选择以及后续的生活都产生着持续性的影响。本研究访谈中,很多受访者坦言,跨城市的生活本身并不是因为自己,而是因为来自朋友、亲戚以及周围熟悉人的影响。"我买到这里(的房子)也是因为朋友介绍,我有两个朋友比我先买的,陪他们过来看房子也觉得特别好,他们买的房子户型又好,环境也好,物业也好,当时反正想他们都买了,应该没什么问题,也就跟着一起买了。"(CH-006,来安汊河镇受访者)很多受访者在跨城市选择上就是这样类似的情况,表现为跟风从众式的行为。从认知而言,由于内群体的介入和行为的引导,例如某个群体成员已经选择了这种跨城生活方式,其他成员也会参照遵循。从心理而言,往往由于受到集体意识的左右,从而产生自觉或不自觉的适用心理,并表现为从众行为的效应。

最后是外群体比较范式,突出社会期望的形塑与裹挟。这里的外群体是个体及其紧密圈层以外的社会群体集合,其价值更多地表达为一种社会价值观对其自身行为选择的观点和看法,通过介入人们选择跨界生活的心理趋势和行为路径产生作用和影响。外群体通过对个体的社会价值模式形成导向,例如婚配就需要买房子和买车子,个体按照自己生活

---

① 这两类集聚效应都是以原有的亲缘关系和社会关系网络为基础的,从原本熟悉的生活区域搬离到距离遥远的城市外围,跨界钟摆族们的选择很多都会听取内群体成员的观点和评价。

的实际条件并参照外群体的一般标准,自我构建一种理想的生活方式。"住到这里来也是没有办法,南京的房价太高了,根本买不起,我岁数也不小了,今年已经25岁了,在我们老家像我这么大的全部都结婚了,有的小孩都快上学了。看到别人买房子结婚了我就挺着急,特别是我女朋友,虽然她也没怎么催我,但总这么耽误着也不好,但结婚就要买房子,那时候看了很多楼盘,南京的房子太贵了,江宁、仙林都要上万一个平方米,最后看到这里觉得还可以,有班车接送进城。虽然说每天上班时间长一点,但能解决婚房的问题也就无所谓了。"(HM-010,句容黄梅镇受访者)外群体的影响使得个体强化了"结婚需买房"的价值观,成为其固守的行为模式,使其面临被动的选择。面对这种外群体的介入,人们在选择是否跨城市生活的问题上容易受到外群体参照的影响,不能客观审视相关价值观的合理性,及时改变自身虚构的价值标准,从而陷入外群体价值观的裹挟和托马斯定理[①]的危机之中。

第三节 扎根:跨城市生活的迁移与问题

一 扎根的基础:城市生活的重构与有机团结的实现

城市社会的变迁引发了越来越多的"失根"现象,失根的状态是痛苦的,人类需求的复杂性又要求每个人必须扎根,以满足人生存和发展的需要。离开原本熟悉环境"拔根"的钟摆族始终面临这样的困惑:能够去哪里扎根?大城市的边缘是否是理想的扎根地?跨界钟摆族能否真正牢固扎根?西蒙娜·薇依认为"扎根"是个体通过真实地、活跃地、自然地参与到某一个集体的生存而拥有"根"的过程。[②] 如果说"拔根"是一个在旧环境中扭曲挣扎和摆脱的过程,那么"扎根"就是在获得个性解放后重新寻求归宿的过程,是一个自我反思和寻求创新的

---

① 美国芝加哥学派社会学家威廉·托马斯(William I. Thomas)在《欧洲和美国的波兰农民》一书中提出"情境定义"(Definition of the Situation)的概念,认为如果人们把情境界定为客观真实的,那么它们在实际的结果上也就是真实的,即实现了"自我达成的预言"。

② 参见西蒙娜·薇依《扎根——人类责任宣言绪论》,徐卫翔译,生活·读书·新知三联书店2003年版。

过程，是一个新的环境中重建社会认同和凝聚力的过程。在笔者看来，跨界钟摆族们从原有生活环境中"拔根"来到大城市的边缘，能否真正"扎根"必须考虑物质和精神两方面条件：一方面是基础物质层面的满足，营造现代化的城市生活方式。跨城市生活表面上看是"城市郊区化"或"反城市化"的过程，其实质上是城市生活方式的一种延伸和升华。只有当大都市边缘的生活充分城市化，交通、通信以及信息的获得不再成为障碍时，居住在城市边缘也照样能够像生活在城市中一样便利，人们才能真正转变相应的时空观念，在大城市边缘长期居住下来。现阶段，城际铁路、高速公路等现代交通本身所带来的交通成本的提高，相对增长的市内交通费用和时间，学校、医疗等相关必备服务设施的不完善，都成为"城际化模式"发展的新障碍。"平常生活中感觉最不习惯的，一个是每天上下班，坐车时间太长，每天来回路上加起来超过三个小时，特别是早晨出门等车排队，还有不少人插队，乱糟糟的。还有就是经常停水停电，这是我完全没有意料到的，几乎每周都要停电或者停水，让人怎么生活？跟生活在农村没什么两样，现在这个社会没有电还得了，看不了电视，上不了网，直接回到原始社会算了。"（HM-010，句容黄梅镇受访者）生活城和工作城之间的资源不平衡，不仅让希望加入跨城生活的职场人打了退堂鼓，更让生活在其中的钟摆族们感受到强烈的挫败感和失落感。另一方面是精神生活层面的满足，通过地方文化的再造以重建有机团结。人类是社会性的动物，社会交往的实现和群体的凝聚力是促进社会整合的重要力量。钟摆族们的跨界生活选择过程割裂了以往存在的部分社会联系，若要在大城市边缘真正扎根，就必须建立新的社会交往关系和社会整合机制。涂尔干在《社会分工论》中就指出，社会分化能够产生新的整合机制，社会团结和分化是促进社会进步的两大动力，社会正由机械团结向有机团结转型。[①] 大城市边缘社会利益关系复杂多样、群体分化严重、人们思念观念和生活方式差异巨大，这些都增加了社会凝聚的难度，必须在多元化的利益主体间相互依赖、相互协作、相互协商的基础上建立有机的交往方式，避免社会空间的隔离，在外来群体内部和本地群体之间营造公共的交往空

---

① 参见埃米尔·涂尔干《社会分工论》，渠东译，生活·读书·新知三联书店2000年版。

间，重构地方文化和地点精神以促进地方的社会整合。

二 扎根的门槛：置业成本的降低与擦边球式的操作

大城市边缘发展和吸引人口集聚最重要的因素就是较低的置业和定居门槛，特别是对于中等收入和低收入的跨城市生活群体而言，房屋价格依然是重要的决定性因素。对于低收入的人们来说，在大城市置业是难以想象的，即使这些位于大城市边界以外的住区，房屋的总价也是一笔巨大的支出，没有贷款是难以实现的，因此能否顺利贷款也成为人们迈向跨城市生活的重要制度因素。这种门槛性因素对跨城市生活的影响在中西方都是一样存在的，以美国郊区化为例，第二次世界大战结束后美国卫星城的发展和兴起中，联邦住房管理局和退伍军人管理局为超过1100万套住宅提供了利率极低的住房贷款，贷款利息甚至低于房租的租金[1]，出于经济理性的选择，人们纷纷离开大城市，涌向置业成本更低的郊区或邻近的城市或州。在中国大都市边缘的钟摆族置业中，贷款的因素在原居住地的大城市的钟摆族身上体现得更加明显，他们往往在大城市有一处住宅，或许因为面积太小、交通不便、家庭矛盾等原因中的一个或几个，不得不购置新的房屋，在大城市二次置业的难度往往更大[2]，于是他们将目光转向了城市边界以外，以寻求置业门槛更低的边缘社区。在这个过程中，银行和贷款中介发挥了十分重要的作用，往往存在诸多非正式的渠道使得在大城市边缘定居的成本进一步降低。"（我）在南京还有房子，户口也在南京，就是房子太小了，小孩也没有自己的房间。但再买一套房子就要按二套房算，要付60%（的首付款），哪里能买得起？这里价格便宜，而且还不限购，贷款还是限的，但查得没有南京严。我后来找了（贷款）中介，多花了一万多元，他们本事很大，不用假离婚、做假证件，就能直接帮我做成首套房，还是

---

[1] Kenneth T. J., *Crabgrass Frontier: The Suburbanization of the United States*, New York: Oxford University Press, 1985, pp. 205 – 208.

[2] 国家出于对经济进行宏观调控，在很多大中城市实施差别化的信贷政策，主要体现在二套房贷里，即首套房是按照政府的优惠政策向银行借钱买的，现在又想继续向银行借钱买房，这样的行为被认为是拿银行的钱炒房。国家在满足人们基本住房要求的同时又要限制投机性购房，因此在大中城市往往都会大幅度提高二套房贷的首付款比例。

按照30%的首付款来买的。"(BH-007，句容宝华镇受访者）就这样，贷款中介这一看似不重要的角色，却最终成为部分人能否跨城市置业的关键性因素。在深度访谈中发现，开发商、贷款中介和银行常常能够达成利益共同体，以口头承诺、信用担保等非正式的方式来保证这个过程的顺利实现。"我的贷款是（开发商的）销售帮我联系的，他们手上都有好多这样的人（贷款中介），能从不同的银行贷到款，中行不行就换农行，农行不行就换建行，反正最终都能帮你办成，实在办不下来钱还退给你。通过销售介绍的（贷款）中介会更保险一点，万一出了问题他还能帮你退定金，如果你自己找的那就不一定了。"（HM-025，句容黄梅镇受访者）在贷款的整个过程中，买房人、贷款中介和房产销售的利益诉求是一致的，贷款办成了买房人才能顺利买到房子，贷款中介把贷款办下来才能赚钱，房产销售也才能把房子卖掉获得销售业绩，于是他们之间达成了不可公开又客观存在的默契，利用跨城市的制度性差异，以一种不合规的擦边球方式"绕过了"那些条条框框。大城市边缘本身的低置业成本，以及上述非正式手段使得跨城市定居门槛降到了最低，吸引越来越多挣扎在大城市中的打拼者。

三 扎根的深度：归属感的缺失与扎根土壤的再造

大城市边缘扎根的土壤并不肥沃，使得"扎根不牢"成为钟摆族群体中普遍存在的现象，大量在大城市边缘置业的人们并不愿意真正在这里长期扎根。尽管人们可以通过非常低的门槛实现在大都市边缘的定居，但这离真正的长期扎根还有很远的距离。跨界钟摆族在大城市边缘定居，其原有的社会关系部分断裂和解体后，新的社会关系和组织并未能得到充分的发育。"没想过要一直住在这里，当时搬到这里来住也是没有办法的办法，就这里的房价我还能接受，其他地方根本买不起。这里毕竟不是南京的地方，小孩上学看病都还要到南京去，房子也没什么升值的空间，将来等条件再好一点，我是肯定要到南京城里买房子的，不可能一辈子住在这个乡下地方。"（BH-008，句容宝华镇受访者）距离的疏远和缺乏社会交往空间和机制，使得他们失去了可以依赖的归属感，并未与空间形成黏滞关系，出现了大量原子化状态的孤立个体。此外，跨城市生活物质基础的长期不完善也可能导致个体对区域发展信心的丧失，加剧其逃离的倾向。"这个房子买的太上当了，那时候销售用小车子带着你看的都是好的地方，样板房装得漂亮的不得了，小区绿化怎么怎么好，物业怎么怎么好，将来还要通快速线、通轻轨，有医院、有学校。住进来才知道根本不是那么回事，房子质量也不好，路都修了多少年了也没通，每天我上下班都堵车，没一条路好走，轻轨估计也没有戏了，至于医院什么的，根本就不指望了。如果现在有人要我这个房子，我明天就腾出来给他，亏个几万块钱我都愿意。"（HM-024，句容黄梅镇受访者）如果不能够改善大都市边缘的现状，为跨界钟摆族创造扎根的环境，那么群体的凝聚力降低、文化冲突、人口的流失、区域社会经济发展的迟滞将成为必然的结果。这个过程需要政府和全社会来共同参与，社会学的大量研究已经证明在社会秩序重建的过程中，政府控制的力量是必要的，但过于依赖于政府的强力控制结果必然会影响社会自身的发展，也会使政府不堪重负，要形成扎根的土壤，就必须借助于社会自身的力量来修复和愈合。[①] 让外来者真正扎根比吸引新的外来者更重要，创造扎根的土壤比扎根本身更有现实意义，这个过程需要政府、开发商、本地居民、外来群体以及相关社会组织的共同参与。

[①] 孟宪民：《社会转型中的失根、拔根与扎根》，《宁波大学学报》（人文科学版）2014年第7期。

第六章

从侵入到接替——大都市边缘的社会空间变迁

> 城市几乎可以被称为"双城",富穷、黑白、天堂地狱,迥然不同的两个群体相遇在经济、社会、文化全球化最典型的区域,从而形成了极其不平等的社会空间格局。
>
> ——曼纽尔·卡斯特[1]

钟摆族群体到大城市边缘小镇定居的过程也是一个乡村空间被侵占以及新的社会隔离产生的过程,这个发生的过程可以用社会生态学中的"侵入与接替"来进行分析和诠释。侵入与接替的概念由生态学借用而来[2],侵入是一个社会群体或一种土地利用方式进入由其他群体或土地利用类型占据的空间,而接替则是指外来的社会群体或土地利用方式在竞争中占据优势,随后代替原有群体或土地利用方式的过程。大城市边缘地区跨界钟摆族集聚形成跨界社区和传统乡镇的解构是一个比较典型的侵入与接替的过程。外来的钟摆族群体进入大城市的边缘地区,占据了原有的乡村地带,迫使其原有的群体生活状态发生改变。如果外来的人群或新的活动能够取代原有的居民或活动,那么就可以认为完成了一个接替的过程。[3] 大都市边缘的侵入与接替过程是紧

---

[1] Mollenkopf J. H., Castell M., *Dual City: Restructuring New York*, Russell Sage Foundation, 1991.

[2] Kent P. S., "Models of Neighborhood Change", *Annual Review of Sociology*, Vol. 9, No. 1, 1983.

[3] 张鸿雁:《侵入与接替:城市社会结构变迁新论》,东南大学出版社2000年版,第31—32页。

密相连的，随着城乡交通体系的扩展、经济社会生活的转移和社会公共政策的引导而逐步展开，上演了从侵入到接替、再到形成社会隔离的过程。

第一节 侵入：大城市边缘社会结构变迁与区域整合

一 大城市的空间扩张与地域空间的整合力量

在西方社会经济向后福特主义转型背景下，城市空间结构出现郊区化、社会极化、防卫社区、居住分异、底层阶级集聚等空间形态特征。[①] 城市社会结构空间的变化体现在城市与乡村的关系演变过程之中，包括了分散、集中、侵入、生长、隔离、接替等的发展历程。社会侵入（Social Invasion）是一个非常重要的社会学概念，是社会群体之间在空间统治地位上相互替换的过程。[②] 城市社会空间的演变总是表现为集聚和扩散、侵入和接替的过程，只是在不同的空间、不同的阶段表现出不同的强弱关系。同城化带来的大都市边缘的发展，展现了外部力量侵入导致区域社会结构演变的典型过程，这个过程不仅是土地的易主、空间形态的改变，更是导致了区域经济社会深层要素的变革。大城市社会结构变迁中打破行政地域关系的扩张[③]是全世界范围内城市社会变迁的重要形式之一。城市是地域生产力的集中表现形式，城市社会结构变迁往往需要在一定地域空间中重组地域生产力结构。正如吉登斯所言，

[①] 杨上广、王春兰：《国外城市社会空间演变的动力机制研究综述及政策启示》，《国际城市规划》2007 年第 2 期。

[②] 参见张鸿雁《侵入与接替：城市社会结构变迁新论》，东南大学出版社 2000 年版。

[③] 这里所说的扩张是指城市社会结构空间意义上的，不是地理版图和政治意义上的边界扩张，是城市规模向着更大的地区范围的发展，引起大城市及其周边区域出现居住、就业、购物、娱乐、教育、医疗、消费以及人际互动等形式，构成新的一体化社会结构关系。

在阶级分化的社会结构中，城市是产出配置性资源和权威性资源的主要基地。[1] 在新的社会结构变迁中，经济、政治、文化等要素在新区域关系中进行重组。在以同城化为典型特征的区域一体化整合的今天，城市社会结构的地域扩张势必要打破行政地域关系的制度性约束，当城市的经济文化辐射和影响范围超过了城市行政地域，城市区域性社会结构与经济结构就会相应地发生变迁。跨城市生活群体的出现就是在城市区域性结构变迁压力下社会组织进行重组和适应的表现。这也解释了在经济社会发展程度相对较低的地区同城化相对滞后和钟摆族群体发生不典型的原因，由于缺乏影响力大的中心城市作为城市区域性结构变迁的动力核心，城市社会的变迁被限制在特定的行政区域之中。在经济相对发达区域，城市区域一体化是当代城市社会结构中最突出的特征之一，随着全世界城市化和城市现代化的加速发展，特别是20世纪末期电子通信技术和互联网技术的发展，使得城市之间形成相互密切关联的互动结构关系，人们对区域城市社会结构模式也有了新的认知和解释，区域一体化的概念大量涌现，如都市圈、城市群、城市带、城市绵延区（Conurbation）、城市经济共同体（Urban Economic Community）等。在全世界范围内，沿着重要河流和海岸线形成若干高密度城镇化地区，本书所研究的南京都市圈地处的长江三角洲区域作为世界第六大城市群，大城市空间扩张所引发的区域城市社会变迁十分具有代表性意义。南京作为"长三角"经济发达地区的重要核心城市，近年来建成区面积和城市人口增长迅速，在城市化进程和社会经济发展的驱动下，城市空间逐步向城郊、乡村腹地，甚至向相邻的城市蔓延（见图6—1），这种城市空间的扩张大体可以分为两个方面。

---

[1] 参见安东尼·吉登斯《民族—国家与暴力》，胡宗泽等译，生活·读书·新知三联书店1998年版。

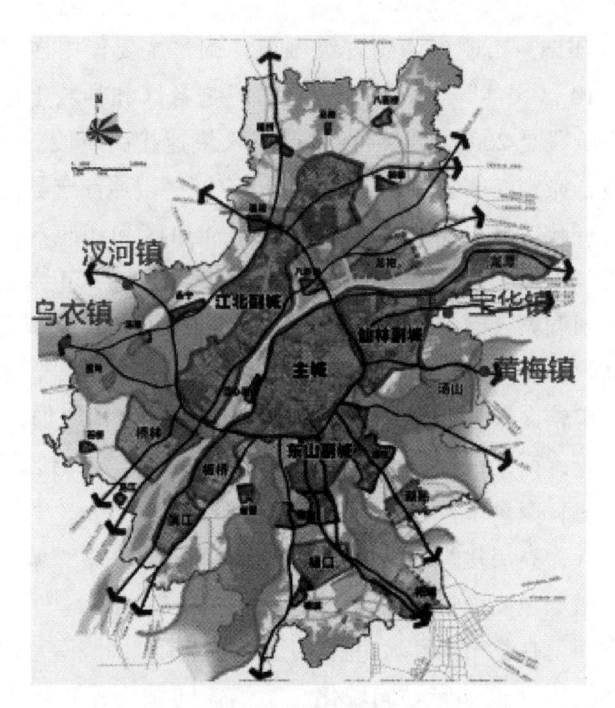

第六章　从侵入到接替——大都市边缘的社会空间变迁　119

图 6—1　南京城市空间扩张方向示意①

一方面是在市域范围内城市建成区的扩张。南京是长三角地区北翼中心城市，在区域发展中发挥着承东启西的巨大作用，其城市空间变迁大体可以分为三个阶段：第一阶段是改革开放以前，在此期间南京城市空间扩张过程相对较缓，呈现出"跃进式"的特征，先后向东发展文教区和向北发展工业区。② 1975 年行政区划调整后，南京市域范围基本稳定，形成了"10 区 5 县"③ 的基本格局。第二阶段始于 20 世纪 80 年代改革开放以后，城市进入缓慢扩张阶段。伴随着经济社会发展、产业结构调整，特别是第三产业的增加，城市工业区逐步向外转移，商务和居住需求的增加导致中心城区功能变更。在此期间，城市行政区划相对

---

①　资料来源于《南京城市总体规划修编（2007—2020）》都市圈空间结构图。
②　朱振国、姚世谋：《南京城市扩展与其空间增长管理的研究》，《人文地理》2003 年第 5 期。
③　"10 区"为浦口区、栖霞区、雨花台区、玄武区、大厂区、下关区、白下区、建邺区、秦淮区和鼓楼区，"5 县"为高淳县、溧水县、江宁县、江浦县和六合县。

稳定，1995年南京市明确为副省级城市，调整主要集中在市辖区范围内，原有"10区5县"格局并未改变，只是各区和县域土地面积有所调整。第三阶段是2000年以后，城市进入快速扩张阶段。[1] 2000年行政区划调整，撤销江宁县，设立南京市江宁区，以原江宁县的行政区域为江宁区的行政区域。2002年撤销南京市浦口区和江浦县，设立新的南京市浦口区，撤销南京市大厂区和六合县，设立南京市六合区。2013年行政区区划调整，撤销溧水县，设立南京市溧水区，撤销高淳县，设立南京市高淳区。在短短13年内，南京市所有5个郊县全部纳入城市辖区范围。市辖区范围扩张的同时，城市人口也急剧增加，2000年第五次人口普查，南京市（10区5县）总人口612万人，到2010年第六次人口普查时，南京市常住总人口已经增长到800万人，老城区人口仍在增加，表现为高层建筑的增多和地下空间的开发，中心城区外缘和近郊区域人口增加速度最快，呈现出"摊大饼"式的蔓延。[2]

另一方面是在都市圈和城市群范围内的扩张。围绕南京都市圈的一系列政策和措施（例如宁马同城化、宁镇扬同城化等）很大程度上是为了巩固自身在大区域竞争中的自身中心化的地位。[3] 这种区域整合并不受制于行政边界的约束，围绕南京的区域化整合不仅停留在市域之间以宁镇扬为典型代表形成跨城市的同城化、一体化的整合，更跨越省界整合地区和资源（南京—马鞍山、南京—滁州、南京—芜湖、南京—宣城），形成"大南京"都市圈。这种以南京为中心的跨区域发展过程最早可以追溯到20世纪80年代。1986年，以南京为首成立了"南京区域经济协调会"，形成了常态化的跨城市协调机制。1995年安徽省第一条高速公路（宁合高速）全线通车，1996年江苏省首条高速公路（沪

---

[1] 吕宪军、王梅：《行政区划调整与城市扩张研究——以南京市为例》，《现代城市研究》2006年第1期。

[2] 郝素秋、徐梦洁、蒋博等：《南京市城市建成区扩张的时空特征与驱动力分析》，《广东土地科学》2009年第10期。

[3] 这种地位包括在长三角城市群中防止被边缘化，此外，南京都市圈的提出很大程度上是应对合肥都市圈（包括合肥、淮南、六安、巢湖四市及桐城市）和皖江经济带（包括合肥、芜湖、马鞍山、铜陵、安庆、池州、巢湖、滁州、宣城九市，以及六安市的金安区和舒城县）的竞争压力，保持对苏北和安徽地区的辐射中心地位。

宁高速）通车，跨行政区交通开始出现结构性的改善，为大城市的跨行政区域整合和扩张提供了基础。从2002年起进入新的发展阶段，即所谓"南京都市圈"时代的来临，"南京都市圈"的概念正式出现在官方的表达中，该阶段跨城市发展的整合推动力量主体依然来自政府。其标志性事件是"一部规划、一个论坛和一个峰会"，其中一部规划是2002年江苏省政府批复同意了建设厅编制的《南京都市圈规划（2002—2020）》，规划设计八个城市，包含了南京市、镇江市、扬州市、淮安市的盱眙县和金湖县，以及安徽的马鞍山市、滁州市、芜湖市和巢湖市市区、和县、含山县，目的是巩固提升南京在长江流域的中心城市地位，促进都市圈规划范围内各城市的协调发展。一个论坛是"南京都市圈发展论坛"的发起和实施，该论坛此后分别在南京、芜湖、镇江、马鞍山、扬州、滁州等城市连续举办，为南京都市圈的发展提供了诸多建议和计策。一个峰会是指"南京都市圈市长峰会"。2007年4月，第一届"南京都市圈市长峰会"召开并签署了纲领性文件《南京都市圈共同发展行动纲领》，通过市级政府高层推动，南京都市圈的发展在政府间合作上大范围地展开。在此期间，市级政府间的同城化合作以更加频繁的方式展开。2008年宁合城际铁路建成通车，开始了南京都市圈高速铁路发展的里程。2009年5月，宁镇扬三市市长签署了《南京市、镇江市、扬州市同城化建设合作框架协议》。2010年沪宁城际高铁投入运营，都市圈交通整合能力进一步增强。到2011年，南京的高速公路通车总里程由220公里迅速提升到600多公里，形成了"两环两横十二射"① 高速公路网，打开了南京通往都市圈的6条对外通道。2011年4月，宁镇扬三市签署了《区域创新合作框架协议》，共同推进宁镇扬三市发展区域创新合作，实现在更高水平上的融合发展。2012年12月《南京都市圈区域规划》② 通过评审，并着手申请国家级战略。2013年国家发改委着手进行《依托长江建设中国经济新支撑指导意见》的研

---

① "两环"为绕城公路和绕越公路；"两横"为常马和芜太高速公路；"十二射"是指从南京向外辐射的高速公路，包括宁镇、沪宁、宁常、宁杭、宁宣、宁马、宁巢、宁合、宁洛等。

② 资料来源于《南京日报》2012年12月27日A14版，原标题为《南京都市圈区域规划》通过专家评审"。

究，南京都市圈作为长江经济带的重要成员，将在更大的区域空间中进行空间和资源的整合。同年，南京市发布的《苏南现代化建设示范区南京市规划（征求意见稿）》提出打造六大"跨界新市镇"的设想，为实现相邻城市间的直接同城效应迈出了重要一步，同时也意味着南京作为中心城市的扩张已经完全突破行政边界的制约。本书研究的大都市边缘的跨界镇，就是这种空间结构整合和大城市突破行政区域约束而扩张的典型区域，四大跨界镇均处于南京都市圈空间结构扩张的主要通道上。

二 中小城市的"可入侵性"与发展诉求的耦合

如果大城市的扩张需求表现出了区域空间结构变迁中的"侵入性"，那么与之相邻的中小城市则需要具备某种"可入侵性"的特征，才能使得这种空间上的侵入与接替能够实现。经济的全球化、信息技术革命已经悄然改变了国家和城市的空间秩序，区域与国家之间的竞争也日益转变为城市和城市之间的竞争。[1] 这种竞争不一定都表现为"对抗"的关系，城市之间的激烈对抗还可能造成资源浪费、农田流失、财政危机以及腐败、污染等城市问题的加重。城市竞争生态位理论将城市的竞争关系进行了重新解读，认为现代城市的竞争除了同质性的抗衡以外，还存在互惠共生策略、错位竞争策略和选择性变异策略等等。[2] 在同一都市圈范围内的城市往往在策略上倾向于采取共生策略，这与自然界中的群体行为十分类似，不同城市之间的相互关系也可以类比为一种"生态关系"。中小城市在面对来自相邻大城市的竞争中，显然不可能采取对抗性的竞争策略，而是更倾向于采用这种共生的发展策略。在这种竞争力结构关系中，中小城市政府为了提升自身竞争力，会倾向于在邻近区域空间内重新结构化自身，以便加入更大区域甚至全球的

---

[1] Newman P., "Changing Patterns of Regional Governance in the EU", *Urban Study*, Vol. 37, No. 5 – 6, 2000.

[2] 陈绍愿、林建平、杨丽娟等：《基于生态位理论的城市竞争策略研究》，《人文地理》2006年第2期。

竞争中去,并力求争取更多的资源和要素,在邻近区域间建立合作的网络。① 飞利浦·库克(Cooke Philip)通过实证的研究,论述了20世纪90年代欧洲经济活动国际化,以及区域与相关经济活动结成的依赖关系。② 建立在区域竞争关系基础之上的大城市和中小城市的同城化过程中,中小城市通过政策引导、交通引导和制度并轨等手段向大城市靠拢,以空间换资源、以空间换市场、以空间换机遇,通过与大城市之间形成发展联盟的方式以寻求更稳健的发展。以南京都市圈为例,镇江、扬州、淮安、芜湖、马鞍山、滁州、宣城等城市作为紧邻南京的地级市,均加入了南京都市圈城市发展联盟,八市在联盟框架内研究制定都市圈区域合作发展规划和政策,协商解决跨区域重大问题,以实现在城市和城市群的激烈竞争中实现合作互惠,"合作性竞争""区域协调发展""城市发展联盟"等概念也逐渐成为跨城市协作的具体形式。

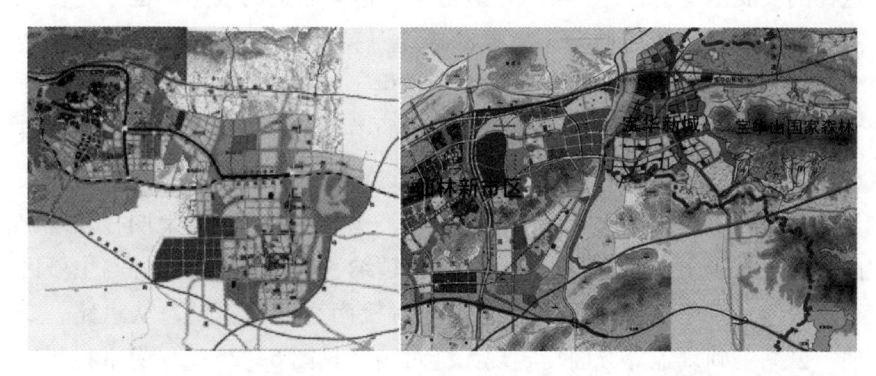

图6—2 句容城区、句容宝华镇与南京城市的空间衔接③

中小城市的发展诉求和城市竞争策略决定了其必须具备"可入侵

---

① 政府推动区域结构化整合的过程,自身和相邻单位的自我完整性并未消失,而是整合到了更加高效的组织方式和社会分工网络中去,以一种类似"抱团"的方式增强了凝聚力和社会经济组织能力。

② Cooke P., Morgen K., "The Network Paradigm: New Departures in Corporate and Regional Development", *Society and Space*, Vol. 11, No. 5, 1991.

③ 资料来源于《句容城市总体规划(2008—2020年)》《句容市北部片区规划》(2010年)。

性",并承接来自大城市的人口、产业等要素的转移。区域性的大城市与其相邻的中小城市在城市生态位上并不重叠,中小城市对于来自大城市的侵入并不具有抵抗性,而是主动承接来自大城市的要素转移和融入大城市的空间体系,本书研究的四大跨界镇政府在对地方的定位中均有类似的表述。例如宝华镇所属的句容市早在2007年就提出要围绕南京都市圈一体化和宁句同城化建设打造宝华新城,"全面融入南京发展"①,并在市政基础设施和制度同城方面做出积极努力。来安汊河镇为首批扩权强镇试点镇,是安徽省委、省政府实施东向发展战略重点扶持的三大集镇之一,很早就提出了"来安副中心、南京后花园"的城镇发展定位。在政府的官方表述中,除了"工商居住型现代化城镇""美好滁城新城区""产业转移示范区""城乡统筹试验区"以外,还明确有"南京卫星镇""美好滁城新城区、滁宁同城先行区"的表述。在这样的发展语境下,"侵入"并不是一个相对贬义的表达,也不是传统意义上具有侵略性的意涵,更准确地说是一种类似于自然界中的"共生"关系,中小城市为大城市的发展提供了延展的空间和更加开放的市场,大城市的人口和产业外泄则为相邻的中小城市提供了良好的发展机遇,促进了中小城市的城市化和现代化进程。这种共生关系在空间上表现为中小城市向相邻大城市的主动衔接,例如句容在空间上明显表现出向西发展对接南京的意图,直接将黄梅镇纳入市开发区范围并与主城区连为一体,宝华镇在空间上也是完全对接南京仙林新城,从道路、交通、公共基础设施等方面均实现无缝对接(见图6—2);与南京相邻的来安也把汊河镇定位为"来安县南部经济中心",主动承接来自南京的产业和人口转移,以跨区域协作的方式促进自身的发展。

三 跨界空间的"边缘效应"与东西方的差异比较

大城市边缘地带是大城市扩张和中小城市"被侵入性"相互作用最直接的空间场域,表现为人口结构、空间形态、产业构成等方面的剧烈变迁。随着城市化进程的深入和同城化的迅猛推进,大城市和中小城市之间的乡村空间关系也被不断地解构和建构,形成大都市边缘的跨界

---

① 资料来源于中共宝华镇委员会官方网站:http://www.jrxf.gov.cn/sonweb/bhzdw/。

小镇。① 跨界小镇的形成是城市化过程中政府、企业和其他社会力量共同作用形成的独特空间聚落，反映了同城化中城市关系的重新组合。可以说，大都市边缘的跨界小镇既不是典型的城市和新城，也不是传统意义上的小城镇和乡村，既是大城市到中小城市的过渡区域，又是从乡村到城市的过渡形态，反映了在同城化这一特定背景下传统与现代的冲突、城市与乡村的混杂、空间与身份的矛盾。本书研究的跨界钟摆族社区就是位于这样的边缘空间之中，更加准确地说是位于大城市与相邻城市的边界线附近靠近中小城市一侧的空间。洛斯乌姆（L. H. Russwurm）的区域城市结构理论指出，城市边缘区串联了从城市和乡村腹地之间的地域空间，并用圈层结构对城市空间进行了划分，把城市整体结构的演变特征性更为清晰地呈现出五个组成部分：（1）城市核心建成区，即已经形成城市中心区域；（2）内部边缘区，靠近城市建成区，从土地利用类型来看已经大量被规划为建设用地；（3）外边缘带，城市的影响力依然强烈，但乡村的特征已经十分明显；（4）城市阴影区，乡村风貌更加典型，但存在围绕城市需求的产业和非农业人口；（5）乡村腹地，基本为农业用地，但仍然可以看到一些城市的影响。② 按照洛斯乌姆的城市模型，跨界钟摆族生活的空间已经不仅仅是城市边缘区的概念，而是实际上深入到了"乡村腹地"的范围，从传统意义上根本不具备产生城市的基础（见图6—3）。③ 传统的城市空间模型开创性地描述了城市外围区域社会变迁的动力模式，是相对简单抽象的理想模型，对现实世界中越来越复杂的区域城市结构的变迁还缺乏足够的解释力。为什么在远离城市喧嚣的远郊乡野形成了钟摆族生活的集聚空间？有何种力量在推动这一过程的发生？迪尔凯姆认为，一切

---

① "跨界小镇"在本文中特指大城市边缘的邻近中小城市一侧的小镇，是在没有正式学术名称的情况下对这些边缘小镇的简称，2013年南京都市圈计划提出要打造六大"跨界新市镇"（或称为"跨界新城镇"），"跨界融合发展"成为同城化中城市间的共识。跨界小镇尽管在行政区划上隶属于中小城市，但更多地受到来自相邻大城市的影响。

② Russwurm L. H. , "Urban Fringe and Urban Shadow", *Urban Problems*, 1975.

③ 伯吉斯著名的"同心圆理论"也同样将城市划分为由内而外的五个同心圆区域，其理论认为每一环由内向外扩张的过程也是社会结构的扩张，城市的成长源于中心商业区的辐射扩张，外围区域逐步被内围区域侵入并接替，使得外围区域进一步向外推进。

社会过程最初的起源都需要从其社会内部环境构成中去找寻①，跨城市钟摆生活的群体是一种客观事实的存在，其发生和演变都离不开一定的场域空间，这里的场域就是产生钟摆族集聚的社会环境。因此，对跨界钟摆族的研究必须结合其所处的特定社会环境，对促进钟摆族社区形成的环境因素进行系统性的探讨和研究。

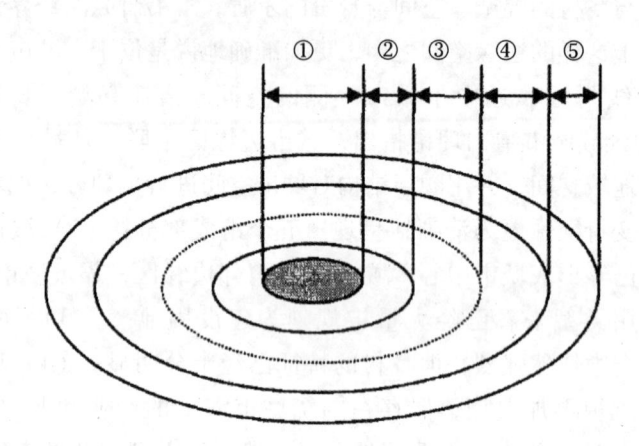

图6—3 洛斯乌姆（L. H. Russwurm）的区域城市结构模式②

从城市生态学的角度来看，作为跨界钟摆族群体空间载体的大城市边缘地区具有典型的"边缘效应"③，表现在地理区位、行政区位和人文特征等诸多方面的特殊性和差异性。生态上的边缘效应在自然界中广泛存在，代表着更大的发展潜力、更丰富的物种多样性，同样在两个城市的交接重合区域也意味着远离行政管辖的严格控制而拥有更高的自由度，城市文化的差异而拥有更强的包容性，城市流通的需求而拥有更丰富的信息量，但从另一个角度也可以认为是管理更无序、文化更无根

---

① 迪尔凯姆：《社会学研究方法》，胡伟译，华夏出版社1988年版，第90页。
② 参见卢为民《大都市郊区社会的组织与发展——以上海为例》，东南大学出版社2002年版。
③ "边缘效应"（Edge Effect）是现代生态科学中非常重要的原理之一，指的是在生态交错区的生境中，环境的特殊性、异质性和不稳定性，使得相邻群落的生物可能在这样的交错区域中集聚，导致该区域种族密度的提高和物种多样性的增加，从而增加了该区域的生物物种活力和生产力。

据、信息更冗杂。这些特征既为生存在其中的人们提供了广阔的选择余地和发展空间，也为身处其中的人们提出了各种现实问题的挑战。这种"边缘效应"使得大城市和相邻中小交界地区极具活力，其空间演变和大规模城镇化的过程包含了城市社会变迁和乡村社会变迁的双重意涵。在传统的社会变迁研究中，城市社会结构变迁的研究在地域、时空上与乡村社会结构变迁有着显著的不同，但两者之间存在紧密的联系。城市的社会结构变迁可能受到乡村农业人口进城等显著社会流动的影响，而乡村社会变迁的动力也往往来自城市的发展和扩张。钟摆族相对集中居住的大城市边缘地带的社会结构变迁是两者结合的典型，其社会结构的变迁受到来自中心城市的城市化的巨大推动，是城市人口外迁引发的，这既是城市发展的结果，又在形式上呈现出"逆城市化"的空间分散特征。

中国大都市边缘的城镇化和跨界社区的形成，与欧美的"郊区化"[①]在形式上具有某种相似性，但从发生原因上看又具有本质的差异。两者从表现形式上看都是从大城市向周边乡村和中小城市的扩展，城市边缘地带的乡村成为城市的一部分，都是城市功能在平面上的扩大和城市面积在量上的扩大，都是城市生活方式在更广阔空间中的普及，但两者却是在不同社会背景下两个完全不同的过程：欧美的"郊区化"是在经历几十年甚至上百年城市化过程之后，并没有现代城市与传统乡村的巨大差异和对立；中国大城市的跨界扩展则是在快速城市化背景之下，通俗的说法是"通过几十年的时间走过了欧美上百年的城市化历程"，城市和乡村存在明显的差异和对立，具有典型的城乡二元经济社会结构，大城市边缘则是城市化推进中矛盾最典型的地方。在大都市边缘的侵入过程中，农村逐步转变为郊区，再逐步形成城市的形态，城市内部发展的压力通过这样的形式转移出来。事实上，大城市边缘在这个侵入的过程中承担了城乡二元对立的缓冲作用，一方面既承接了来自大城市的扩张压力，又接纳了来自乡村腹地向城市转移的进城压力。中国

---

① 西方的"郊区化"是城市化的阶段概念，是在城市现代化发展到一定时期出现的离心分散化过程，形式上是人口、就业、服务以及相关产业从城市中心区域向城市周围的农业生产地带的转移。

大都市边缘的城市扩张具有"侵入性",反映了大城市的集聚和中心化,而欧美发达国家的郊区化在一定程度上与大城市衰落相关联。例如美国、西欧等地区城市中心区的衰落与郊区化发生在同一时期,人口的流动表现为从城市中心向郊区流动。20 世纪 70 年代走向都市化进程中的美国,大城市区域人口竟然持续下降,主要城市人口减少了大约 1300 万人。[1] 德国和日本的"郊区化"则表现为城市中心相对的发展缓慢。大城市的衰退造成了诸多社会问题,包括资源不足、经济萎缩、城市贫困率的升高、就业机会向外转移等。而中国向外扩张的大城市都是在快速城市化过程中人口急剧增长的,以及城市建成区面积的扩大、规模的扩大。大城市人口的急剧膨胀,使得城市社会问题增多,大都市边缘的发展在一定程度上成为缓解中心城市压力的重要手段,也是在城乡二元结构下城市"外部化"的表现形式。以本书研究的南京都市圈为例,南京市常住人口从 2006 年的 643.00 万人,到 2017 年年末的 833.5 万人,短短十几年时间里人口增加了近三成(见图 6—4)。可以说,中国大都市边缘的跨界扩张与欧美的"郊区化"是两个城市化不同阶段的产物,是两种不同意义上的郊区化现象。

图 6—4 2006—2017 年南京市常住人口规模分析[2]

---

[1] Robert F., *Bourgeois Utopias*, New York: Basic Books, 1987.
[2] 根据 2003—2014 年南京市统计年鉴数据整理而成。

第二节 接替：大城市边缘地区社会空间演变过程的微观实证

跨界小镇的变迁是一个典型的侵入与接替的过程，麦肯奇等[1]在分析城市社会结构变迁时归纳了侵入与接替发生的六个方面的原因：一是交通形式和交通流线的改变；二是环境变化等因素导致的用地被废弃；三是新建的建筑、桥梁等公共设施，导致对人口的吸引力或排斥力；四是新型工业和传统工业的变革；五是经济基础的变化导致收入方式的改变；六是固定资产推销对特定区域形成的争夺。由于社会经济的发展和中国特殊的国情，上述六方面的要素还不能完全解释发生在大都市边缘的侵入与接替[2]，例如中国大城市普通商品房的限购政策、保障房复杂的准入制度等非市场因素的存在，使得人们不能完全自由地选择居住地。从更大的宏观层面看，由于大城市中心区房价的飙升、市民收入分化、社会阶层的变迁，高收入者和中低收入者都怀着不同的目的来到城市边缘置业，侵占了传统的乡村社区，在空间、人口、产业和文化等方面都形成了典型的侵入与接替关系。

一 空间接替：边缘小镇到跨界新城的空间演变

土地利用方式的变性、空间权属的变更、城镇格局的改变是大城市边缘社会空间接替中最显性化的变革，本书研究的四大跨界镇都已经经历或正在经历这种快速的空间变革，其中以句容宝华镇最为典型。句容宝华镇是距离南京中心城区最近的外部小镇之一，距离南京城市中心仅21公里，但在行政区划上隶属于镇江市句容市，位于镇江市西郊、句容市的西北部，距离镇江市区35公里，距离句容市区22公里。镇域北

---

[1] 参见帕克、伯吉斯、麦肯奇《城市社会学》，宋俊岭等译，华夏出版社1987年版。
[2] 大城市边缘地区的侵入与接替的事实证实了麦肯奇归纳的部分因素，例如南京地铁2号线、4号线接入城市东部边缘大大提高了宝华镇对外来人口的吸引力，便利的交通方式吸引了越来越多的人来到这里定居，成为跨界钟摆族；句容黄梅镇新建学校、大型商业设施等成为吸引跨城市置业的重要因素，形成了南京规模最大的都市圈楼盘。

靠南京栖霞区龙潭、栖霞街道，西靠南京仙林大学城，南靠南京江宁区汤山街道，是被南京半包围的小镇。宝华镇属于丘陵地区，原本是典型的传统农业乡镇，其空间的变迁主要受到来自南京城市空间东扩的影响。2002年，江苏省政府、南京市政府共同启动了仙林大学城和新市区建设，城市空间逐步东扩。到2012年，仙林新市区的面积已经从8平方公里增加到47平方公里，对宝华镇的辐射力逐步增强。2007年，句容市委、市政府提出全力打造"宝华新城"，全面融入南京发展，同城化的发展正式拉开帷幕。宝华镇的城镇建设也在这一轮发展中迎来高峰，此前宝华镇主要沿着312国道南北两侧布局，空间发展受到交通线路的影响巨大，沪宁高速、高铁等现代交通通道建立后，原有国道出现明显的衰落。伴随着南京仙林向东区域的道路、公交、供水、供电等基础设施建设的步伐加快，吸引了越来越多的外来人口，宝华镇南部空间成为镇区发展的主要区域，大量封闭式社区如雨后春笋般涌现出来，出现了包括仙林悦城、仙林国际花园、香山壹境、大山地、立德美林谷、天正理想城、恒大雅苑、四季金辉、招商依云尚城、泰达青筑、鸿信大宅门、京东紫晶、新湖仙林翠谷、锦隆云山墅、可园、同城世家、山门下、东紫园、山一方度假公寓、东郊山城美景、翡翠湾等商品性封闭社区，而本地居民拆迁安置社区仅宝华花园、凤坛花园、华山人家3个社区，从数量上已经形成鲜明的对比[1]（见图6—5）。这些商品性封闭社区主要面向南京客户，其中大部分都是在南京—宝华两地生活的跨界钟摆族，很多社区从名称和宣传语上都力图营造同城的氛围和认同，大量使用了"仙林东""南京东""东郊"等概念，以吸引跨界生活群体的青睐。这些以外来人口为主体的封闭社区大量占用了小镇的空间，本地居民被迫拆迁并集中到保障性社区。

---

[1] 通过对2010—2016年句容宝华镇的卫星遥感影像的比较可以发现，由于同城化建设的推进，特别是与之相邻的南京仙林新城的建设带来的居住需求的上升，宝华镇新建商品性社区已经占据镇区的主要发展空间，原本生活在乡村的本地居民被迫拆迁且集中安置到保障性社区，并被新建商品性社区包围，成为小镇中的"孤岛"。

第六章　从侵入到接替——大都市边缘的社会空间变迁　　131

图 6—5　2010 年、2013 年、2014 年、2016 年句容市宝华镇地区卫星影像

句容黄梅镇的城镇空间变迁与宝华镇明显不同，而是代表了"单一大型开发商主导"的城镇变迁模式。句容黄梅镇紧邻南京江宁区汤山街道，东距句容市区约 7 公里，2013 年南京都市圈新市镇规划中将其定位为"汤山—黄梅休闲新市镇"，其发展与宝华镇的遍地开花的方式不同，而是通过大型地产开发商来进行主导[1]，甚至代替政府进行城镇空间的规划。2010 年，句容市政府与碧桂园集团签订协议，投资 400 亿元建设一个占地面积近 1 万亩、总建筑面积达 1500 万平方米的地产项目"碧桂园凤凰城"。按照人均居住面积 50 平方米计算，仅这一个地产项目的开发就可以吸纳约 30 万人口。截至 2015 年年初，该项目已经完成 3000 多亩土地的开发建设，开发商自行建设和引进大型学校、幼儿

---

[1] 句容黄梅镇的发展体现了单一大开发商主导城镇发展的模式，在地产研究中，"碧桂园模式"最为典型，即积极响应国家鼓励二、三线城市经济发展的政策环境，以前瞻性全国布局与成熟的运营先见布局极具发展潜力的二、三线城市。其所走的城镇化、郊区化大盘模式对解决中国的住房问题具有相当明显的前瞻性优势，对分流中心区人口、降低市民生活成本、贡献政府税收、缓解当地的就业问题、拉动区域经济、提升综合实力等有很大的促进作用。

园、超市、影院、KTV、游乐场、购物商场、医院、办公楼等，已经完全取代原有黄梅镇区成为该区域的中心，原有小镇空间在这种模式下实际上被极度边缘化（见图6—6）。在该区域的规划中，新的跨城市快速通道已经北移并绕过了原有老镇区，新的区域中心正在新建的大型社区中逐步形成，原本处于中心位置的老镇区已经偏居该区域中的东南一隅，成为城镇发展的边缘。

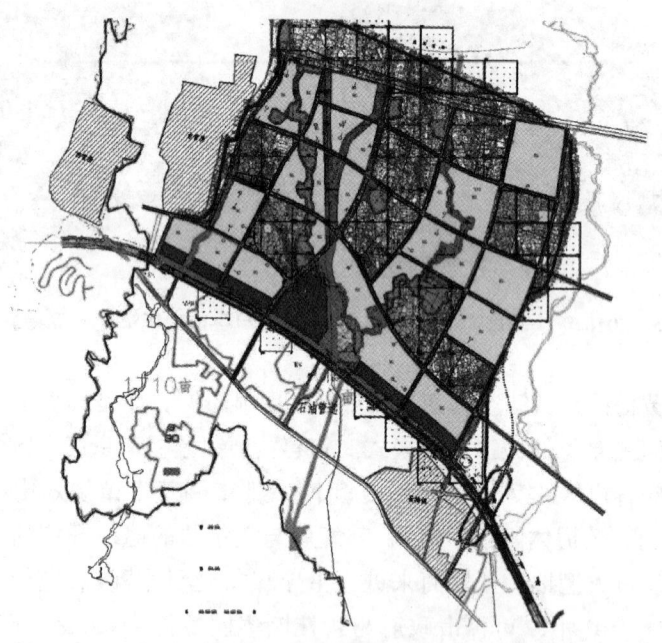

图6—6　句容市黄梅镇碧桂园社区主导的区域规划①

来安县汊河镇的空间变迁与宝华镇和黄梅镇还存在差异，是高度产业化和城镇化的集合。汊河镇既不像宝华镇那样直接与大城市成熟的新城区紧密相连，也没有单一的大型开发商来全面主导小镇的未来发展，政府通过规划城镇和产业园区来引导城镇的变迁走向。来安县汊河镇位于皖东东南部，与南京江北新市区、南京高新区相连，距南京长江大桥15公里，距南京市中心新街口只有28公里，是距外省省会最近的新

---

① 图中右下角斜线部分为黄梅镇原镇区范围，在新的空间格局中已经处于边缘地位。

城。汉河镇镇区与江苏南京江北新市区和南京高新技术开发区一河之隔，周边有南京化学工业园、六合经济开发区、浦口经济开发区、滨江经济开发区，以及南京大学、东南大学、南京审计学院、南京信息工程大学等数家全国知名高校。南京规划建设的地铁3号线和过江隧道江北连接口距汉河仅6公里，处于南京1小时经济圈核心层，其发展历程与南京江北地区建设紧密相关。2000年后，汉河镇在"大南京"的发展战略带来的区域利好下快速发展，特别是过江隧道、跨江大桥、地铁线路等交通利好也在逐步打通长江天堑，南京大发展规划对与高新区一河之隔的汉河起到明显的辐射作用，南京城区房价的快速上涨及限购令也极大地推动了人口向该区域的迁移，使得汉河镇成为南京名副其实的"卫星城"。特别是不少工作在高新区的人选择置业汉河，"工作在南京，生活在汉河"模式也逐渐被越来越多的人所接受。汉河镇空间的变迁表现为封闭式社区和服务性产业园区的大量引入对城镇原有空间的侵占，这些封闭式社区包括金太阳鹭港、玫瑰十一英里、碧桂园城市花园、南京湾锦绣香江、八闽名郡、雅居乐林语城等，产业园区包括南京湾全球商贸物流区（占地约3万亩）、汉河轨道交通装备产业园（占地7500亩）、金太阳装饰城（占地2000亩）等（见图6—7）。在2013年汉河新城的规划修编中，新城规划用地规模扩大到近期为40平方公里，远期为60平方公里，远景展望为100平方公里，其规模已经达到甚至超过一个中等城市的规模。

滁州市乌衣镇的空间变迁与其他三个镇相比，其空间变迁特征上具有发展的相对独立性。句容宝华镇紧邻南京仙林新城，句容黄梅镇紧邻南京汤山街道，来安汉河镇紧邻南京江北高新区，而乌衣镇相邻的是发展程度相对较低的浦口永宁镇。乌衣镇位于滁州东南部，皖苏结合部，北距滁州城区11公里，南距古都南京市区30公里，与江北新区和南京城区之间隔着绵延数十公里的老山山脉，受到来自大城市空间扩展的直接压力相对较小，南京作为相邻大城市的作用是相对间接的，更多地表现为自身城镇化过程中的乡村解体和城镇的自然扩张。地方政府对于融入南京都市圈表现出积极的姿态，曾提出"工业化""城镇化""向东发展"三大战略，其中"向东发展"就是要向南京方向发展，获得在人口和产业上更直接的辐射作用。在城镇化建设过程中，针对外来人

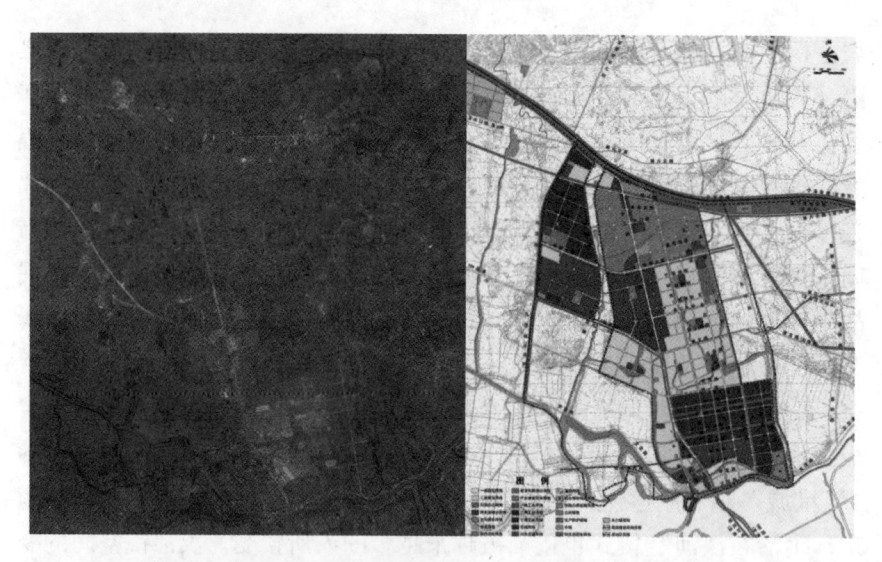

图6—7 来安县汊河镇卫星影像与远景规划（2030年）①

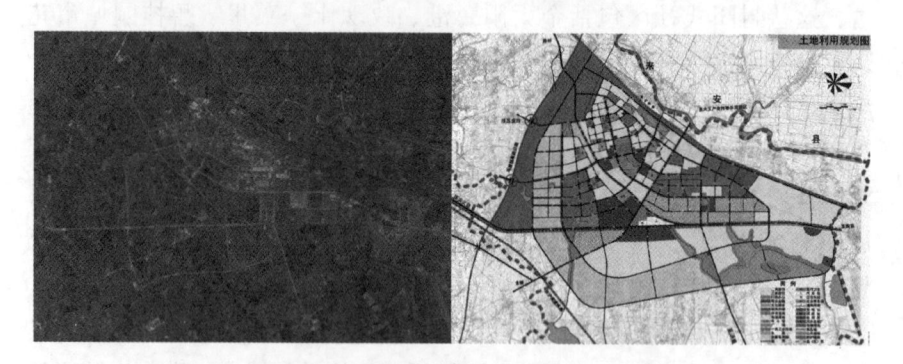

图6—8 滁州乌衣镇卫星影像与远景规划（2030年）②

口的新建商品性封闭社区包括碧桂园欧洲城、徽商公园壹号、绿都君临国际、天达旺角花园、银润明珠城等，吸引了不少来自南京的跨界钟摆族（见图6—8）。与其他三个镇相比，乌衣镇尽管同样是边缘小镇，但受到来自所辖城市（滁州）的直接影响更大一些，外来人口的进入在一定程度上改变了镇区空间构成，但并没有改变根本性的格局。

① 资料来源于《来安县汊河镇总体规划2010—2030》。
② 资料来源于《滁州市南谯新区（乌衣）总规（2010—2030）》。

表 6—1　　　　南京四大跨界镇的居住社区情况汇总[1]

	本地安置社区	商品性社区
句容宝华镇	宝华花园、凤坛花园、华山人家	仙林悦城、仙林国际花园、香山壹境、大山地、立德美林谷、天正理想城、恒大雅苑、四季金辉、招商依云尚城、泰达青筑、鸿信大宅门、京东紫晶、新湖仙林翠谷、锦隆云山墅、可园、同城世家、山门下、东紫园、山一方度假公寓、东郊山城美景、翡翠湾
句容黄梅镇	黄梅新村	碧桂园凤凰城、逸品汤山、汤山鎏园
来安汊河镇	黄牌安置点、江青圩安置点、南京湾安置点	金太阳鹭港、玫瑰十一英里、碧桂园城市花园、南京湾锦绣香江、八闽名郡、雅居乐林语城
滁州乌衣镇	锦绣湖安置小区、红山安置小区、庙张小区、马庙小区	碧桂园欧洲城、徽商公园壹号、绿都君临国际、天达旺角花园、银润明珠城

　　大城市边缘跨界小镇的空间变迁过程在某种程度上反映了大城市对相邻中小城市的侵入和接替。在区域空间形态上，城市现代建筑取代了传统乡镇的自建房屋，城市规划的道路取代了原有乡镇的空间肌理，并促使其城镇化范围的扩展，特别是以外来置业者为主要对象的商品性社区的建设深刻地改变了跨界小镇原有的地域结构关系。本研究所关注的四个跨界小镇中，本地居民的生存空间都存在两种明显的趋势（见表6—1）：一方面是因为同城化和外来人口的侵入而导致本地居民的被动性迁移和集中，克拉克（Clark W. A. V.）根据迁移的动因把居民的迁移分为强制性迁移和自发性迁移两种类型，前者是指房屋被破坏、占有，以及离异和家庭变故导致的被动迁移，后者是为了改变居住环境、适应生活方式变化的主动迁移。跨界小镇中本地居民的拆迁安置属于前者，他们在城镇空间变迁中实际上处于相对被动的地位。[2] 在这个带有

---

[1] 根据各地方政府官方报道、规划以及相关网站（如 HOUSE365），并结合笔者自身访谈中了解到的基本情况进行了汇总和整理。

[2] Clark, Onaka J. L., "Life Cycle and Housing Adjustment as Explanation of Residential Mobility", *Urban Studies*, Vol. 20, 1983.

强制性色彩的过程中，地方政府扮演着重要的角色，本地居民除了在拆迁安置中获得眼前的经济利益以外，对这种过程并没有足够的话语权和介入能力。另一方面是居住空间的边缘化，外来人口和产业的介入带来的空间格局的改变并不会充分考虑本地居民的利益和需求，本地居民的集中安置区域往往在这种新格局中处于边缘的位置，并与新城的其他功能性空间形成了一定隔离。

二 人口接替：从小镇的主人到新城的边缘群体

城镇空间结构的变迁背后是人的流动和人口类型的改变，发生在大都市边缘的这种"侵入"使小镇本土的主人们成为小镇的边缘群体。罗伯特·帕克等在对城市社区的研究中就指出，当社会发生侵入就可能导致社会组织结构发生根本性的变化，例如新的交通方式就可以使社区的经济组织发生改变，并进而改变社区的人口类型。[①] 人口数量和集聚决定了城市社会结构复杂的程度和互动的规模，同城化带来的跨界小镇的侵入与接替不仅仅在空间上表现出新兴社区建设对空间的占有，以及原有乡镇空间的挤压和边缘化，跨界小镇人口数量的对比、人口密度以及人口流动的方向更是该区域社会结构变迁的重要指征。丹尼尔·贝尔就认为规模社会的特点不在于巨大的人口数量本身，而在于特定空间内的人口集中（即人口密度的变化）。[②] 本研究重点关注的四镇人口均表现出非自然的快速增长（见表6—2），句容市宝华镇2010年人口为2.9万人，而辖区内新建的同城化社区楼盘鳞次栉比，政府部分设想的是未来人口为12万，随着该地区大量外来人口的涌入，未来人口将很快超过这个数量；2009年句容市黄梅镇全部总人口为2.3万人，而仅碧桂园凤凰城一个社区未来的规划人口就超过30万；滁州市来安县汊河镇2012年人口为4.8万人，而随着新开发的同城化社区迅速崛起以及未来宁滁城际地铁路的建设，规划常住人口超过30万人；滁州市乌衣镇

[①] 帕克、伯吉斯、麦肯奇：《城市社会学》，宋俊岭等译，华夏出版社1987年版，第71页。

[②] 丹尼尔·贝尔：《后工业社会的来临——对社会预测的一项探索》，高铦译，商务印书馆1984年版，第348页。

2010年人口为5.2万人,规划常住人口为16万人。按照人口自然增长率千分之几计算,人口数量如此规模的增长至少要经历上百年时间,这种爆炸式增长必然是大量外来人口的迁移才能导致的结果。以北京燕郊为例,截至2015年燕郊常住人口已经超过60万人,超过2/3都是外地人,出现明显的人口倒挂现象。包括跨界钟摆族在内的外来人口的大量涌入,使得大城市边缘本地居民在人口构成上成为"少数派"和被边缘化的对象。

表6—2　　　　　南京四大跨界镇的人口现状分析　　　　单位:万人

	总人口	镇区人口	乡村人口	规划人口
句容宝华镇	2.9	0.8	2.1	12
句容黄梅镇	2.3	0.8	1.5	—
来安汊河镇	4.8	1.2	3.6	30
滁州乌衣镇	5.2	3.0	2.2	16

资料来源:根据四镇所在行政区的统计年鉴、网站介绍和规划资料整理而成。

对于这些跨界小镇而言,一方面是来自大城市人口的涌入,跨界小镇新增的封闭式居住社区的购买者和居住者绝大部分都不是本地人,其中很大一部分是来自邻近大城市或正在进入大城市生活的外地人,他们中间大多数都是跨城市生活的钟摆族群体。大型居住社区的建设迅速打破小镇原有的格局,社区的建设带来大量的人口(包括定居者、物业服务人员、商铺的经营者及酒店、学校聘用的工作人员等),外来的定居者(包括大量的跨城市生活的钟摆族)成为小镇的主导。"我们内部有对业主来源地的统计数据,83%的购买者来自南京,其中18%白下区,15%玄武区,14%江宁区,鼓楼区12%,而本地购房者大约占17%。简单地说,来这里买房子的每5个人中,有4个是南京人,只有1个是本地人。"(QT-006,句容黄梅镇销售经理)这种情况不是个案,而是在跨界小镇的新开发封闭社区中普遍存在的事实。"买我们房子的基本都是南京人,仙林大学城的很多老师和毕业的学生都在我们这里买……具体南京人占多少比例我们没有统计过,我印象中大概至少有90%吧,本地人很少的,句容城里的一般不会到这么远来买,住在宝华的也只有很少的人追求居住品质来买,大部分人在宝华本地都有房子。"(QT-007,句容宝华镇销售经理)尽管这些异地置业的群体不等于跨城市的定居者,其中可能有许多是以投资为目标的投资客,他们不会真正地选择跨城市居住。那么实际居住在这些社区里的居民还是这样的情况吗?本研究访谈中特地访谈了一些对社区情况更加熟悉的物业管理人员。"住在小区里的业主要么是南京人,要么就是在南京上班的外地人,什么地方的都有,珠江镇的、桥林的,当然还有很多都是南京城里的,本地人都(在镇上)有房子,住在这里的本地人要么是我们这里工作人员,要么是附近开店的小老板为了方便租房子住。"(QT-002,滁州乌衣镇物业管理人员)。另一方面则是本地人口的大量外流,以笔者所在的句容黄梅镇为例,2008年前后由于大型房地产入驻的需要,小镇迎来大范围的拆迁征地,多个村落被要求整体搬迁。尽管大部分本地居民选择了就地安置,搬到距离原居住地不远的安置社区,但仍然有大量的被征地居民选择了离开小镇,这其中又主要包括两类,一类是在县城购房定居,这批购房者一度造成句容城区房价的飙升;另一类是选择在相邻的中心城市南京购房。在本地居民看来,黄梅镇还是小地方,到县城和南京定居意味着更好的城市生活配套和更多的就业机会。这种人口的流动颇有"围城"的味道,城里的人想出去,城外的人想进来,在这"一进一出"之中,边缘小镇已经完成了一轮接替的变迁过程。人类活动的侵入和接替与自然界的生态过程不同,侵入与接替改变的不仅仅是城市的外在形态,更重要的是原有居民需要在这样的过程中转变为城市的市民,不仅仅是被侵入的外来人所取代而离开这个区域。[1] 大城市边缘人口的侵入和接替所带来的社会问题很多,本地农民的被动拆迁带来的社会冲突和矛盾、失地农民的就业和市民化问题、外来人口与本地居民的认同问题,这些变迁中的负效应需要政府管理部门和全社会来关注和共同思考。

---

[1] 孟庆洁、贾铁飞、郭永昌:《侵入与接替——上海闵行区古美街道居住空间的演变》,《人文地理》2010年第5期。

三 产业接替：传统自然经济的消失与新兴产业的崛起

同城化除了带来大都市边缘的空间和人口结构的转型和变迁，也同样带来了经济产业的深层次结构变迁。在前面章节中已经探讨了政府在推动同城化中的经济博弈，同城化本身是带有经济目的的改革和创新，因而不可避免地对跨界区域的经济产业结构带来巨大的影响。这种产业结构变迁与所处区位的变化紧密相关，受到经济运行规律的支配，土地成本、劳动力成本、资源成本以及发展空间的制约都是影响地区产业发展的重要因素。中国大都市边缘的产业结构调整大体包括两个方面的重要转型：一方面是本地工业化和工业承接转移的过程，表现为大城市工业的外移和传统乡村自然经济的解体，跨界小镇的发展大体上是沿着传统农业镇到工业镇、再到综合性新城区的发展路径。大城市产业的选择，越来越多地受到国家调控和产业政策的影响，当传统工业发展对大城市带来的负面影响增加，例如工业带来的空气、噪声污染等增加时，大城市中的各个阶层都希望改善环境和提升生活质量。工业的外移自然成为社会选择下的新产业政策和主张，导致部分产业前往郊区或是邻近的城市，构成了大城市及其周边产业结构变迁的重要形式。从全世界范围来看，城市社会结构变迁都导致了工业向郊区的转移。德国社会学家韦伯（Alfred Weber）在其《工业区位论》中分析了工业区位的价值和规律，以及城市工业的集聚和扩散的原因，"导致大城市工业的转移和分散的因素随着土地价值的增长而增长，伴随集聚导致了对土地需求的增加。需求的增长不仅提高土地利用边际的重要性，更提高了投机商边际利用的贴现率，导致分散的趋势都是从经济地租上涨开始的。"[1] 城市工业向外围的转移成为企业应对城市中心区域土地价值增高、寻求土地廉价区位从而降低成本的必然路径，符合城市产业和城市社会结构变迁的一般规律。以本研究涉及的四个跨界镇，从20世纪末开始都无一例外地经历过典型的从农业镇到工业镇的转型过程：（1）句容宝华镇原本是一个典型的城市边缘的传统农业小镇，凭借80年代乡镇企业发展积累起来的资金，于1992年建设了启动面积1.2平方公里的省级经

---

[1] 参见阿尔弗雷德·韦伯《工业区位论》，李刚剑等译，商务印书馆1997年版。

济开发区。十多年来历经国家宏观调控趋紧、开发热降温的严峻考验，园区面积从原先的 1.2 平方公里裂变成 42 平方公里[①]。（2）句容黄梅镇在 20 世纪末的乡镇工业发展中逐步形成了莲塘、冯岗、城上三个相对集中的工业区，形成了自行车整车及零部件、服装、机电、石材等主导产业。黄梅镇工业园区规划面积 10 平方公里，其发展进程与句容城西的市经济技术开发区紧密相关，后者成立于 1992 年，并于次年被批准为省级经济技术开发区，2013 年行政区划调整与黄梅镇合并后，形成了规划开发面积达到 50 平方公里的现代化园区。[②]（3）滁州乌衣镇 20 世纪 80 年代初期只是面积 0.2 平方公里、人口不足 3000 人的老街小镇，1994 年被列为滁州市西南经济带重镇、省小城镇建设重点镇和全国乡镇企业东西合作示范区，从而正式启动了乡镇工业化的进程，分别建成了 1200 亩的红山和 1500 亩的蓝天两个工业园区，集聚了 40 多家工业企业。[③]（4）来安汊河镇工业发展起步于 20 世纪 80 年代，以乡镇企业为主要形式，工业集中区起步于 1999 年，提出"工业兴镇"，初期规划面积 6 平方公里，主要涉及食品加工、机械装配制造、电子元器件等[④]。大城市边缘工业化过程既是邻近市场、低成本土地、廉价劳动力等市场因素作用的结果，又受到政府行为的推动，四大跨界镇都在政府的主导下划定了面积不等的工业开发区，形成了工业企业培育和外来企业迁移的载体。

另一方面是大量人口进入带来的房地产及其相关产业的兴起，传统工业、生产性服务业受到抑制并部分外移。大城市部分新产业和技术产业的外迁使得生产性服务业在大城市边缘逐步酝酿，而随着城市的扩张和人口的外移，也带来投资阶层的外迁，生活性服务业也在大城市边缘逐步壮大。当代全世界城市结构变迁都经历了工业向郊区转移的过程，

[①] 资料来源于《句容市志（1986—2008）》，方志出版社 2013 年版。

[②] 资料来源于句容经济开发区官方网站（http://www.jrkfq.com.cn/site/jrkfq/about.shtml）、《句容市志（1986—2008）》，方志出版社 2013 年版。

[③] 资料来源于滁州乌衣镇人民政府网站（http://www.ahwuyi.gov.cn/）、滁州市南谯区地方志编纂委员会：《滁州市南谯区志》，黄山书社 2011 年版。

[④] 资料来源于来安县地方志编纂委员会：《来安县志 1986—2005》，黄山书社 2011 年版。

这个过程在中国被称为"退二进三"政策，即引导工业向大城市外围转移。伴随着城市规模的扩大和城市边界的增长，大城市边缘地区的土地价格和生产成本也随之水涨船高，对于发展工业而言的低成本优势随之逐步降低，"市场性取向"的价值规律导致新一轮的"退二进三"在大城市的郊区和城市边缘展开。此外，传统工业的发展、就地城镇化和外来人口迁移带来大城市边缘人口的增加，新的经济区位极大地刺激了第三产业的发展[1]，单纯工业主导的格局显然已经无法继续，"工业兴镇"之类的口号也逐渐被抛诸脑后。人口的集聚也使得人们对环境的要求提升，必然导致政府对产业的调整力度，对环境有明显影响的工业类型成为被排挤的对象。[2] 这些因素都导致大城市边缘传统工业的进一步外移，以及新兴工业和现代服务业的兴起。句容宝华镇提出"老工业集中区企业的自我转型"，发展城市型经济业态，围绕总部经济、软件服务外包、智能交通、智慧环境、文化创意等进行产业提升，逐步建设长三角总部经济园、博济智慧产业园、中洲物联网产业园、国信医药产业园、中科院新材料产业园等新兴产业园区，以及围绕跨界新市镇人口集聚和房地产业的兴起，逐步做大商业零售、文化旅游等产业类型；来安汊河镇围绕原有工业园区的发展，逐步引入南京湾商贸物流和金太阳装饰城项目，大力发展商贸流通业，针对外来人口的涌入大力发展房地产及其相关配套服务业，地方政府甚至提出来安"南部经济中心"的定位；滁州乌衣镇针对外来人口的迁入，也提出以推动乌衣老城区改造、美好乡村建设、商贸经济和"三产"服务业发展等作为工作重点。[3] 尽管政府层面提出产业类型的多元化，但事实上房地产及其相关产业的作用却越来越显性化，特别是句容的黄梅镇和宝华镇尤为突出。大城市边

---

[1] 根据经济学的"迁移产业乘数效应"，城市传统产业、新兴产业、高科技产业的外移也导致相关就业群体的外迁，人口的迁移使得城市中心区域部分服务业也随之外移，这也是客观上导致大城市边缘服务业兴起的重要因素。

[2] 韦伯在工业区位规律的分析上对于社会政治文化因素和人文环境要素考虑相对不足，主要是由于韦伯所处的20世纪初城市中工业还没有在政策上成为调整的对象，工业发展对环境的影响也没有像今天这样受到全社会的重视。

[3] 参见《适应新常态　致力新作为　促进新发展》，《滁州日报》2015年2月10日A1版。

缘跨界区域人口的集聚极大地刺激了房地产业及其相关服务业的发展，新商品性社区的不断涌入都需要建立相应的生活配套体系，从消费购物到家庭生活，从子女教育到就业培训，与之配套的超市、医院、中小学校、休闲娱乐设施（例如电影院、网球场、游泳馆）等在提升社区生活的同时也极大地促进了生活性服务业的增长与繁荣（见表6—3）。在这种以房地产及其相关产业为主导的产业中也意味着两个重要的结构性问题，过于依赖地产的拉动造成了产业发展持续力不足，以及总体产业所能提供的就业机会与人口增长的规模难以匹配，这些跨界镇都已经或者正在演变成典型的"卧城"。

表6—3　　　　　　　南京四大跨界镇的产业现状分析

	第一产业	第二产业	第三产业
句容宝华镇	著名的鱼米之乡，果树之园，花草之地，全镇以种植业（果、树、茶）和养殖业（鱼、蟹、虾）为主，建立奶牛养殖，建有奶牛养殖、水产养殖、蔬菜大棚、野生植物、茶叶之园等十多个高效农业示范基地	以省级经济开发区（42平方公里）为载体，主要发展电子、汽车及配件、机械、化工、轻工等产业类型	以打造新城为目标，生活性服务业和生产性服务业并重，重点发展总部经济、现代居住、科技研发、乡村旅游等相关产业
句容黄梅镇	重点发展高效农业和特色农业，形成了水蜜桃、奶牛、獭兔、花卉苗木四大特色农业产业，此外还包括有机茶叶、草莓、葡萄等相关种植业	以句容经济开发区（143平方公里）为载体，发展汽配、光电子、自行车及运动器材、输变电、新能源、新材料、智能电网、服装、机电、石材等主导产业	围绕经济开发区发展相关生产性服务业，依托特色农业种植业大力发展乡村旅游，以及新城建设中的相关生活性服务业

续表

	第一产业	第二产业	第三产业
来安汊河镇	以现代种植业为主体，特别是有机稻米和蔬菜种植，建有国家级蔬菜产业园，拥有多达26项农业品牌	以汊河经济开发区（50平方公里）为载体，大力发展加工制造业，包括轨道交通装备、食品工业、机械制造、电器生产等产业类型	产业类型以生产性服务业为主体，建有集国际商品交易集散、物流、会展、信息、采购、研发于一体的南京湾商贸物流基地和金太阳装饰城
滁州乌衣镇	以现代种植业和渔业为主体，主要形式包括小麦、油菜籽、水稻、棉花、蔬菜种植，以及苗木种植和水产养殖等	以工业集中区（包括南谯工业开发区部分、远望高科技产业园等）为载体，包括汽车改装、汽车配件、汽车修理、运输、石油贸易、油漆化工、粮油加工、鞋业、羽绒制品等多行业集聚	以商贸服务、交通运输、建筑装潢为主要形态，从事商贸业的有226家，交通运输88家，饮食服务130家，建筑装潢8家。此外，依托南工大滁州科教城发展教育培训及其相关产业

资料来源：根据宝华镇、黄梅镇、汊河镇、乌衣镇政府网站以及所属行政区地方志、统计年鉴整理而成。

四 文化接替：外部文化的强势与地方文化的危机

大都市边缘的文化接替是伴随着城市化和城市现代化而从乡村到城市、从传统到现代的过程，同时也是外来文化对本土文化的侵入和接替过程。这种城市边缘区域的社会变迁发生过程的动力并不是自发的、内生性的，而是受到外部力量（相邻中心城市发展）的驱动和影响，这很好地解释了为什么这样深度的社会结构变迁只能发生在像北京、上海、南京、长沙、广州等大的中心城市的周边。城市社会结构的变迁，包括制度变迁、社区结构变迁、组织结构变迁等，在总体上与社会发展呈正相关，往往是从原生状态向次生形态的衍化。[1] 城市边缘社区的社会变迁在城市与乡村的相互作用中，完成了对传统系统的选择和淘汰。

---

[1] 参见张鸿雁《侵入与接替：城市社会结构变迁新论》，东南大学出版社2000年版。

这种社会结构由低级到高级的演化变迁过程被认为是朝着社会公认的良性化方向发展，因而受到较少的阻力。尽管在接替的过程中偶尔会发生拆迁征地冲突等事件，但总体过程是趋于稳定的，对于绝大部分的本地居民而言，城市化的生活方式更加具有吸引力，并乐意看到这种变迁的发生。冲突的原因更多的是经济利益的博弈，而不涉及对这种变迁本身的对立和排斥。从更加普遍的意义来说，这种社会结构的变迁是朝着具有世界统一性的方向发展，例如市民社会的形成、中等收入群体的壮大、交通方式的现代化、信息的全球化等，因而具有强大的发展动力。

这种不对等的文化接替过程在大城市边缘区域进展得通常十分顺利，被侵入的跨界小镇的人们在很大程度上也乐于接受"接替"，但这个过程不可避免地将造成文化本土性的丧失。与钟摆族对当地的态度不同，除了少数在拆迁安置问题上有经济利益的疑义外，绝大多数当地人对这些大城市来的人并没有强烈的排斥。在对当地居民的访谈中，可以感受到当地居民对外来群体和文化乐于接受的几点原因：首先是大量外来人口进入和大型地产社区引入带来的城镇化的繁荣和发展。很多当地人谈到小镇的发展都热情洋溢，描述看到越来越多的高层建筑拔地而起的那种兴奋。"从来没有想过我们这里也能拆迁，还能发展得像大城市一样，有高楼，有大商场和超市。"（QT-008，句容黄梅镇某饭店老板）很多当地居民因为大型社区的建设拆迁安置，获得了三套、四套，甚至是五套安置房，有的还有一笔不菲的拆迁安置费。尽管他们还没有意识到这种快速城镇发展可能带来的负面影响，但对于大部分中国人而言，住的地方从农村变成了城市，总体来说，还是一件值得高兴的事。对于原来农村老宅是否有历史和文化价值，也根本没有文化保护的意识。其次是发展带来的就业和发展机会。小镇上住的人越来越多了，能够提供的就业和工作机会也就越来越多，这些大城市群体的定居生活总少不了装修房子、吃饭、购物、洗车、理发等需求。小镇经营户们的生意也好起来了，原本小镇惨淡的经营状况有了明显的改善。当地一家餐馆的老板说，"我原本开这个店心里还有点害怕，不知道生意会怎么样。现在完全不用怕了，除了原来乡里乡亲的过来吃，还有这么多外地人住到这里，你如果周末订的话还要提前跟我讲，不然到时候就没有包间了。"（QT-008，句容黄梅镇某饭店老板）尽管小镇能够提供一些配套,但对于大部分钟摆族群体来说,对小镇的那些小店既不屑一顾,又不得不在没有更好选择的情况下选择条件最好的。餐饮店的老板可能没有意识到,这种生意好的现象可能只是暂时的,当更好的餐馆和品牌餐饮企业进驻后,他们中很多店家的命运可能会像大城市里的小店一样面临市场无情的排挤和淘汰。最后是相邻城市之间的文化认同感。这同样也是推动大城市和相邻城市同城化和区域一体化的重要力量,尽管这种力量表现得更加委婉,但建立在区域认同基础上的风俗的互通和文化的认同则是跨越城市边界、促进区域融合更深层次的力量,区域的认同、文化的共通使得城市的文化对本土文化的侵入更加具有隐蔽性。大都市边缘的传统地方文化和生活方式在信息的交流、人口的流动、经济的循环发展中日渐式微,文化地方性的丧失正在变成一种不可逆转的既成事实,江南乡村的宁静,已经永远封存在当地村民的记忆之中。

第三节 隔离:传统自然乡村的消亡与封闭式社区的兴起

大都市边缘的接替过程逐步展开后,社会空间隔离和排斥的特征便逐步显现出来。社会隔离是城市不同地区逐渐专门化的过程,现代文明社会就是一个以城市为载体的逐步分类和群体分化的过程。中国早在战国时期就总结出了"物以类聚,人以群分"的自然和社会生态现象,这一规律普遍存在于人类社会的各个方面,富裕与贫困、地位与身份等都成为区分和隔离空间的标志。社会学的开创者19世纪法国社会学家迪尔凯姆(Enile Durkheim)就将社会空间作为一种差异化的"场域"来进行研究。在现代社会中,随着社会流动性的增加,特别是现代化和城市化的浪潮加速了这种空间流动和重组,社会阶层空间化愈加显现并衍生出社会歧视、排斥等一系列病态问题。在同城化时代的背景下,社会空间隔离和排斥不仅仅发生在大城市,也逐步向中小城市和传统乡村延伸。大城市边缘地区作为同城化的重要空间载体,也作为城市功能在空间上的延伸,社会隔离和排斥的问题与生俱来。与传统乡村和自然生长的城市相比,大城市边缘区域人为规划的痕迹更加显性化,居住社区的封闭化和隔离甚至更加严重。

一 大城市边缘传统空间的解构与社会空间的破碎化

在跨界社区和跨城钟摆族出现以前,大都市边缘的传统小镇通常是以镇区为中心的有机分散结构,从镇区出发的乡村道路连接到行政村和更小的自然村,尽管道路等级不高,但足以满足传统村镇的基本需求。当同城化来临,大城市向郊区延伸,跨界社区不断涌现以后,大面积的块状用地被划分出来用于建设,从而导致大城市边缘区域空间的破碎化。[1] 这种破碎化主要体现在三个方面:首先是实体空间的破碎化。传统的村落和居民点被迫搬迁,并向镇区的集中安置区集聚,这个过程彻底破坏了传统的乡村肌理,取而代之的是城市的规划手法。在这种城市边缘的乡镇规划中,政府和开发商往往完全无视原有村落的体系和肌理,乡村小路被宽阔的柏油马路所替代,规划中宽阔的主干道、次干道像一把把无形的锋利刀片,将原有的乡村分隔成大小不同的地块,并围绕地块的外围建设起不可逾越的硬质隔离,形成一个个完全独立的单元,这种程度的开发从根本上解体和摧毁了原有的村镇结构。张玉林在中国20世纪90年代以来征地拆迁浪潮的研究中指出,从开发区建设到城市扩张、从"撤村并居"到"土地整理",已经至少清除了140万个自然村[2],大城市边缘外部群体侵入导致的村庄被动拆迁也是这场运动的延续。其次是社会生活的破碎化和社会隔离的产生。破碎的不仅仅是现实意义上的实体空间,围墙和道路切断了生活在其中的人们的交流,整个社会生活也面临被撕裂的危险,空间上的碎片化和隔离正逐步导致社会生活的断裂和隔离,人际关系将趋于淡薄。开发商在住房设计上推出50平方米到1000平方米面积不等的房屋,大面积的住宅也同样被分

---

[1] 地理学者 Allen Scott 将这种碎片化的过程描述为"马赛克拼贴"的过程,景观生态学中用景观破碎度(Fragmentation)来描述区域中人类对景观的干扰程度,Graham 和 Marvin 也提出了破碎城市化(Splintering Urbanism)的概念用来描述现代化和城市化中空间呈现出的破碎状态。无论从何种理论和视角来看,跨界小镇的发展中大量新建的规划道路和对土地利用性质的变更都无疑导致该区域破碎化程度的提高。

[2] 张玉林:《大清场:中国的圈地运动及其与英国的比较》,《中国农业大学学报》(社会科学版)2015年第1期。

隔在相对独立的区域中并被冠以"富人岛"之类的符号和名称，这些名称本身就带有强烈的隔离和排斥的意味。原本乡村中人们的交往机会随着空间的分隔而降低，不同收入阶层因居住空间的隔离而缺乏了解，本地人和外来者因空间的隔离和占有造成了对环境的感情缺失，这些都在有形或无形中扩大了不同群体间的社会隔阂，使得社会矛盾更容易被激化。最后是传统空间的解体带来本土文化的破碎化。宽阔的道路、现代化的社区建设将中国城市"千城一面"的弊病同样带到了城市的边缘，对本土文化自信心的缺乏导致乡土文化在外来文化冲击下显得不堪一击。城市生活本应以文化和价值的多元化为特征，芒福德[1]曾指出，对城市最大的破坏来源于资本。在没有引导的状态下，商业和经济的导入使得本土的文化空间和文化传统面临威胁，本土文化被击碎并沦为边缘文化。区域的景观也因为审美的单调而显得庸俗，文化本土性的丧失使得大都市边缘的跨界小镇吸引力降低而容易失去活力，使得大城市边缘仅仅作为一个"卧城"而存在，进而衍生出新的社会问题。

二 优质公共资源的私有化与社会公平正义的隐忧

以"私有化""商品化""符号化"为特征的消费时代正在来临[2]，伴随着同城化的深入与城市文明的传播，大都市边缘的发展中也同样受到其深刻的影响。对于这些区域的发展而言，很大程度上只是城市开发模式的再版，从政府对区域空间的规划到开发商的运作模式，完全就是按照新城建设的思路。这就将在城市发展中出现的公共空间和资源私有化的问题带到了大都市边缘的跨界区域。本书研究的南京都市圈内的四大跨界小镇或多或少都存在优质自然景观、空间以及公共资源被侵占和私有化的问题。其中以对优质自然资源的占用最为严重，低密度高档社区的建设常常都伴随着对自然山水景观和空间的私有化，它们将原本属于公共的山体、湖泊等通过社区的围墙隔离而成为富裕阶层的私人领

---

[1] 参见刘易斯·芒福德《城市发展史：起源、演变和前景》，宋俊岭、倪文彦译，中国建筑工业出版社1989年版。

[2] 杨震、徐苗：《消费时代城市公共空间的特点及其理论批判》，《城市规划学刊》2011年第3期。

地，使本地居民和其他外来的定居者们对资源的可获得性降低。例如句容市宝华镇新湖仙林翠谷、大山地、紫金7号等低密度社区对宝华山资源的占用。宝华山东临铁瓮，西控金陵，南负句曲，北俯大江，自然风景优美、历史人文积淀丰厚，素有"林麓之美，峰峦之秀，洞壑之深，烟霞之胜"的美称，是省级自然保护区、国家级森林公园。[①] 宝华山西侧的三大社区自北向南一字排开，几乎完全封闭了宝华山的西麓，使得如此优质的自然资源成为社区中少数人享用的后花园（见图6—9）。此外，大都市边缘的高档社区建设中占据小型水库和湖泊岸线、围湖造房，甚至切割岸线、遮蔽景观，将水景"私有化"的现象更是举不胜举[②]，这些都造成了稀缺资源的极大浪费。

图6—9　句容市宝华镇高档社区对宝华山西麓的占据和围合

这种公共自然和社会资源的私有化关系到社会的公平和正义，享有

[①] 参见句容县地方志编纂委员会编《句容县志》，江苏人民出版社1994年版。
[②] 大城市由于受到公众监督等因素的影响，对自然和社会资源的占用还受到一定的制约，例如南京玄武湖的公共空间就得到了相对完整的保护，周边社区的开发基本与湖岸线形成了一定的退让距离，湖景大部分没有被私有住宅遮挡，但仍然有像莫愁湖、百家湖这样自然资源被大量私有化的现象出现。与大城市公共资源的私有化现象相比，城市边缘由于政府管控力的降低和监督机制的不足，这种现象显得更加突出。

公共的自然和社会资源是公民权利的体现，是居民阶层属性的多样性资源和空间繁荣的重要前提，公共资源和空间的私有化意味着社会极化的背景下，资本已经完全凌驾于社会公平和正义之上，对资源和空间的矛盾必将导致不同社会阶层和群体冲突的加剧。[①] 这些优质的自然资源和空间原本能够成为人们提供游憩、娱乐、休闲和活动的平台，但在现实的社会环境中往往被彻底地忽略了。"虽然说住在宝华镇，每天也看得到宝华山，但还就真没有去宝华山玩过，靠近（宝华）山那边都是盖的高档别墅，也不是我们这种工薪族能买得起的。这么好的山水就成了他们有钱人的后花园，政府也不管一管，这样下去，环境好的地方都会被别墅占了。他们最早买别墅的人只花一百万一套，现在已经翻了好几倍了。"（BH-007，句容宝华镇受访者）资本的逐利行为往往觊觎那些最优质的资源和空间，而政府寻求地方发展的诉求和出政绩的欲望使得其在追求经济效益的同时往往缺乏远见和难以兼顾社会的公平。在同城化、城镇化的旗号下，大都市边缘的优质资源和空间正在向私人空间演变。当未来跨界新市镇建设格局形成时，人们就会发现那些最初盲目地开发和投机的行为对区域的空间格局和发展潜力造成了多么难以想象的不可逆转的破坏。

三 居住空间分异加速与社会空间排斥的显性化

大城市边缘侵入与接替的结果是传统乡村和小镇空间结构的解体和居住空间分异的加速，呈现出由单一到许多、由简单到复杂、由同质到异质的发展过程。空间结构重构的同时也带来社会组织、社会文化以及其他经济社会生活部分的复杂化。其中居住空间的重构对人们的影响最为直接和显性化，西方城市社会学理论认为，居住空间不仅仅是地域空间中功能建筑的空间组合，更是人们居住生活所整合形成的社会空间系统（Social-Spatial System）。居住空间分异造成的社会隔离是政府行为和市场行为的共同产物：一方面大城市边缘大量商品化开发的封闭式居住社区提供的住房供给按照市场化的原则在进行，以跨界钟摆族为主体的

---

① 参见宋伟轩《隔离与排斥——封闭社区的社会空间分异》，中国建筑工业出版社2013年版。

外来者和少数本地人在交易自由化、价格市场化和物权私有化等市场原则下，根据自身的资本实力和居住偏好选择不同的居住社区。封闭社区的居住空间分异使得大城市边缘从建设之初就呈现出隔离和阶层化的特征，政府通过规划道路将原有的小镇空间分隔成大小不一的地块，这种硬质的空间区隔成为隔离的基础。精明的开发商们在小镇建设中将这种隔离进一步放大，不仅仅是不同的封闭社区建有封闭的围墙，同一社区内也根据居住房屋类型（小户型、大户型、类别墅、别墅等）划分为相互分隔的空间。[①] 高档社区的开发商们为了迎合人们彰显身份的需求极尽所能，在社区的名称、建筑形式、文化符号，甚至是活动广场等细节上都极力彰显精英主义的环境塑造。在社区选择中，价格和租金成为分隔不同阶层的唯一尺度，这加速了人们居住空间阶层化的趋势。富人居住区的集聚与分层次的居住空间带来的隔离和极化特征，使得大都市边缘的跨界小镇成为居住空间分异的极端表现空间。另一方面，同城化带来的跨界小镇的发展也使本地的原住民面临搬迁，他们在政府强力的推动下不得不离开世代生活的村镇，迁往政府建设的集中安置社区居住。这样的安置居住社区也同样是按照封闭社区的模式来建设，这种具有保障性质的社区在中国往往被贴上"乡下人""脏乱""不交物业费""没有文化"等标签，往往是大城市外来者歧视的对象。这也在客观上造成了本地原住民的分化，借由拆迁安置的机会，一部分富裕而有能力的人们往往选择到教育、医疗等配套更优质的城市居住，或是购买本地建设的商品性封闭社区，而经济条件相对较差的本地原住民的选择余地就比较小，只能搬进政府建设的安置社区。这个分化过程又进一步强化了安置社区作为底层群体的刻板印象，成为跨界小镇中被相对排斥的居住空间。

[①] 收入差别导致的社会隔离在美国等发达国家的郊区化过程中已经形成了固化的模式和社会后果，在典型的郊区社区中，不同用地构成的住宅组群（Clusters）都清楚地区分出价格层次，低价的公寓不仅不可能与别墅处于同一围墙内，甚至不能与稍大户型的公寓混建。细微的收入差距所带来的冷漠无情的隔离，已经成为种族隔离、文化隔离、社会等级隔离之外的饱受诟病的社会现象，中国大城市边缘的跨界社区事实上也在重复着这种隔离的思维，并在跨界小镇的建设上将之付诸实践。

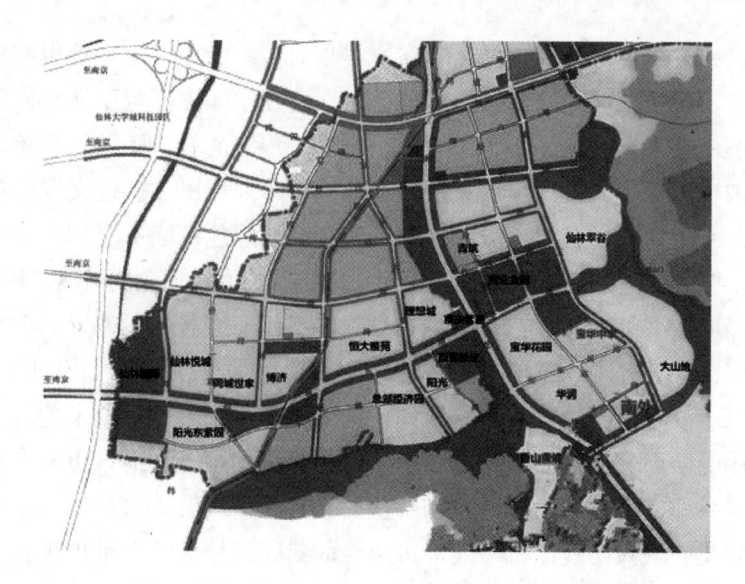

第六章 从侵入到接替——大都市边缘的社会空间变迁 151

图6—10 句容市宝华镇居住社区的空间布局①

居住空间分异在大都市边缘的发生可以被认为是利益驱动的市场经济中不可避免的结果，政府发展诉求与开发商追求利益的结果使得社会力量在区域的发展中逐步被边缘化。无论是本地居民，还是外来的跨界钟摆族们，都无法决定区域空间资源的布局和未来的发展，他们仅能通过个体的选择成为不同居住社区中的成员。居住空间分异和封闭式社区的发展更加凸显了社会的阶层差异，更容易导致社会矛盾的激化和社会排斥的发生。② 新马克思主义学派列斐伏尔（Lefebvre）认为空间组织是社会过程的产物，不同居住空间的差异不仅仅表现在交通的可达性、生活环境的差异、受教育机会、就业机会等方面，还同时具有经济社会地位的"标签化"的表征作用③。大城市边缘地区从来没有像今天这样

---

① 资料来源于《宝华新市镇规划（2010—2030）》镇区土地利用规划图，其中宝华花园、凤坛花园、华山人家等为安置社区，其他为商品性社区。

② 英国学者马达尼拨（Madanipour）在《社会排斥与空间》中指出社会排斥体现在空间上，而空间资源分配不公又会造成严重的社会排斥，因此带来经济、文化、社会的排斥将容易引发社会危机。

③ Lefebvre H., *The Survival of Capitalism: Reproduction of the Relations of Production*, New-york: St. Martin's Press, 1976.

呈现出如此严重的隔离和排斥,在原本相对传统的小镇中尽管也有贫富的差别,居住的房屋也有好坏之分,但毕竟在空间上不至于那么泾渭分明,小镇中原有的地缘、亲缘关系也维系着传统的有机团结。当跨城市的外来者进入后,这种团结关系日渐式微,本地居民在拆迁安置中逐步分化,并受到外来者的排斥。这些新建的高档居住社区一个比一个豪华气派,"精英生活""别墅花园"等对阶层属性的宣传语和钢铁围合的社区围墙似乎都在夸耀着其权力和身份,不仅要跟居住在安置社区里的本地居民区分开来,还要跟那些被动跨城置业的"刚需"们有所不同。即使对于没有接受过任何社会学知识的人来看,都可以想象出这种隔离和排斥的结果。在这样的封闭环境中成长起来的孩子,很难想象他们会对住在另外一个社区不同地位和身份的人有什么理解,这将使得未来社会多元化的融入出现危机。大都市边缘的封闭式社区的大量出现,表明跨界区域的社会阶层分化和物质封闭性已经在大大增强,需要引起政府、学界以及全社会的重视。这些大城市边缘社区间的分异、隔离一旦转化为真正意义上的阶层化社区,未来该区域的物质和文化排斥将愈演愈烈,再试图改变这种固化的格局将异常艰难。

第七章

从解构到建构——钟摆族社会认同与社会交往变迁

> 我将在一个距离办公室大约30英里的地方，门前有一棵松树；我的秘书则是住在城市另一个方向距离办公室30英里的地方，门前同样也有一棵松树；我们都会有私家汽车……我们将日复一日地往返于家和办公室之间，汽车的轮胎磨损严重，路面和离合器日趋破损，汽油和机油在快速消耗。这一切将占用我们大量的精力……简直让人筋疲力尽。
>
> ——柯布西耶《光明城市》[①]

地理空间的迁移、群体归属的变化悄然改变着个体看待世界的立场，无论个体原本来自大城市还是其他中小城市，大都市边缘的跨界小镇对于每一个跨城市生活的钟摆族个体而言都是陌生的环境，地点的转变意味着对于"我是谁"这个问题需要重新进行审视和回答。跨城市钟摆族的社会认同涉及拔根和扎根两个阶段的心理过程，对这个过程的描述和研究首先涉及"社会认同"的问题，它反映了个体在环境变化中的心理响应。在拔根和扎根的社会情境下，钟摆族需要通过社会认同的重构来重新获得"自我"的社会定位。现有对钟摆族的研究还主要从城市化和现代化推动下钟摆族群体的生存状态和社会管理的视角，对个体的社会支持和社会心理的研究缺乏经验研究，而这些研究对于深刻理解城市化和现代化带来的社会变迁至关重要。正如吉登斯[②]在《现代

[①] Le Corbusier, *The Radiant City*, London: Faber and Faber, 1967.
[②] 参见吉登斯《现代性与自我认同》，赵旭东、方文译，生活·读书·新知三联书店1998年版。

性与自我认同》中所说,"变化的自我作为连接个人的改变和社会变迁的反思过程,需要被探索和建构"。本章节从相对中观的视角来分析钟摆族以及钟摆族相对集聚的大都市边缘的跨界小镇和封闭式居住社区。以跨城市钟摆族的社会认同作为切入点,探索同城化带来的跨城市生活方式以及相应的社会变迁对置身其中的钟摆族带来的文化冲击、心理演变及其在人际互动中的文化融合过程。

第一节 封闭社区中的跨界钟摆族素描

由于跨城市生活的钟摆族居住在大空间上且具有普遍分散的特点,使得大面积抽样调查的方式难以实现。为了初步了解跨城市钟摆族群体的基本特征,本研究以南京都市圈周边钟摆族相对集中的三个典型跨界社区(也称为都市圈楼盘)为典型,包括句容市黄梅镇碧桂园凤凰城、来安县汊河镇碧桂园城市花园、滁州市乌衣镇碧桂园欧洲城。根据社区管理机构提供的目前入住的登记业主数据进行了汇总、筛选和甄别三个步骤的操作,在社区管理人员的帮助下,剔除了不完整和不符合钟摆族特征的数据,最后获得了 1723 人的钟摆族数据样本。鉴于该数据并非通过随机抽样获得,可能导致分析结果存在偏差,对跨界钟摆族的群体描述也结合了深度访谈的 67 人的小样本资料和相关文献研究和媒体报道的资料,以希望能够呈现出跨界钟摆族群体的初步特征。

一 年龄特征:相对年轻化,与跨城养老群体伴生

根据南京周边三大跨界社区提供的 1723 人的钟摆族数据库的年龄数据,年龄最大的为 61 岁,年龄最小的为 22 岁,年龄跨度较大。从人口年龄金字塔的结构来看,跨城市生活的钟摆族群体的人口年龄主要集中在 25—40 岁(见图 7—1)。分析这样结果的原因有三个方面:首先,跨城市生活的钟摆族群体是处于工作阶段的人,必须首先达到工作的基本年龄要求,又通常在退休年龄以内,这样就排除了年龄过大或过小的群体;其次,年轻人相比较而言,在思想上更加趋于开放,在行动上更具有行动力,使他们更有条件迈出跨城生活的脚步;最后,从客观条件

第七章　从解构到建构——钟摆族社会认同与社会交往变迁　155

上来看，年轻人在跨城市的长时间、长距离通勤中更占有优势。与年长者相比，他们的身体条件更能接受早出晚归的高强度生活节奏，或者能够更轻松地应对双城之间的长距离驾驶私人汽车。

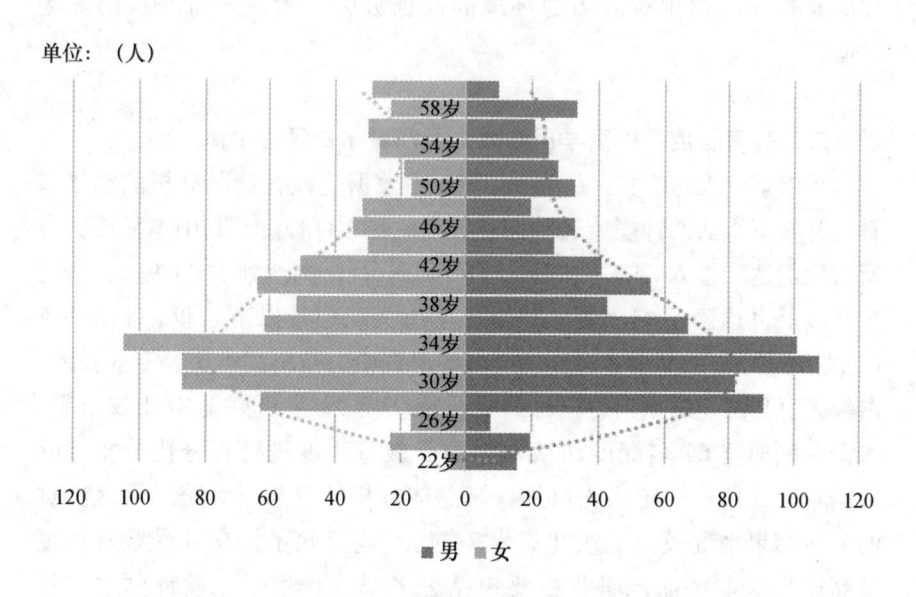

单位：（人）

图 7—1　封闭社区中跨界钟摆族群体年龄特征分布①

为了进一步验证跨城市生活的钟摆族群体是否具有年轻化特征，根据深度访谈的 67 个对象的年龄资料进行分组统计，其基本符合上述结论。对社区物业经理的访谈中，笔者获得了关于年龄特征的更细节的内容，"我们社区的业主主要有三类人：第一类是以投资为目的的，相比南京的房子，我们这里的房子投资门槛低，有个几十万也就能全款买一套房子了，他们一般买了就空着或者租掉，或者偶尔周末来住住；第二类就是你研究的这群人，要么是在城里买不起房子的，或者以改善为目的在这里可以买一个大户型的，他们大部分都比较年轻，在南京上班，白天家里要么没人，要么只有老人；第三类就是在这里养老的，这里空气好，环境也不错，房价也不高，离大城市又不太远，有的是自己买，

---

① 根据碧桂园集团提供的南京都市圈周边三大社区 1723 人资料统计绘制。

有的是子女买给老人来住。"（QT-005，句容黄梅镇物业经理）跨城市养老与跨界钟摆族群体伴生现象是本次调研的重要发现，同城化带来便利的交通和社会保障制度的跨区域统筹也给跨城市的养老带来机会，更加低廉的价格和相对清洁的环境同样也吸引了大量来自城市的养老群体。

二 教育程度：以高学历技术人员和城市白领为主体

从南京三大跨界社区钟摆族1723户数据受教育情况分析的结果来看，跨城市生活的钟摆族通常拥有较高的受教育程度，其中本科或大专所占比例达到了63.4%，其次是高中或中专比例达到了23.9%，研究生及以上也达到了11.3%，相对低学历（初中及以下）仅占到1.3%（见图7—2）。王世福等对广佛同城的研究中也指出高学历、专业技术、白领人群是两地跨城出行群体的主要特征。[①] 为了更好地验证该结果，本研究同时将67名深度访谈对象的受教育程度进行百分比分析，除数据百分比值有一定出入以外，其总体分析结果与三大跨界社区数据的分析结果情况较为一致（见表7—1），均反映了钟摆族受教育程度较高这个基本特征，职业主要包括公务员、程序员、设计师、销售员、会计、企业管理者、年轻创业者等。

表7—1　南京三大跨界社区钟摆族及访谈对象受教育程度分析

受教育程度	住户数据人口数（人）	所占百分比（%）	访谈对象人口数（人）	所占百分比（%）
初中及以下	23	1.3	3	4.5
高中或中专	412	23.9	11	16.4
本科或大专	1093	63.4	40	59.7
研究生及以上	195	11.3	13	19.4
合计	1723	100	67	100

[①] 王世福、赵渺希：《广佛市民地铁跨城活动的空间分析》，《城市规划学刊》2012年第3期。

对受教育程度较高这一特征的理解，还需要与其他两方面的群体特征综合起来进行考虑：一方面从年龄来看，本书研究对象的钟摆族都是在工作的群体，年龄分布集中在 25—55 岁的年龄阶段，其中大部分都是 40 岁以下的中青年群体，他们大多出生于 20 世纪 80 年代以后，高等院校扩招普遍提升了这一年龄段的受教育程度；另一方面从钟摆族居住地点特征来看，低学历的打工族、农民工等群体更偏向于在城郊结合地带居住，跨城市生活本身带来的巨大的通勤成本往往使他们难以承受，而相对高学历的工作者受到空间约束相对较小，使他们有可能选择这种跨城市的生活方式。

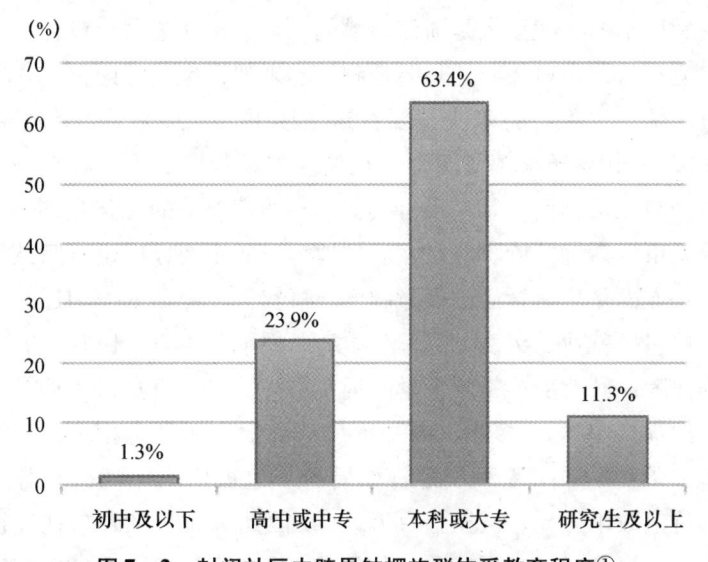

图 7—2　封闭社区中跨界钟摆族群体受教育程度①

三　户籍归属：保障制度和身份象征下的"人户分离"

跨城市生活的钟摆族群体在户籍方面普遍存在"居户分离"的特征，即虽然居住在另外一个城市，但户口并不随之迁入居住地。这种情况普遍存在于笔者调研的各大跨界小镇和跨界社区。"我们社区基本上很少有业主过来咨询办理户口的问题，我从工作到现在也就遇到三四个

---

① 根据碧桂园集团提供的南京都市圈周边三大社区 1723 人资料统计绘制。

人来咨询过，据我了解这里大部分业主都不会把户口迁过来。这年头，户口基本上只有小孩上学才会用到，南京的学校肯定比我们这里好得多，所以南京人肯定是不会迁到这里的。户口原来不在南京的也大多数把户口留在老家，迁过来也没太大意义。迁户口过来的只有一种情况，那就是考虑要在这里上学的，现在这里私立学校是不用户口的，但将来肯定还是要规划配建公立学校的，有些业主把户口迁过来就是为将来小孩上学做准备，但这些也肯定都是外地人。"（QT-005，句容黄梅镇物业经理）在本研究的深度访谈中，67名受访者中仅有3人将户口落在居住地所在的小镇，原因就是上述物业经理描述的那样都是出于子女受教育的考虑。"户口我们已经迁到这里，我和我爱人原本户口都在老家，我是安徽凤阳的，我爱人是浙江余姚的，户口留在老家也没什么用，也不是农业户口，户口终归还是要迁到一起来吧，也是考虑再三才决定迁到这里来了，说不定将来小孩要在这里读书，迁过来总没有坏处吧。"（HM-029，句容黄梅镇受访者）在访谈中可以感受到这种在居住地落户的被动与无可奈何，是在没有其他选择的情况下的无奈之举。

跨城市生活钟摆族不愿意在居住地落户的主要原因可以归纳为两个方面：一方面是户籍背后的保障制度。事实上，户籍的作用还远不止是教育，更包括就业、买房、买车、教育、婚姻、生育、医疗、养老等多方面的保障，其背后连带着大量的现实利益。以北京户口为例，北京户口绑定的福利多达80多项，每一项都与日常生活息息相关，京籍户口在买车、子女参加高考等方面的"福利"也被广为诟病，其背后绑定的福利价值数十万元，甚至上百万元。[①] 因此大城市的户口往往被视为稀缺资源，只有通过应届毕业、公务员、人才引进等方式才能获得，甚至像北京、上海这样的一线城市需要通过积分、指标等考核方式才能获得户口。因此，对于跨城市生活的钟摆族而言，虽然能够接受居住在相邻的中小城市，但大城市户籍的利益则更加难以割舍。另一方面是户口所代表的地域身份，杨菊华等研究论证了户籍在不同地区中对地域身份认同建立的重要作用。对于跨城市生活的钟摆族而言，大城市的地域身份代表了地域的优越感和对城市生活的期待。"户口肯定是要留在南京

---

① 参见《中国产经新闻报》2015年3月20日A02版，原标题为"户口价几何？"。

的，就是为了落南京户口才贷款在南京买了房子，当时南京市还规定只有超过60平方米才能在南京落户，我们那时候身上根本就没钱，本来打算买个小跃层公寓的，为了落户就贷款买的两居室。弄一个南京户口还是不容易的，虽然现在还没小孩，但以后上学、买车、社保什么的总会用到户口的，有南京户口心里踏实。现在我住到这里，同事都跟我开玩笑说我是安徽人，如果再把户口迁到这里，那我不就彻底从南京人变成安徽人了吗？"（WY-002，滁州乌衣镇受访者）该受访者的观点在本研究中很有代表性，尽管钟摆族们可以接受生活在中小城市以及由此带来的职住分离的种种不便，但对于传统户籍的观念和地域的归属认同却并没有伴随其跨越城市边界的脚步。可以说，居住地与户籍地分离既是跨城市生活中对居住地认同缺失的外化表现，又在客观上加剧了个体对地域认同的迷失感，是造成跨城市生活钟摆族认同危机的原因之一。

四 居住特征：平均住房面积较大，居住分异明显

从南京周边三大跨界社区提供的1723人的钟摆族数据库的住房数据以及67人的深度访谈对象资料分析来看，跨城市生活的钟摆族在住房上呈现以下两方面的特征：一方面是个体住房面积差异巨大，跨城市的钟摆族既可能是城市边缘的蜗居族，也可能是坐拥亿万财富的社会精英。在社区提供的数据库中，最小的户型面积为49.14平方米，最大的户型面积为357.32平方米，后者达到前者的7倍以上。在实际的深度调研中，个体差异体现得更加显性化，最大建筑面积多达1000平方米以上（上、下五层，楼层之间有独立的家庭电梯），最小的四五十平方米的住宅更类似大城市精致的酒店式公寓。大户型住区与小户型住区的空间分异与相互隔离的现象十分普遍，"小区大体分成洋房区和别墅区，这两块分得很清楚，两边服务的标准和管理要求都不一样……洋房区也有超大户型的，跟普通住宅也不在同一幢楼，但听销售说卖得不是很好，如果价格一样的话，有钱人还是更愿意住在别墅区，不愿意跟普通人混住。"（QT-002，滁州乌衣镇物业管理人员）封闭式社区相互隔离的现象在跨界社区中同样存在，可以理解为城市封闭社区开发模式在跨界区域的复制和翻版。

表7—2　南京三大跨界社区钟摆族及访谈对象住房类型分析

住房类型	社区数据人口数（人）	所占百分比（%）	访谈对象人口数（人）	所占百分比（%）
80平方米以下	392	22.8	10	14.9
80—100平方米	368	21.4	12	17.9
100—120平方米	387	22.5	19	28.4
120—144平方米	357	20.7	18	26.9
144—180平方米	109	6.3	5	7.5
180平方米以上	110	6.4	3	4.5
合计	1723	100	67	100

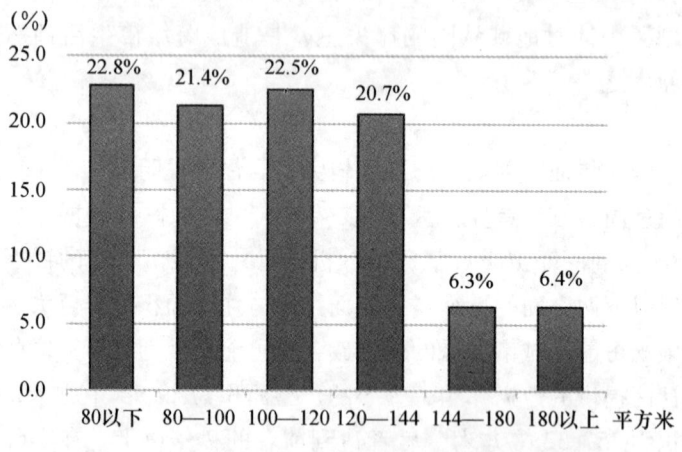

图7—3　南京周边三大跨界社区钟摆族住房类型①

　　另一方面是居住面积明显高于中心城市。根据社区提供的数据库统计结果，1723人中有760人居住在小于100平方米的住宅中，约占44.2%；744人居住在100—144平方米的住宅中，约占43.2%；219人的住房面积是大于144平方米的非普通住宅，占总数的12.7%（见表7—2、图7—3）。与南京的商品房住宅成交数据相比，100平方米以下的住宅比例为44.2%，而在南京的商品房住宅成交数据中这一数值约在

---

① 根据碧桂园集团提供的南京都市圈周边三大社区1723人资料统计绘制。

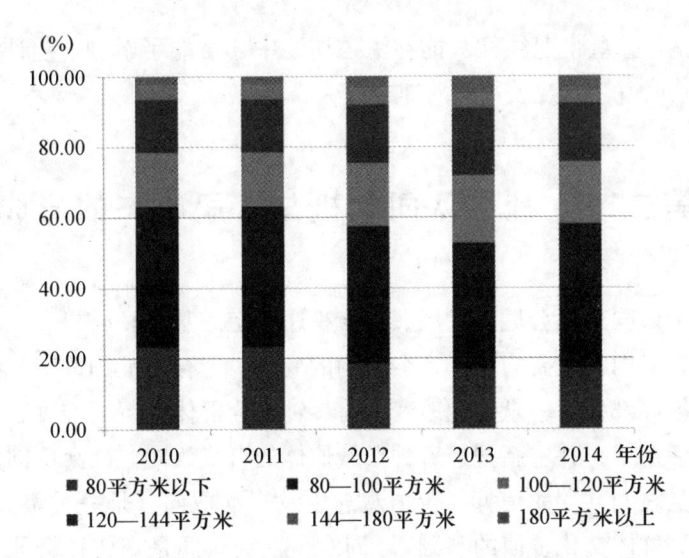

第七章 从解构到建构——钟摆族社会认同与社会交往变迁

图7—4 2010—2014年南京市商品房分面积段成交统计①

60%，而100—144平方米的住宅比例为43.2%，明显高于南京房地产商品房成交数据中的30%—35%，144平方米以上的非普通商品房比例则更加高出同期南京商品房成交的比例（见图7—4）。访谈对象资料统计的结果也大体一致，且大部分受访者普遍对于自身的居住面积十分满意。"我住在这里每天要花三个多小时在来回上班的路上，每天六点半就出门，晚上六点半以后才能到家。虽然每天有一半的时间都很辛苦，但只要回到家就很舒服，不像城里一家人挤在小房子里，这里住得很宽敞，我的房子135平方米，四个房间，每个房间都很大，儿子有自己的房间，我也有自己的书房，这才是家的感觉……除非我以后有经济能力在南京也买到这么大的房子，不然我还是愿意住在这里，大房子住习惯了去城里住小房子我会不习惯。"（HM-023，句容黄梅镇受访者）在访谈中，笔者接触到的绝大部分受访者的居住面积都在一百多平方米，对于年轻的钟摆族群体而言，这样的居住面积明显是高于大城市的，即使是那些购置五六十平方米左右的小户型的受访者，他们也大多是小跃层的户型，实际居住面积要大大高于建筑面积，居住空间实际上也是较

---

① 根据新景祥咨询2015年1月统计数据绘制而成。

为宽敞的。这些情况往往只能在深入访谈中才可能了解到,统计数据在这方面有时并不能反映这样的细节。

第二节 社会认同危机与客居心态的形成

社会认同是社会健康发展、社会秩序稳定的基础和前提,也是促进社会整合的内在重要力量。社会结构的变迁、生存环境的改变、参照群体的替换等都在潜移默化地改变着跨界钟摆族群体的行为准则、认知模式、生活期望,并重新塑造着钟摆族群体的自我认同。社会认同体现了社会成员之间共同的信仰、价值观念以及行动取向,是一种集体观念,也是凝聚群体文化价值的基础。[1] 同时,社会认同是现代社会能够良性运作的前提,关系到社会和谐、社会秩序、社会协作、公民意识等社会建设目标的实现。[2] 在改革开放的四十年中,中国在经济领域取得了举世瞩目成就的同时,也面临着社会矛盾加剧、社会生态失衡的危机,其中公民的社会认同危机也在很大程度上成为影响社会秩序的重要因素。跨城市钟摆族的社会认同涉及与本地居民能否顺利融合的问题,关系到城市边缘区域的社会稳定和同城化区域的健康可持续发展。通过对跨城市生活钟摆族社会认同的研究发现,跨城市钟摆族表现出典型的"分裂性""双重性"和"不确定性"的特征。群体的社会认同并不是单一的、同质性的,在自我认同、价值认同和社区认同中都或多或少地表现出矛盾和冲突。这种社会认同的复杂性、矛盾性不仅仅体现在整个钟摆族群体中,也存在于特定的个体身上,这种现象类似于郭星华、刑朝国等提出社会认同的"二重性"[3]。在具体分析的内容方面,本研究着重围绕跨界钟摆族紧密相关的群体认同、地域认同、地位认同、身份认同和社区认同等五个方面来进行访谈和分析。

---

[1] 李友梅:《重塑转型期的社会认同》,《社会学研究》2007年第2期。
[2] 赵志裕、温静、谭俭邦:《社会认同的基本心理历程》,《社会学研究》2005年第5期。
[3] 郭星华、邢朝国:《社会认同的内在二维图式》,《江苏社会科学》2009年第4期。

一 群体认同：概念复杂性与自我认同的不确定性

群体身份认同是身份认同的基础，也是个体对于归属的最基本的判断，对于本研究来言，主要是回答个体是否认同自己属于跨城市生活的"钟摆族"群体。身份认同是确定特定群体的边界、产生群体向心力以及确定群体内在合法性的基本条件[1]，同时在个体层面上也影响着个体的行为和基本偏好。现代社会的技术进步使人们可以轻易地迁移，同时又可以保持相互的联系，这就使得群体的存在不再依赖于地域关系形成关联，时间上不再那么连续，空间上也不再受到制约，文化上也不再同质。[2] 跨城市生活的"钟摆族"作为一个非正式群体，个体对其认同需要一个建构的过程。他们是否认同自己作为"钟摆族"的成员呢？事实上，访谈过程的开始笔者就通过提问的方式确定了访谈对象是否符合本研究的要求，所有的受访者都符合钟摆族的外在特征。换言之，访谈对象的选择上已经人为地界定了其群体的划分，对其群体认同的提问实际上只是反映其心理层面上是否对这样一个建构的群体有认同感。这部分对本研究至关重要，因为时空边界本身并不构成群体形成的充分条件，特别是对于群体认同这样一个具有心理学起源的概念而言，群体的认同更取决于个体在心理意义上的认知。认同更多是心理意义上的，是心理层面上的符号和共同体的形成，群体的解构本身也应该是心理意义上的认同瓦解。[3]

访谈对象对"钟摆族"的总体认同度较高，在 67 位受访者中有 61 位都认同自己就是比较典型的"钟摆族"，或基本符合钟摆族的特征（见图 7—5）。"我以前上学的时候看过电视上关于钟摆族的报道，北京上海那些大城市边上有很多这样的人，每天早晨天不亮就要排队等车，两三个小时才能从住的地方到单位，下班回来还是要两三个小时，到家天都黑了，生活得特别不容易。我现在也是这个生活状态，虽然没有北

---

[1] 李友梅、肖瑛、黄晓春等：《社会认同：一种结构视野的分析》，上海人民出版社 2007 年版，第 12 页。

[2] Appadurai A., "Global Ethnoscapes: Notes and Queries for a Transnational Anthropology", In Fox R. G., *Recapturing Anthropology: Working in the Present*, Santa Fe: School of American Research Press, 1991.

[3] 艾娟、汪新建：《集体记忆：研究群体认同的新路径》，《新疆社会科学》2011 年第 2 期。

9.0%

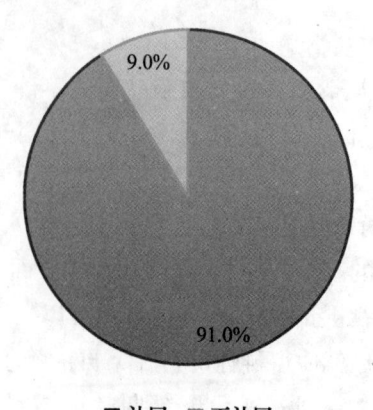

91.0%

■ 认同 ■ 不认同

图7—5 受访者中地域认同中各区域所占百分比情况

京那么夸张，但也是早出晚归，每天早晨我六点就起床，七点出门，到单位一般要八点多。因为住得远怕路上堵车，我每天都是第一个到公司。"（HM-16，句容黄梅镇受访者）媒体的宣传对于钟摆族概念的传播发挥了非常重要的作用，很多受访者都或多或少接触过这个词语。访谈中共有6名受访者不认同"钟摆族"的身份，主要提出的质疑在两个方面：一方面是对钟摆族群体边缘性特征的质疑，"钟摆族都是那些每天挤公交、挤地铁的人吧，我现在虽然住的地方是属于宝华的地，但我不比住在南京的人差，再说我在南京也有房子，只不过不经常回去住而已。这里有钱人来买房子的多得去了，你不能说他们都是钟摆族吧。"（BH-012，句容宝华镇受访者）这种质疑主要是把"钟摆族"的边缘特征放大了，认为钟摆族就是没有钱的穷人，因而在心理上形成了排斥。另一方面是对钟摆距离特征的质疑，"我虽然住在汊河（镇），但我离上班的地方不远，我单位就在高新区，看上去我是没住在南京，但这里比住在南京还方便，我每天开车去公司路上就十几分钟，最多不会超过二十分钟。郊区还不像城里会堵车，一堵堵个把小时，这里路上车又不多，真的很方便……我原来住在南京秦虹小区，后来单位搬到高新区来了，每天上下班过长江大桥，堵得不得了，路上起码两个小时，后来就买了这里（来安汊河镇碧桂园城市花园），又便宜离单位又近。你说的那个钟摆族，我觉得以前我可能还算钟摆族，现在我应该不算了。"

(CH-004，汊河镇受访者）钟摆族这个群体概念本身在意涵表达上存在一定的局限性①，更强调钟摆式的生活状态，是造成质疑的关键。钟摆族作为一个非正式群体，对个体而言其群体概念本身还需要更加准确的表述，以及文化概念的普及和推广。但不可否认的是，对钟摆族的群体界定和认同具有重要的积极的意义，Abrams 和 Hogg 等认为，群体间的区分有助于提升个体的社会认同和自尊感。② 对于跨城市生活的钟摆族而言，归属的认同会增强他们对跨城市生活方式的认知，感受到有很多与自己生活状态相同的个体存在，这个过程能够满足他们对归属感的需要。对"钟摆族"的群体界定和划分有助于个体将自身从一般流动人口群体中区分出来，认识到自身所属群体的优点，从而建立个体归属的荣誉感和自尊感。

二 地域认同：个体经历和地理迁移带来的地域困惑

地域认同，也称为地域身份认同，主要是回答"我归属在哪里"的问题③，是群体与特定地理区域关系的认同。对于本研究对象中的南京地区的跨城市生活钟摆族而言，就是要回答这样的问题"是南京人，还是外地人（句容人、滁州人）？"地域认同在地理学中被认为是群体对于某个空间的感觉和归属，而在社会学等领域被归纳为自我认同的范畴，是建立在个人生活经历基础之上的一种反思性的自我④，也被看作是一个社会建构（领域边界、象征和制度形成）的过程。地域认同是

---

① 媒体关于钟摆族群体的表达方式还有"双城族""都市钟摆族"等，其中使用最为广泛的是"钟摆族"这个概念，根据 2014 年年底中国最大的互联网搜索引擎百度的检索结果，以"钟摆族"为关键词的搜索结果为 117000 个，以"双城族"为关键词的搜索结果为 10200 个，以"都市钟摆族"为关键词的搜索结果仅有条 20300 个，因此本研究中选择了相对使用最为广泛的"钟摆族"作为该群体的概念表述。

② Abrams D., Hogg M. A., "Comments on the Motibational Statue of Self-esteem in Social Identity and Intergroup Discrimination", *European Journal of Social Psychology*, Vol. 18, 1988.

③ Passi A., "Region and Place: Regional Identity in Question", *Progress in Human Geography*, Vol. 27, No. 4, 2003.

④ 安东尼·吉登斯在《现代性与自我认同》中认为自我认同包括两层含义：首先是个体对自我类属或社会范畴的基本判断，其次是对自我特性、生活状态等方面的认同。

影响人际互动的关键因素，Ufkes[1]等的研究表明城市的地域认同对于个体对外群体的态度具有重要的影响。黄荣贵、孙小逸对上海地域认同的研究就发现以户籍为标志的地域认同与人与人之间的信任具有显著的正向关系，没有上海户籍的外地人对上海人更倾向于不信任。[2] 对地域认同的迷惑往往源于地理的迁移和经济社会的变迁。经济社会的变迁对个体自我认同的形成有重要的影响，卡斯特认为社会认同形成的环境产生于历史、地理、生物、生产与再生产制度、集体记忆与个人幻想等。[3] 对跨城市生活的钟摆族而言，剧烈的社会转型破坏了个体生存环境的稳定性和连续性，建立在这样不稳定基础上的个体经历显然不利于形成相对确定的自我认同。钟摆族群体跨界迁移的过程中造成了社会认同的紊乱，群体内部的自我认同无法达到完全的一致性，跨界小镇地理位置的边缘性特征造成的钟摆族普遍面临地域认同的失调。

跨城市生活的钟摆族对地域认同表现出典型的矛盾性和模糊性，在本研究接受访谈的67人中，有超过八成的受访者都对地域归属的问题表现出迟疑，尽管最后他们在进一步的解释下可以做出回答。这种对地域归属的不自信可以被解释为地理的迁移：那些少部分能够肯定做出回答的受访者基本都是原本生活在小镇或小镇所属中小城市，其生活的地理空间相对固定，户籍也大多留在本地，没有迁往邻近的大城市。这体现了地域认同中不可避免的力量布局（Power Geometries）[4]，具有制度性地域优势的本地居民，是力量布局中的优势群体[5]；原本生活在南京的钟摆族对地域的认同没有那么肯定，但最终大多选择了作为"南京

---

[1] Ufkes E. G., "Urban District Identity as a Common Ingroup Identity: The Different Role of Ingroup Prototypicality for Minority and Majority Groups", *European Journal of Social Psychology*, Vol. 45, No. 6, 2012.

[2] 黄荣贵、孙小逸：《社会互动、地域认同与人际信任——以上海为例》，《社会科学》2013年第6期。

[3] 曼纽尔·卡斯特：《认同的力量》，夏铸九、王志弘等译，社会科学文献出版社2006年版，第3—4页。

[4] Massey D., "Power-Geometry and a Progressive Sense of Place", In Bird J., Curtis B., Putnam T., Robertson G. & Tickner L., *Mapping the Futures*, London: Routledge, 1993.

[5] 张文宏、雷开春：《城市新移民社会认同的结构模型》，《社会学研究》2009年第4期。

人",他们尽管居住在中小城市,却难以形成对居住地的归属认同(只有在非严肃的场合下才会开玩笑似地认为自己来自中小城市);对地域认同最不确定的是那些真正的外地人(户籍在南京和居住地城市以外的人),他们的迁移经历过于复杂,可供回答的选择较多,对地域归属也最为迷茫。"每次有人问我这个问题我就头疼,我爸是连云港的,我妈是宿迁泗洪的,如果按户口来说我应该算是宿迁人,按照现在住的地方来说应该算句容人,按上学和工作来说吧又应该算南京人,所以我也不知道我是哪里人。"(HM-021 句容黄梅镇受访者)他们最终的回答是两类,要么是"南京人",要么是"老家(户籍、或籍贯所在地)人",很少有受访者认同是现居住地人。这种文化认同也被开发商利用来吸引外来者置业定居,他们在楼盘概念上大量使用了大城市的地域符号,以本书研究的句容宝华镇为例,区域内的大量都市圈楼盘打出了"大南京"概念,在项目广告上用许多类似于"仙林东""南京东""南京北"等具有迷惑性的字样来进行营销。这种地域认同现象在其他移民群体的地域认同研究中十分常见,例如李强[①]、胡兆

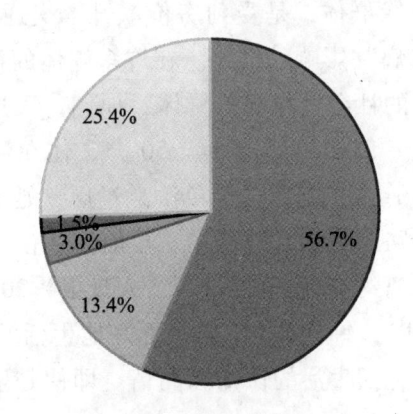

图7—6 受访者中地域认同中各区域所占百分比情况

[①] 参见李强《中国社会分层结构的新变化》,载中国社会科学院社会学研究所编制《2002年:中国社会形势分析与预测》,社会科学文献出版社2002年版。

量①等研究均提及城市的优越性,移民群体对大城市拥有较高的认同度。地域认同的分析表明,跨城市生活的钟摆族对地域认同总体是迷惑的和矛盾的,地理迁移的经历是重要的因素,但他们并不是盲目地认同,而是对大城市具有明显的偏向性。

三 地位认同:显著的群体分化与模糊的地位认同

地位认同主要回答"属于哪个社会阶层"的问题。关于社会分层的研究在社会学领域由来已久,韦伯等分层研究的创始者们从一开始就指出社会分层同人们的主观意识密切关联。② 韦伯的多维分层理论将这种个体对社会不平等状况及身处社会经济地位的主观意识称为"阶层意识"(State Consciousness)。这种主观的阶层意识也可以理解为个体对其处于社会结构中的位置的主观感知③,这种地位除了经济方面的区别,还可以包括权力、文化等资源的分配不平等。④ 对跨城市钟摆族的地位认识有两种极端化的观点:一方面的观点认为钟摆族是典型的弱势群体,具有移民的典型特征,与"打工族""蚁族""蜗居族"等群体一样属于社会的边缘群体,是受到房价飙升、交通拥堵、人口膨胀、环境恶化等"城市病"影响的结果。在许多媒体的报道中,跨城市生活的钟摆族是典型的社会边缘弱势群体,他们每天迫于生活的压力早出晚归、疲惫不堪。例如"早上5点50分,住在河北省三河市燕郊镇的李归君(化名)准点起床。简单洗漱过后,她匆忙赶往814路公交车的站点。如果路途顺利,她将在8点前到达位于北京市西城区的工作单位,单程距离约40公里。"(《工人日报》2014年5月12日第3版,标题为"双城'钟摆族':如何更好地生活?")类似的报道反映了部分外群体对钟摆生活的认知和同情。即使是生活在同一个小镇

---

① 胡兆量:《北京"浙江村"——温州模式的异地城市化》,《城市规划汇刊》1997年第3期。

② 张文宏、雷开春:《城市新移民社会认同的结构模型》,《社会学研究》2009年第4期。

③ Jackman M. R., Jackman R. W., "An Interpretation of the Relation Between Objective and Subjective Social Status", *American Sociological Review*, Vol. 38, 1973.

④ 刘欣:《相对剥夺地位与阶层认知》,《社会学研究》2001年第1期。

的部分当地居民看来,大城市来的钟摆族也不.见得强势。尽管大部分外来的钟摆族以城市人身份自居,但事实上,原本居住在当地的居民因为城镇化的发展和征地拆迁补偿,居住在安置社区的当地人拥有多套住房,按照家庭资产来算是名副其实的"有钱人",撇开那些住别墅的,很多被迫来到这里置业的钟摆族才是当地的"穷人"。在对当地人的访谈中也看到了这样的观点:"来这里买房子的人都是在南京买不起房子的,我们这里的年轻人都不愿意再留在镇里,有点钱的都把房子买到句容或者南京去了。"(QT-004,句容黄梅镇五金店老板)。另一方面的观点倾向于表达跨城市生活的钟摆族不属于"弱势群体",他们代表了一种"新生活方式",真正的弱势群体是那些不懂得变化的、保守的人,他们更容易在残酷的社会竞争中被淘汰,敢于尝试新事物的人在社会中不应该属于"弱势"的范畴。况且,跨城市生活的群体中有大量是出于改善目的的人,他们原本就在社会阶层的划分中处于中等或中等以上的位置,跨城市的生活使得他们占有了更多的社会资源和空间。这其中不乏对跨城市生活美好的描绘。例如"钟摆族"往返变轻松,德阳离成都很近,却没有成都的喧嚣和拥堵……每周五下午要回成都总部开会,客专开通后,就方便多了……德阳是一座休闲城市,客专的开通让"成都上班,德阳居家"的模式成为可能(《德阳晚报》2014年12月19日第3版)。事实上,跨城市的钟摆族群体本身是阶层分化较为严重的群体,以笔者所在的句容碧桂园社区为例,同样的社区里住房面积最小的住户是仅五六十平方米的小公寓,最大的住宅面积上、下五层,面积超过了一千平方米,后者是前者面积的20倍以上。外群体对跨城市生活的钟摆族的认识往往都不可避免地带有片面性,他们看到的往往只是这个群体中的一部分人而忽略了群体的整体状况。

从跨城市生活的钟摆族主观认知来看,受访的大部分成员认同自身是社会的中上层、中层和中下层。在深度访谈的67人中,多达29名受访者都认为自己处于社会的中层,14人认为自己处于中上层,18人认为自己处于中下层(见图7—7)。尽管访谈对象并不是严格意义上的抽样调查产生的,但访谈的结果至少表明了钟摆族自身在社会地位认同上"中庸"的态度。"我们肯定不是上层,公务员和企业老板才算是上层

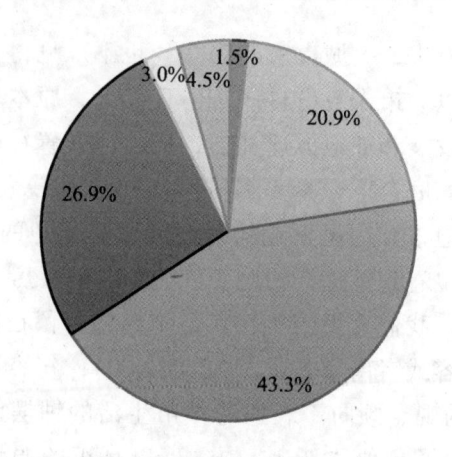

图 7—7　受访钟摆族对地位认同的选择

吧。我们反正应该也不算是底层,底层应该指流浪汉之类的吧。"(HM-002,句容黄梅镇受访者)这样的回答代表了绝大多数受访者的观点。即使对于那些冲着大城市高房价压力而选择钟摆生活的人来说,他们更多认为自己"只是还年轻,并没有发展成功而已"(WY-005,滁州乌衣镇受访者)。类似的说法表明跨城市生活的钟摆族具有强烈的自尊,并希望通过积极的社会认同来提升自己的自尊感。当然,也有少部分受访的钟摆族出于对钟摆生活的疲惫和痛楚的深刻感受,认为自己是弱势的边缘群体。一位受访者跟女朋友调侃说自己是"没有生活在大城市的命,却染上了一身大城市的病(指交通堵塞和长时间的通勤)"(HM-021,句容黄梅镇受访者)。当然也有部分住别墅的受访者仍然回答自己是"中层",他们在大城市还拥有住房,拥有稳定的工作和收入,在阶层认同回答上明显有谦虚的态度在里面,如果研究方式改为匿名的问卷调查可能会呈现出不一样的结果。这里需要补充说明的是,对于社会地位的认同应该首先建立在地位身份认同的基础之上,正如阿玛蒂亚在《身份与暴力》中所说,人们都具有不同的地位身份,但往往倾向于"优先"选择某一个身份。[①] 地位认同的高低本身就是一个相对

---

① 参见阿玛蒂亚·森《身份与暴力》,李风华译,中国人民大学出版社2009年版。

的概念，其本身也是比较的关系。当他们与居住地所在的跨界小镇的本地安置房的居民相比时，个体往往觉得自己所处的地位更高（尽管事实未必如此，很多安置房住户因拆迁拥有多套住房），但当与在大城市购房的高房价相比，钟摆族跨城市置业又实在算不上什么。跨城市生活的钟摆族对于地位认同的判断总体上还是基于其对社会广大群体的一般认知，他们相对中庸的认知结果也与该群体的客观特征相吻合。地位认同的失调则源于群体本身构成的差异性，是主动成为钟摆族还是被动成为钟摆族决定了此后的地位认同，跨城市生活方式的变迁本身并未明显改变其社会地位状况。

四 身份认同：城里人与乡下人的身份迷失

对城里人和乡下人的身份认同与地域认同一样都属于个体对归属认知的范畴，归属认同的建立使得人们将自己视为某个群体的成员，而不再是一个单独的个体。根据马斯洛需求层次理论，人们生来都有爱和归属的需要。在身份认同的问题上，跨城市生活的钟摆族还面临着这样的问题，他们生活在城市的边缘地带，他们是城里人，还是乡下人？在改革开放四十年的社会变迁中，社会流动加速和城市外来人口的增加，特别是以"农民工"为代表的流动群体的出现使得"城里人"和"乡下人"这两个群体的社会界限更加明显，这两个群体间的区隔和融合也在区域发展和城市治理中具有中长期的影响。[①] 跨城市钟摆族群体生活的城市边缘区域既不是典型的乡村，也不是典型的城市，在自然空间、文化空间和社会空间中都是处于一个介乎于城市和乡村之间的过渡状态，这样的过渡环境对跨城市生活的钟摆族的身份认同具有一定的影响。在调查访谈中，当问及"你觉得自己应该属于城里人，还是乡下人"的问题时，受访者的表现大体可以分为三种类型：第一类是坚定认为自己是"城里人"，这种自信可能来源于户籍的凭证、在大城市拥有房产以及在大城市生活的经历。"我是老南京人了，当然是城里人，从我爷爷辈就在南京住了，我们家原来就住在山西路

[①] 张文宏、雷开春：《城市新移民社会融合的结构、现状与影响因素分析》，《社会学研究》2008年第5期。

的，九几年拆迁到了龙江小区。住到这里主要就是因为这边空气好，有一种乡村田园的感觉，农村的空气就是要比城里好得多，天气好的时候从我这里阳台能往外看十几公里，老山都能看得清清楚楚。"（WY-003，滁州乌衣镇受访者）在访谈中，绝大部分的受访者最初的表现都是短暂的犹豫，最后绝大部分的受访者都认同自己是"城里人"的身份。第二类是从未考虑过城里人和乡下人的身份问题，回答是"说不清楚"，或者强调现代社会城里人和乡下人的身份不重要等。第三类是认为自己属于农村人。仅有两位原本户籍仍然留在老家农村的受访者因为户籍的缘由最终认同自己是"乡下人"。在身份认同的问题上，跨城市生活的钟摆族群体总体上还是趋于一致地认同自己作为"城里人"的身份。对于城市人身份的认同是钟摆族群体形成群体意识和群体认同的关键因素，小镇的当地农民作为参照群体在此过程中发挥了重要作用。但城市边缘的特殊地理人文环境对钟摆族的身份认同造成了一定的干扰，他们对"城里人"的身份并不是百分百的自信，并且绝大部分受访者都认为自己生活的钟摆社区是在"乡下"，这些跨城市生活的钟摆族自己也会用"城里"和"乡下"来玩笑，比如"有空到我们乡下来玩""我们乡下空气好"等，但在严肃的问答环境下，他们会认同自己是"城里人"，更准确地说是"生活在乡下的城里人"。

五 社区认同：共同记忆的不足与社区认同的缺失

社区认同是在共同生活的地域空间范围内的个体互动中产生的，是对于社区空间、人际、文化及管理模式的喜好、信任和归属感。[①] 城市是具有整合功能的综合体，不仅仅具有经济和社会的整合能力，更具有区域整合的功能。在区域的发展中，城市在特定的区位中发展，也在不断创造新的区位要素。城市社会变迁中区位不仅仅是自然地理中的位置，还包括经济、文化和政治上的"位置"。在这其中，个人所在的位置，包括居住的地点都包含着重要的社会意义，帕森斯认为，"社区除了指居住地以外，还意味着处于某种管辖权的地区，个人居住地则坐落其中"[②]。

[①] 闵学勤：《社区认同的缺失与仿企业化建构》，《南京社会科学》2008年第9期。
[②] 帕森斯：《现代社会的结构与过程》，梁向阳译，光明日报出版社1988年版，第207页。

居住社区是城市社会组织结构中的重要单位和组成结构,其中社区内部又可以划分为不同的单元,每个社区(单元)又与不同的行政管理体系、社会管理体系紧密联系。无论在美国还是在中国,一个开发商建设的居住社区可以包含不同价格区间的组团单元,彼此之间形成相对独立的封闭空间。帕森斯指出,"居住地的意义不仅仅是个人大部分时间所处的位置,它还是社会结构的范畴。"社区空间中个体间的良性互动可能促进群体的融合,而缺乏社区认同以及群体成员间的对立可能导致群体的分化和瓦解。Massey等的研究认为对于城市生活的居民而言,社区邻里等小尺度空间的认同比国家、城市等大尺度的认同更为重要。[1] 瑞典的研究指出社区认同、邻里间的信任受到居民种族构成、人际互动、居住时间以及个体的经历等因素的影响。[2] 社区的稳定往往是建立在社区成员对所有成员构成的"共同体"的认同基础之上,而跨城市生活群体所经历的双城"钟摆式"生活必然受到更多外部因素的干扰和冲击,社区成员生活经历的差异、跨城市生活的动机等都可能对跨城市钟摆族"共同体"的认同造成影响。在传统的乡村社区和现代的城市社区中,伴随着乡村社会流动的加剧和"单位制"的衰落,社区认同的式微普遍存在。[3] 作为边缘化的新兴社区,能否降低造成传统社区认同危机的消极因素的影响,在新社区中形成较高的社区认同不仅仅关系到每个身处其中的钟摆族跨城市生活的幸福感,也是关系到这种跨界生活社区的模式能否持续发展的关键所在。

从访谈调研的结果来看,积极的社区认同与消极的社区认同并存,跨城市钟摆族社区认同存在典型的两极分化特征。一部分人对所处的社区充满认同感,认为社区邻里关系融洽,"我父亲身体不好,来南京养病,居住在碧桂园交通不便,没有车,平常一起坐车结成的好朋友帮了很多忙,有朋友借车半夜送到医院,父亲要回老家,还有好朋友愿意开

---

[1] Massey D. S., "The Age of Extremes: Concentrated Affluence and Poverty in the Twenty-Frist Century", *Demography*, Vol. 4, No. 33, 1996.

[2] Wollebak D., Lundasen S. W., Tragaardh L., "Three Forms of Interpersonl Trust: Evidence from Swedish Municipalities", *Scandinavian Political Studies*, Vol. 35, No. 4, 2012.

[3] 陈占江、项晶晶:《钟摆与分化:城中村青年社会认同研究——基于湖南省湘潭市A村的调查》,《学习与实践》2011年第9期。

车送到安徽安庆。"（HM－005，句容黄梅镇受访者）而另一部分人则认为其所在的社区与一般城市社区无异，只是城市社区的翻版，社区的成员仍然是"陌生人"。生活在同样的社区，为何会对共同生活的空间有如此大的差异。笔者在访谈中感受到这种差异体现在生活经历的差异上，对社区的认同往往建立在共同生活经历基础上形成的"集体记忆"。集体记忆是法国社会学家哈布瓦赫[1]提出的，是关于集体过去全部认知（知识的、情感的、实物的等）的总和。集体记忆体现在整个群体的深层次的价值取向、情感表达和心态的变化。[2] 跨城市生活的钟摆族群体的集体记忆建立在共同的经历基础之上，例如共同乘坐班车、乘坐地铁、拼车上班或是一起带孩子等，许多钟摆族成员之间的联系都是首先通过这样的被动的方式建立起来的。"我们这个小群都是当年一起坐班车认识的，我是最早的一批住户，我们每天一起等车就都熟悉了，也能叫出对方的名字，小温、安娜、杨姐、霞姐、小尹……慢慢地就越来越熟，我们还建了一个QQ群，现在微信用得多，后来又建了微信群。"（HM－016，句容黄梅镇受访者）"我们几个都是一起坐地铁认识的，我们每天要先坐公交到经天路地铁站，然后再换乘地铁去城里，大家上班时间差不多，所以经常一起等着，慢慢就熟悉了，也经常在小区里相互走动，人多了之后也经常组织一些小范围的活动。"（BH－001，句容宝华镇受访者）这种共同的经历所形成的集体记忆提供的事实、情感等构成了社区认同的基础。

第三节　社会关系网络的断裂与新邻里关系的重建

在钟摆族群体相对集中居住的大城市、特大城市的边缘地带，同城

---

[1] 莫里斯·哈布瓦赫：《论集体记忆》，毕然、郭金华译，上海人民出版社2002年版，第37页。
[2] 汪新建、艾娟：《心理学视域的集体记忆研究》，《南京师范大学学报》2009年第3期。

化的发展使得地区的"边缘效应"十分显性化,跨界小镇的社会关系主要表现为外来群体内部的关系、外来群体和本地群体之间的关系以及本地群体内部的关系,不同群体的利益诉求在这里碰撞,"解构"着传统社会关系的同时,也在"重构"新的社区秩序和伦理。社区是研究城市和群体的基本空间形式,是社会学研究的基本单位,也是社会稳定和发展的基础。"社区"的概念是由德国著名的社会学家滕尼斯在《社区与社会》(1887)中首次提出的,指一定的社会活动、具有某种互动关系和共同文化维系力的人类群体及其活动区域,一般包括一定的地域空间、一定的人群、共同的利益以及各种活动和互动。① 大都市边缘跨界小镇的社区构成十分复杂,大体上可以归纳为三类:第一类是传统意义上的乡村社区,即由本地居民组成的熟人社会。乡村社区的本地人具有相同的地缘特征,社区成员之间拥有许多公共的集体记忆和文化构成基础,群体利益上也较为趋同,内部具有较高的认同感。第二类是现代意义上的城市社区,即由外来人口(这其中的主体是跨城市生活的钟摆族群体,也包括一些退休养老群体、创业群体等)构成的陌生人社会。这些外来的人口往往来自不同的城市和地区,具有差异性的生活经验和文化记忆,在陌生的环境中自身也面临文化认同的问题。第三类是拆迁安置中形成的保障性社区,这是一种介乎于熟人社会和陌生人社会之间的心态,可以理解为一种准熟人社会。外来人口的进入改变了原有乡村社区的社会空间关系,带来了城市的消费主义和城市居民的生活方式,对本地乡村社区的社会认同形成了冲击,并客观上造成了大量的拆迁和建设,加速了第一类乡村社区的解体,促进了第三类拆迁保障社区的形成。在整个社会变迁过程中,外来群体和本地居民的社会关系网络都发生了根本性的改变,都经历了原有社交网络断裂和新的邻里关系重建的过程。

一 从地理空间的边缘性到社交网络的边缘化

生活在大都市边缘的钟摆族无疑是最典型的边缘群体,他们在跨城

---

① 郑杭生:《社会学概论新修》,中国人民大学出版社2003年版,第272—273页。

市的生活中形成了典型的"边际人"(Marginal Man)① 心态。边缘群体普遍存在于不同的社会阶层之中，置身其中的个体在特定的、缺乏主流价值观的"文化场域中"形成了角色错位和心理的偏差，在不同程度上表现出"被剥夺感"。从繁华的都市到边缘的跨界小镇的地理位置迁移中，随之而来的自然环境、经济生活、文化习俗和语言等方面都不可避免地面临诸多的差异。换言之，跨城市的钟摆族群体不仅仅是地理上的跨界，还同样面临社会文化生活的跨界。从大城市到小城市、从城市到乡村的迁移经历和体验在客观上形成了产生"边际人"心态的基础，使跨界钟摆族成为本土与外来之间、现代与传统之间、乡村到城市之间的"边际人"。这种边际人心态的根源自两种（或以上）不同文化的冲突，跨城市生活的钟摆族群体面临的文化模式是多元化的，人们的跨城市生活产生了不同文化属性之间的认同，包括外来文化与本土文化的认同、城市文化与乡村文化的认同，以及同一属性文化之中不同文化层次的认同。

跨界钟摆族作为"边缘人"的含义包括三个方面：首先是在社会生活空间上的边缘性，生存空间位于城市的地理边缘。在同城化发展的过程中，不同城市在文化上的互动、交流和渗透是最为常见的现象，也是推动同城化发展和边缘地区社会变迁十分重要的积极因素。除了少部分来自居住地所在小城市的钟摆族，大部分跨城市生活的钟摆族的原居住与现居住地是不重合的②，跨城市生活的钟摆族首先成为空间上的"边缘人"，他们既对城市繁荣的商业、多样化的就业和创业机会充满期待，又对城市化发展带来的高房价、交通拥堵、犯罪等都市病心生畏惧，既希望保有大城市身份符号和生活习惯，又对乡村的宁静平和、风

---

① "边际人"不仅仅是指那些空间位置上处于边缘的位置，更是指处于社会边缘和文化边缘的人，这些人往往在地理迁移和社会变迁中产生一种特殊的转型心态，即所谓的"边际人"心态。德国社会学家乔治·齐美尔和美国社会学家罗伯特·帕克都对这种"边际人"心态进行过系统性的研究和论述，帕克认为边际人处于两种不同甚至对立的文化模式之间，没有被充分整合到任何一个社会文化群里中去，因此常常表现出烦躁和迷失。

② 本研究中大部分受访者都不是生活在原居住城市，接受访谈的65人中仅有3人原本就居住在本地中小城市，例如HM-007原本就居住在镇江句容，在紧邻南京的句容黄梅镇居住，其他人均是以外来者的身份进入跨界小镇生活。

土人情充满向往。大城市和中小城市的文化地理空间的边缘性,以及自身文化归属的迷茫,使得他们逐渐形成并强化了其人格特征的边缘性。边缘文化构成纷繁复杂,加之跨城市生活的钟摆族群体自身又存在巨大的群体分化,这使新人格特征显得愈加难以捉摸。其次是心理认知上的边缘性。当今中国经济社会发展正发生着巨大的历史变革,心理认同上的迷茫给经历这一时代的每个人都留下了深刻的印记。在近年来的新闻媒体中,对于跨城市生活的钟摆族,常常可以看到这样的词汇:身心疲惫、生活断裂、漂泊感、焦虑等,这种心态的出现往往都根源于文化认同的迷失,并比一般生活在城市或乡村的群体更加强烈和典型。最后是社会外部文化认同意义上的边缘性。不同文化的碰撞更加剧了边际人格的形成,从传统社会到现代社会,文化的碰撞使得每个人都或多或少地留下边际人的某些特点。正如帕克所说,"边际人将新文化接触中产生的道德的混乱明显地表达出来,文化的变迁和融合在从边际人的思想中正在发生,由此可以全面地研究文化和进步的过程"[1]。跨界钟摆族文化上的边缘性是在全球化背景下经济、社会、文化的加速转型过程中产生的,是多元文化冲突的产物和典型代表。全世界的区域融合发展的实践表明,成功持久的区域一体化往往根植于文化的共性[2],要减少文化边缘性带来的负面影响,需要从区域文化多元性、包容性出发,在大城市边缘创造更加开放的文化环境。

二 业缘关系的弱化与地缘关系的补偿性重构

大都市边缘的跨界社区是近年来涌现的新型社区,具有边缘性、封闭性和演替性的特征。张鸿雁将当代中国主要的社区划分为六种类型[3]:(1)传统式街坊社区,主要以老旧城区街道为主,社区内居住职业构成复杂,居住、商业、工业用地混杂,居民之间长期的相处形成了复杂的社会纽带关系,邻里互动强烈;(2)单一式单位社区,主要由

---

[1] Park R. E., Race and Culture, New York: Fress Press, 1950, p. 356.

[2] 玉兰:《区域文化与区域经济的关系浅析》,《陕西社会主义学院学报》2006年第2期。

[3] 参见张鸿雁《侵入与接替:城市社会结构变迁新论》,东南大学出版社2000年版。

一个或数个单位共建,居民来源和职业构成相对比较单一,居住产生明显分离,自设各类配套设施,环境质量相对较好,社区互动与单位互动融合;(3)混合式综合社区,主要是20世纪70年代末在独立地段和城市边缘兴建的居住功能相对单一的大型社区,环境较好,往往有小型商业设施,但由于建设较早,缺乏公共空间,居民互动不强;(4)演替式边缘社区,以城市向乡村的渗透为主要特征,由于受到城市的辐射,农业用地转变为建设用地,服务设施不足,是较为活跃也较为混乱的社区;(5)以房地产开发为主体的新型房地产物业管理型社区,这类社区具有封闭性特征,面对不同细分对象的社区群体具有一定的同质性,社区私密性充分,特别是高档住宅区,私密性成为居民普遍接受的原则和要求;(6)城市社会变迁自然形成的"自生区"或移民区,例如南京的河南村和北京的浙江村等。大都市边缘的跨界社区具有上述分类中第四类和第五类社区的混合特征,即地理位置上的边缘性、管理方式上的封闭性以及社会变迁上的演替性,这些特征也促进形成了社区交往方式的特殊特征。

跨界社区中存在比较典型的业缘关系的弱化和地缘关系的补偿性重构特征。在城市中传统的封闭式商品性社区中,交往形式上比较偏重于业缘关系,主要交往的对象也是以工作中的同事、同学、朋友为主,但大都市边缘的跨界社区由于远离大城市,对于个体而言也远离了原有的社会交往圈,一般意义上的业缘关系势必会受到距离的影响,原有的地缘关系、亲缘关系和业缘关系被割裂和阻碍,使得在城市边缘生活的钟摆族的社交需求受到极大的抑制。社交需求(Love and Belonging Needs)作为人们的重要需求,并不会因为这种距离的影响而降低,于是形成了跨城市生活的社交危机。现代社会在很大程度上可以理解为一个"陌生人"社会,人们之间的关系由原本血缘、地缘等紧密关系逐渐转为一种角色关系,每个人通过社会分工、契约占据一定的社会空间,并形成因为分工而结成的依赖关系。大都市边缘的钟摆社区可以被理解为一个"准现代社区",其本身是大城市现代社区的复制,但受到城市边缘性特征的影响而丧失了部分现代特质。许多钟摆族忙着奔波于两地之间以应对工作和生活,社交时间被大量压缩,陌生的、异质性的居住环境使得钟摆族们不得不补偿性地通过地缘性的邻里关系来弥补社会交往的需要，使他们转而增加了对社区的关注以及与社区成员之间的互动，例如主动创建和加入网络社区圈、主动参与社区活动，等等。尽管在城市的社区里也会有社区成员的各类活动，但这种跨界社区里的活动具有其特殊性。从参与主体来看，城市里的社区活动往往都是中老年退休人群倡导和组织的，而跨界社区里的很多活动则多是以跨城市钟摆族年轻人为主体组织的社区活动，这种现象在大城市的普通封闭社区里是不多见的。"我们圈子的活动已经组织过三次了，第一次人还比较少，我们是组织去瓦屋山自驾游和烧烤，那次大概只有五六个人，都是我们坐班车比较熟悉的人。后来第二次参加的人就比较多了，我们组织的是吃火锅，就在我家里办的，结果来了十几个人，挤了满满一屋子。都是朋友带朋友，邻居带邻居，大家都带菜过来，多买了很多菜，聚餐完之后剩了很多菜，我们家三四天都没去过菜市场。"（HM-022，句容黄梅镇受访者）通过这样主动参与的社区活动，增强了社区成员之间的联系，打破了传统封闭社区中典型的陌生人社会特征。"小区的业主群建立的目的就是大家有消息能相互提个醒，比如停水停电啊，大家收到消息可以提前做准备。其实每个人只要负责一个工作，小区就可以搞得很好。比如我最关心班车的问题，那我就盯着班车这个事，跟物业的人交涉，早班车时间能不能更人性化一点，现在 7 点 15 分第一班，我一直在要求能不能 7 点和 7 点半各一班。"（HM-005，句容黄梅镇受访者）在城市生活的社区中邻里关系淡薄，但在这里由于远离原有的同事圈，形成了一种新的邻里关系，这在一般城市社区中则是很少见的。他们通过新的技术手段组建社区沟通的主要平台和网络公共空间，自由组合建立小的朋友圈、活动圈并定期组织各类社交活动。以笔者所居住的小区为例，除了数百人的社区有大 QQ 群以外，还存在不计其数的小 QQ 群、微信群，每天都有大量的社区互动、小团体活动在线上和线下开展着。尽管这种联系并不能渗透到社区的每一个成员，但毕竟形成了跨界社区独具特色的、具有地缘特征的社区关系。

三 跨界小镇外来群体与本地群体的互动和排斥

社区邻里关系的研究是社区研究中的重要方面，跨界钟摆族作为外来者进入大城市的边缘地区之后，他们与本地人的互动关系就成为该地区的重要社会问题，伴随着外来人口的壮大和跨界生活的流行，这个问题也就显得越发重要。跨界钟摆族的形成是一个渐进的过程，更多地表现为城市社会变迁下的一种自主性的选择，这一特征与当地小镇生活的本地的"拆迁安置群体"有很大的区别，后者是典型的"自上而下"的制度性安排的结果。但在大都市边缘的特定区位空间中，本地人与外来者之间的接触和互动不可避免，其中出现的各种社会问题也需要得到充分的重视和研究。Sauvy① 通过对移民的研究认为移民群体的社会融合需要经历三个阶段，即定居阶段（Settlement）、适应阶段（Adaptation）和同化阶段（Assimilation）。② 跨城市生活的钟摆族群体要与当地居民实现完全的认同和融合需要经历一个漫长的适应阶段。从本书研究的南京都市圈的实践来看，跨界钟摆族的社会融合大体还处于定居阶段。德国社会学家艾利亚斯（Elias N.）③ 在其代表作《先占者与局外人：对社区问题的一项社会调查》中就提出了"先占者"和"局外人"的概念，并描述了在当地社区中两者之间的紧张关系，其中权力关系、集体幻想、污名化、"我们/他们"的形象都使得两者之间的社会划分更加鲜明并产生明显的分异。帕克的观点在大城市边缘地区也许并不完全适用，但可以肯定的是，随着越来越多的人进入大城市的边缘，外来群体与本地群体的排斥和冲突势必更加显性化。

一方面是外来群体对本地群体的看法。在城乡二元对立的体制下，习惯于现代城市生活的外来群体，天然拥有观念开放、现代意识强烈的竞争优势，容易形成身份认同上的优越感，绝大部分来自大城市的钟摆族群体因为这种优越感而表现出抗拒和排外的心理。"在这

---

① Alfred S., *General Theory of Population*, New York: Basic Books Inc., 1966.

② 帕克（Park R. E.）在对移民和本地群体的相互作用研究中有类似的阶段划分，他把两者重组的过程分为四个阶段：第一个阶段是敌对，是两者最初的没有接触的相互作用，在群体作用的初期普遍存在；第二个阶段是冲突，当群体中的个体意识到敌对状态时，有意识地把个人带入冲突之中；第三个阶段是适应，群体之间达成共存的关系，彼此接受对方的差异，但两者的隔阂依然存在；第四个阶段是同化，群体之间的差异逐步减少以至消失，双方的价值观充分融合。

③ Elias N., John L., *The Established and Outsiders: A Sociological Enquiry into Community Problems*, London, F. Cass, 1965.

里生活跟南京是一样的，连自来水都是南京的，南京的自来水跟其他地方的不一样，我能喝得出来的。"（社区通勤班车上某中年业主）事实上，作为"城市人"的心态已经内化为他们日常的性格和行为之中，仍然习惯于按照对乡下人的"刻板印象"来进行判断，将本地人视为"落后、土气、素质差"的农村人，在认知上表现出偏见和歧视，例如教育歧视、职业歧视、人格歧视等。"我平常来往的关系主要还是同事、朋友，还有小区里几个一起坐班车的熟人，跟镇上的人一般不来往，他们都是原来这里的农民、拆迁户，还有在工地打工的农民工，文化水平都不高，他们怎么样跟我也没什么关系，要不是偶尔去镇上买买东西，平常根本不会打交道的。"（HM-022，句容黄梅镇受访者）这种想法在跨界钟摆族群体中十分普遍，其中一种解释就是与本地居民交往的参与成本和回报不对等，跨界钟摆族与本地居民的交往没有太多什么实质性的回报，甚至会给自己带来负面的影响，因此他们往往采取污名化的方式予以回应，将他们与自己划清严格的界线，大有一种"与我无关，任由他们自生自灭"的态度。外来群体对本地群体的排斥和隔离，在一定程度上可能加剧了对本地群体的相对剥夺感。

另一方面是本地群体对外来群体的看法。在实际访谈中，本地人对这些外来群体"排斥"的情绪并不十分典型，既有正面的评价，也有负面的看法。正面的观点主要是外来群体的进入给当地带来了繁荣和更多的就业机会及公共设施、商业设施的建设，特别是教育和医疗设施的建设。"碧桂园来之前这里什么也没有，没有商场，没有超市，到了晚上黑灯瞎火的，也没有地方去玩，现在（碧桂园）建了电影院、KTV、超市、游乐场，不少城里的餐馆也来了，才两三年的时间，现在就热闹多了，也不比城里差。就是这个学校建的意义不大，收费太贵了，一年光学费就七八万元，一般人家哪里上得起呢。"（QT-004，句容黄梅镇某五金店老板）负面的观点主要是抱怨外来群体导致了他们被动的拆迁，或在拆迁补偿过程中利益受损，此外还有对外来群体带来的快节奏生活方式的不适应，大量外来群体的涌入对本地居民的生活和就业观念必然造成冲击。根据帕克的观点，群体的融合最终将进入同化阶段，两者之间的差异将消失，价值观充分混合。在南京都市圈的四大跨界镇中，尽管外来群体和本地群体都生活在小镇的特定空间之中，但双方之间无形的社会距离（Social Distance）①可能将长期存在，这种距离不仅仅是空间上生活社区的隔离带来的距离，更重要的是两者群体的差异和排斥增加了群体适应和同化的难度。

外来群体的进入所带来的关系改变不仅在其群体内部和本地群体之间，他们的到来所带来的影响也出现在了本地群体内部，这种影响主要体现在两个方面：一方面是传统乡村到安置社区的被动迁移。大都市边缘的城镇化需要大量占用土地资源，其实现必然导致本地群体的被动拆迁和安置。这个过程同时也是传统乡村接替、新的城镇社区形成的过程。"黄梅这里拆迁的大部分人都是搬到黄梅新村了，原来都是这附近村里的，有冯岗的、前塘的、胡家棚的、杨圩的、徐家的，现在都被拆平了，就是你们小区现在盖房子那一大片，据说要腾出一万多亩地。现在黄梅小区还在建，后面还有拆迁，以后拆迁的还要往这里搬……"（QT-004，句容黄梅镇五金店老板）随着"居民上楼"的拆迁安置过程的推进，传统乡村邻里不再是单纯亲缘关系的熟人社会，城镇的建设也吸引了更多的外来人口，新建的社区里出现了越来越多的陌生面孔，昔日夜不闭户已经慢慢转向需要处处提防的陌生人社会。另一方面是变迁带来的本地群体的部分解体。经济条件相对富裕的、弱邻里关系者更多地选择退出，到城区或相邻的大城市居住，而经济条件相对较差、强邻里关系者退出社区的可能性不大，他们面对外来群体或是主动适应，或采用消极的对抗。"我们拆迁比较早了，所以不划算，那时候只分到一两套房子，多的也就三套，越后来拆的越划算，拆迁了分到四五套的都有……有本事的人都走了，特别是年轻人，有不少人拿到房子都卖了，然后到句容城里买房子，或者家里有小孩在南京的，就直接到南京去买房子，还有不少就在碧桂园买房子，所以小区里面一般住的都是年纪大的。"（QT-004，句容黄梅镇五金店老板）

---

① 社会距离的概念最早是由塔尔德（Gabriel Tarde）提出的，用来描述阶级之间的差异，齐美尔和帕克等芝加哥学派的学者将这一概念赋予了更多主观的色彩，被用来描述一种心理状态，强调心理层面的区别和隔离。鲍加德斯进一步将"社会距离"这一概念工具化，通过研究行动主体是否愿意与其他社会群体交往来测量他们之间距离的感觉。

外来群体的到来客观上给本地群体的部分解体创造了机会，使得本地居民在数量上进一步减少，而外来的人口数量却一路攀升，在外来群体介入的影响下，本地群体将不可避免地逐步走向分层和解体的命运。

第八章

跨界钟摆族的社会影响与大都市边缘的未来

> 现代化没有最终产物,现代化过程的开始就意味着要经历长久的持续的变迁。
>
> ——史蒂文·瓦戈[①]

在大都市边缘的跨界钟摆族群体的产生和壮大的过程中,从个体到家庭,乃至整个社会结构都处于巨大的社会变迁之中。在经济全球化、科技快速发展和社会变革中,跨界钟摆族的形成、结构、内部关系、外部互动等都在不停地发生改变,这一新兴群体的产生不仅改变了其自身的生产和生活方式,更对大城市边缘乃至都市圈、城市群内部的社会结构演变带来重大影响。结构功能主义为透过群体的变迁了解社会正负两方面的影响提供了视角,正如默顿所言,社会系统中并非所有的部分都发挥着正功能,也会在一定的条件下发挥着潜功能和反功能。跨界钟摆族群体作为社会群体的构成部分,其结构功能变迁产生了如帕森斯所说的适应社会发展需要的同时,也对大城市与中小城市之间的互动,特别是大城市边缘地区产生了或积极或消极的影响。具有双城双向流动特征的跨界钟摆族群体作为空间和文化上的双重移民,其兴起作为一种多主体推动的城市社会变迁过程,将进一步打破存在已久的由行政区划带来的社会隔离的状态,创造出新的城市发展模式和新型社会关系,从而展现出多重的社会效应。

---

① Vago S., *Social Change* (5th Edition), London: Pearson Education, 2003.

第一节 流动中的改变

一 城乡间的过渡群体，促进人口梯度化有序流动

城市的扩张而导致人的流动性[1]，表现在接触和联系频率的增长，流动方向和外观的变化，包括在某个环境中因为人口群落的延续性而生成的氛围，也表现在不同地区地价的差异中。城市把外来因素和本土因素进行吸收和融合的过程，也可以称作"城市的新陈代谢"，流动性就是城市新陈代谢的重要指数。[2] 在中国城市化的进程中，未来移民的社会融入是大城市始终要面临的问题，与之相关的研究举不胜举。其中一个值得关注的现象就是新移民中有许多人虽然实现了在大城市工作，却迫于高房价、高消费等压力难以真正在大城市"扎根"[3]。跨界钟摆族们有很大一部分就是这样的城市移民，他们被迫转向大都市边缘的中小城市居住，参与到中小城市的城市化中。跨界钟摆族的这种迁移实践代表了城市化流动的另一种方式，即不仅局限在向大城市、特大城市的城市化演进，而且应放在更大区域的角度来进行审视。大都市边缘的跨界小镇和跨界社区的兴起事实上提供了介于乡村到城市的"中间状态"，为迈向大城市的城市化提供了一个现实的"跳板"，以梯度化的方式促进人口从乡村向城市、从中小城市向大城市的有序流动，增强大城市作为区域发展中心的集聚效应。人口向大城市的空间集聚促进了城市化的

---

[1] 流动的含义并不只是指运动（movement），同时还指新的刺激，包括刺激在数量和质量上的增加，以及对新刺激反应的倾向。

[2] 帕克、伯吉斯、麦肯奇：《城市社会学》，宋俊岭等译，华夏出版社1987年版，第250页。

[3] 以笔者研究的南京都市圈为例，2013年年底南京城市的商品房平均价格达到了每平方米17057元，而同期的城市居民年人均可支配收入为39881元（资料来源于南京市统计局《2013年南京消费品市场发展简析》），以此计算，即使不考虑贷款利率的因素，一个双职工家庭不吃不喝，购买90平方米的住房仍然需要19.2年。

主要社会功能，即现代化意义上的社会整合功能。① 正如布莱克所说，"从乡村到城市的迁移使相对自主的、地方的、组织化的、职业化的群体变成高度分散化的社会结构……个人与分散化的城市和工业网络的关联却被强化了。"② 中国自改革开放以来经济社会的高速发展与大城市的社会整合密切关联，人口从乡村、从中小城市向大城市的集聚促进了城市的繁荣，也逐渐暴露出了大城市固有的社会问题，并抑制人口向大城市的进一步集聚。大都市边缘的跨界生活提供了一种介于城市和乡村、大城市和中小城市之间的"中间状态"的工作生活模式，也是人口向大城市的流动和定居的低成本的平台，这种格局为城市移民迈向真正的城市生活提供了机会，如果说向城市上层社会流动需要几代人才能完成的话，那么大都市边缘的跨界镇无疑提供了一个停留和喘息的机会，有利于形成"乡村—中小城市—大城市边缘钟摆社区—大城市"连续的新型城乡梯度格局。

二 特殊的卫星城镇，减缓人口向大城市过度集中

城市的现代化不是简单地通过人口规模来评价，而应注重城市发展的品位和质量。在城市发展中，很多传统的观念都是在追求城市规模，努力成为大城市、特大城市，没有充分考虑城市过度增长可能带来的各种大城市病。中国正处于一个快速城市化的阶段，从1978年城市化率的17.8%到2012年城市化率超过50%，成为全世界城市人口最多的国家，中国用30多年的时间走过了西方需要上百年才能走过的城市化历程。③ 然后这种跨越式的城市化发展方式也将人口向城市集聚过程中的问题暴露得更加集中和充分，特别是中国的特大城市、沿海开放城市、

---

① 英格尔斯在《传统人到现代人》中指出的，"城市本身就是一个现代性的学校，处处体现出社会组织中现代性的原则，如秩序、效率和合理性等等"。大城市的环境和文化不仅改变了原本生活在其中的居民，也改变了迁移到其中的外来者，通过现代的秩序和规范使得城市和乡村在人格和角色间的差异降低，从而塑造出具有现代意义的新人格。

② 布莱克：《现代化的动力：一个比较史的研究》，景跃进、张静译，浙江人民出版社1988年版，第112页。

③ 张鸿雁：《中国"非典型现代都市病"的社会病理学研究》，《社会科学》2010年第10期。

省会城市面临着越来越典型的现代都市病,例如城市的交通堵塞、房价偏高、教育不公、城市污染、犯罪增加、底层贫困、自杀率升高等。人口过度集中将给城市带来巨大的就业压力、生态环境压力以及教育医疗等公共服务配套的压力。以官方公布的江苏现代化指标为例,主要劳动年龄人口平均受教育年限目标值 12.2 年以上,劳动力中研发人员数确定目标值为 100 人/万人以上,每千人拥有医生数目标值为 2.3 人以上等[1],城市规模的过度增长将使这些指标难以实现,城市发展内在品质提升困难。伴随着资源越来越向大城市集中,城市人口规模也越来越大,城市管理将不堪重负。通过社会政策来引导人们走出特大城市,避免在特大城市过分集中而带来的各种大城市病,改善地域城乡空间格局已经成为社会各界较为一致的共识。尽管从中央到地方各级政府、相关领域研究机构和学者对现代都市病进行了大量的改革实践、政策实施、城市系统改造和理论研究,但就大城市本身来解决大城市的问题显得越来越困难。大城市边缘钟摆族群体跨城市生活形成的集聚区在很大程度上分散了城市的功能,有利于缓解人口过度集中对中心城市造成的压力。[2] 任何城市都不可能无限制地扩张,在现代社会的法律和制度框架下,强行限制人口向大城市的自由迁移或强行分散又不具有合法性。跨界钟摆族的双城生活是一种自然的从大城市到中小城市的人口流动过程和机制,也许能成为解开大城市困局的有效途径之一。推动同城化建设,促进大城市边缘跨界区域的良性发展,一方面将有助于缓解大城市面临的巨大的人口压力,实现人口在都市圈、城市群范围内的分散;另一方面也为相邻的中小城市发展带来巨大的发展机遇和现实的推动力。"钟摆族"群体的出现有利于促进地区的城市化,来自中心城市的钟摆族的定居和生活,提高了区域的消费需求,促进了商业成熟。人们离开中心城市并不是一种逆城市化,而是在城市的人口和资源的压力下城市

---

[1] 资料来源于《江苏基本实现现代化指标体系(2013 年修订)》。
[2] 从城市空间相关理论来看,分散布局的多中心城市结构是缓解大城市交通的重要途径,其中霍华德的田园城市理论、卫星城理论、有机疏散理论等都可以视为对这种理论的解释和补充。

化的一种新的分布方式。[①] 如果能够在医疗、教育、就业等方面建立引导政策和机制，促进大城市人口有序地、自由地向周边中小城市迁移和流动，围绕中心的大城市形成若干个具有城市结构和功能的准"新城"，在一定程度上发挥"卫星城"的作用，避免大城市人口过度集中而走上"摊大饼"式的无限制扩张的发展道路，对于城市的可持续发展将发挥积极作用。

三 城市文明的载体，推动相对落后地区的现代化进程

在现代社会中，地域性的大城市已经成为国民经济社会、政治、文化、信息、交通、创新的中心，成为现代文明产生的最重要的空间载体。由于区域发展的不平衡，城市和乡村之间、大城市和中小城市之间的对立成为现代化和城市化的必然产物。而钟摆族的跨界流动和大城市边缘跨界区域的崛起已经成为大城市经济、文化、产业、科技以及城市生活方式向中小城市和农村地区传播和扩散的载体，强化了大城市文明的影响力和辐射力，对于传播城市物质和精神文明，缓解和消除城乡对立、大城市和中小城市的矛盾冲突具有重要意义。周晓虹在对"浙江村"的研究中阐释了流动对于农村发展的积极意义，正是流动的方便和频繁才带来了乡村和城市价值观的交流，产生了广泛的社会交往和社会阅历，才出现了如罗杰斯所说的"新的思想从外界进入乡村并在农民之间蔓延"的现象，并最终推动传统农村社会迈向现代化。[②] 受制于土地资源的限制，中国现阶段的城镇化不可能把大量的农村转变为城市，也不能是毫无限制地让人口向大城市集聚。在国家层面上提出了"新型城镇化"的战略，强化了本地城镇化的路径，将大城市的物质和精神文明持续输入乡村和中小城市，改善乡村和中小城市的物质环境基础，促进人们观念和行为方式的城市化，使乡村和中小城市逐步与大城市接轨。这种物质和精神文明的辐射和传播是实现社会整合的重要手段，将促使

---

① 盛蓉、刘士林：《戈特曼城市群理论的荒野精神及其当代阐释》，《江苏行政学院学报》2014 年第 3 期。
② 周晓虹：《流动与城市体验对中国农民现代性的影响——北京"浙江村"与温州一个农村社区的考察》，《社会学研究》1998 年第 5 期。

乡村原有社会结构的解构与重构，传统文化和角色体系的转变。大都市边缘的跨界小镇和跨界社区作为大城市向中小城市和乡村延伸的实体空间，在与地方文明的选择、对比、冲突、改造、适应和融合的过程中，使得传统的乡村和欠发达地区文化系统被逐步融入以大城市为代表的现代主体社会系统中去。① 同城化是发生在中心城市与周边城市之间的社会改革与创新，同城化的障碍就是要突破行政边界的约束，行政区域的阻隔越大，跨城市的难度也就越大。以本书所研究的南京周边的四个跨界镇来说，句容的宝华镇、黄梅镇与南京属于同一个省级行政区域，与跨省的滁州乌衣镇和来安汊河镇相比，跨城市的改变显得更加快速和显而易见。但从另一个角度来说，同城化是基于资源条件和城市功能的差异性和互补性特征基础之上的，这种特征越明显，在同城化中带来的改变和结果就越明显。在同城化背景下跨界生活引导的区域融合中，乡村和中小城市的传统人格与大都市人格相认同，生活方式和文化观念相衔接，空间环境得以提升，促进了大城市以外地区全面走向现代化的进程。跨界钟摆族在双城生活的摆动中凭借着自身的勤劳和智慧，积极地改善自身生活方式的同时，也为现代城市文明的传播做出了积极的贡献。身处大都市边缘的特殊地理特征使得跨界钟摆族们在思维方式、生活观念和对价值判断上更具有独特性，这些都有利于钟摆族塑造出一种新颖的和具有实用主义特征的新型人格。② 似乎当跨界钟摆族们频繁往返于城市之间时，整个社会都显得更具有活力。尽管大都市边缘的钟摆族们并不都是社会精英，但他们中也有行业的先驱者和创新者，也有渴望改善生活的没落的底层群体，有开着私家车享受着美国"郊区式生活"的白领，也有拖着疲惫的身体乘坐跨城公交为理想打拼的创业者，这个群体中同样充满了对新时代、新生活的向往和希望。

---

① 路易斯·沃斯（Louis Wirth）指出，城市通过城乡之间的各种连接点，把城市文化传播到广大的乡村地区。大城市边缘的跨界小镇和跨界社区在某种程度上也可以被看作城乡之间、大城市和中小城市之间的连接点，成为城市物质和精神文明的传播载体。

② 帕克和席美尔都意识到，边际人的边际性不仅仅产生负担，也创造出机遇和财富。对于具有边际人特征的跨界钟摆族来说，多元化的文化背景也使得他们拥有更加开阔的视野、更加宏观和理性的观点。

第二节 同城时代的危机

一 美国式"郊区化蔓延"的潜在危机与过度城镇化的风险

中国大城市边缘跨界钟摆族的集聚和造城运动的开展,是大城市离心分散化的表现形式之一,与20世纪以美国为代表的"郊区化"过程具有一定的相似性,形式上都表现为人口、交通、企业等生产和生活要素向城市外围地带的转移。奥利弗·吉勒姆[1]认为"郊区化"就是城市化的蔓延形式在一个国家或一个区域中的扩散。孙群朗[2]认为郊区化是集中前提下的分散,是城市人口、社会机构、经济活动、文化娱乐等向城市外围的一种离心运动,是工业化和城市化加速发展的产物。其中,"城市蔓延"(Urban Spraw)的概念最早被社会学界接受源于1958年,威廉·怀特[3](William Whyte)认为其是城市郊区飞地式开发的现象。中国大都市边缘的集聚和城镇化都或多或少具有这种"郊区化"和"城市蔓延"的特征,如飞地式开发、城市人口的转移、经济活动的扩散等。这就不得不让我们思考:中国大都市边缘的城镇化与美国的城市蔓延之间的异同?大城市边缘地区的发展是否会导致类似的城市蔓延?当前中国正在经历人类历史上规模最大、速度最快的城市化进程,部分大城市的增长中已经出现了"摊大饼"式的蔓延现象,并导致耕地流失、生态空间被蚕食、土地低效利用等问题,大范围的城市扩散和圈地式的发展,可能会成为阻碍现代化进程的重要因素。美国的郊区化蔓延过程中已经暴露出诸多严重的社会问题,如大城市中心区的衰退和停滞等,其教训作为反面教材值得反思,中国大城市边缘地区的发展如果不加引导而导致城市蔓延将会造成更大的社会危害:(1)过度建设导致对土地资源的占用和严重浪费。与西方国家的郊区化蔓延不同,中国跨

---

[1] 参见奥利弗·吉勒姆《无边的城市——论战城市蔓延》,叶齐茂译,中国建筑工业出版社2007年版。
[2] 参见孙群朗《美国城市郊区化研究》,商务印书馆2005年版。
[3] Whyte W. H., *Urban Sprawl: The Exploding*, New York Doubleday, 1958.

界钟摆族集聚空间地处中国人口密度最高、经济最发达的城市和城市群，土地资源的稀缺性十分典型。大城市边缘地区的城镇化动辄几十甚至上百平方公里的规划，缺乏系统性和严谨的部署和论证，大面积低密度的"郊区住宅"建设占用了大量土地资源，交通和配套设施的相对滞后和大量投资性购房导致这些远离城市的居住社区空置率居高不下，占用了大量经济社会资源和土地空间。(2) 对耕地和生态空间的吞噬。大城市边缘地区原本作为乡村腹地的范围，原本往往是大面积的耕地和林地空间，该区域的过度城镇化发展可能危及耕地资源的保护和区域的生态安全，加上城市边缘地区监督管理力量相对较弱，对生态环境破坏的机会成本更低，如不顾承载能力的粗放式发展可能为城市建设背上沉重的环境包袱，甚至导致生态环境的退化和生态灾难。(3) 增加城市交通的压力，加剧城市的能源消耗。大城市边缘地区的城镇化尽管分散了一部分中心城市的压力，但客观上增加了通勤的实际需求，跨城市生活的钟摆族每天都要奔波在两个城市之间，甚至是郊区和城市中心区，无疑增加了城市总体的交通负荷。通勤的增加无论是通过公共交通系统还是私家车，都意味着更多的能源消耗，这与中国人均能源资源相对匮乏的国情不相吻合，存在引发能源危机的隐患。尽管存在上述各种蔓延的危机，但仍然需要以客观和理性的态度来看待大都市边缘的发展。张鸿雁教授认为，郊区化是城市化的地域结构性进化，也是城市生活方式的延伸，是生产力发展到一定阶段后，人类社会对于城市社会结构发展的一种理性的必然选择。[①] 如果说大城市边缘地区的跨界生活群体的集聚和城镇化是不可避免的趋势，那么如何促进这种社会空间变迁向着良性的方向发展就显得尤为重要。

　　大都市边缘的城市蔓延的危机还不仅限于其本身，更严重的危机恐怕还在于这种蔓延是否能吸引到足够的人口，而不至于沦为无人居住的"鬼城"。在这些跨界新市镇区域里，大量开发的房地产楼盘林立，吸引钟摆族的定居是集聚人气、发展新城的基础。同城化战略的成功将带来地方经济社会的繁荣和更高的社会生产效率，半途而废的同城化将浪费巨大的社会资源，形成城市间的结构性断裂。在这个发展的过程中，

---

① 参见张鸿雁《侵入与接替：城市社会结构变迁新论》，东南大学出版社 2000 年版。

社会群体的普遍参与意义十分重大，同城化的过程中需要倾听来自每一位参与者的声音，让每个成员和主体都能够了解同城化改革可能带来的风险，并形成效益共享、风险共担的社会共识。从具体社会变迁的意义上说，在区域同城化的过程中，政府的职能、企业的规范、公民的参与等各种关系都需要相应的转换。

二 大城市边缘的居住分异和资源分配不均

中国大城市边缘是居住分异最典型的区域，这里既住着最富有的群体，也集聚了相对底层的群体。大城市是全球化过程中的关键节点，受到全球化的影响也最为深刻，美国社会学家沙斯克亚·萨森在《全球城市：纽约、伦敦、东京》中指出受到全球化影响的大城市表现出更加明显的社会和空间极化，人们之间的收入差距也在拉大。[①] 大都市边缘的钟摆族是在全球化背景的影响下产生的，其生活社区的空间分异和社会分化强度也更加剧烈：一方面，全球化使生产和生活可以突破行政边界的束缚，在更大的地理空间上分布，富裕阶层为了追求更加美好和舒适的生活而选择在大城市边缘环境优越的区域居住；另一方面，全球化城市的发展又需要自由流动的人们进入大城市就业以维持城市的运行和发展，却受制于大城市高昂的生活成本不得不选择在大城市边缘居住从而形成典型的"居住分异"。美国城市的"郊区化"尽管也在创造分化和隔离，但其在客观上促进了城市社会中中等收入群体的形成，成为美国社会结构中相对稳定的社会阶层。"二战"后美国郊区的发展吸引了诸多大型企业、高科技行业以及现代服务业，郊区的教育、科研和信息结构的发展也培养了大批高素质的人才，为脑力劳动者创造了大量工作机会，促进了中等收入群体的壮大并成为社会的主体阶层。"以白领为主的第三产业，1940 年吸纳了全国总人口的 1/3 作为劳动力，1970 年这一比例为 3/5。"[②] 当代中国大都市边缘的发展，应注重产业布局、充分就业和资源投入，妥善应对居住差异等社会问题，促进中等收入群体形

---

① Sassen. S., *The Global City: New York, London, Tokyo*, Princeton: Princeton University Press, 2001.

② 参见李庆余、周桂银等《美国现代化道路》，人民出版社 1987 年版。

成的环境和土壤。

城市边缘区域由于特殊的区位特征吸引了多元化、多层次的居住群体在这样的差异性的群体集聚的环境下，空间资源和社会资源的分配和利用的不公平现象已经日益突出，主要表现在以下两个方面：一是本地人和外来者之间的资源分配不公。通常认为区域性的制度分割下，城市社会保障是明显偏向于本地居民的，这是由地方财政分权体制本身所决定的，外来人口在保障的获得上都明显处于不利的地位。[①] 在大都市边缘的特殊区域空间下，社会保障体系通常只针对本地居住群体，那些没有加入居住地户籍的钟摆族显然不能享受相应的公共服务。在公共政策和地方管理方面，尽管跨城市居住的外来群体在人数上占有优势，但并不能够有效参与到地方事务的管理中去。二是优质公共资源的投入不足和分配不均。城市边界地区的社会公共资源本身就是十分有限的，这主要是由于城乡地区差异引起的。政府的财政支出很难做到向这些边缘乡村地区倾斜，优质的教育设施、文化设施、医疗设施、交通设施等往往都是建设在大城市的中心区域以及相邻城市的中心区域，使得边界地区难以获得。此外由于远离城市中心区，对于低收入的弱势群体，跨界交通的长距离出行使他们更加无法享受到这些优质的公共资源。

三　大都市边缘的被动城市化与传统乡村的消亡

大都市边缘的人口集聚和城镇化从根本上来说是外部力量影响的结果，是来自大城市的经济社会生活的延伸，其本身的城镇化缺乏内生性的动力，具有"被动城市化"的特征。在现代化、城市化和区域一体化的大趋势中，地方的文化差异、文化特色以及地方性的特征正面临严峻的挑战。大都市边缘的空间形态和传统的乡土文化往往面临被彻底颠覆的风险。由于缺乏地方文化的保护和创新的意识，大都市边缘的城镇化出现了大量西方元素、现代元素泛滥，导致文化本土化形态丧失和传

---

① 张展新：《从城乡分割到区域分割——城市外来人口研究新视角》，《人口研究》2007年第6期。

统地方文脉的断裂,形成了某种意义上的"合法化危机"[①]和"建设性破坏"(见图8—1)。跨界小镇中原有的特色空间和传统小镇肌理被破坏,具有民族性、地方性的符号被遗忘,传统小镇和乡村历史记忆也在大城市的扩张下荡然无存,留下了永远的遗憾。大都市边缘的被动城市化不仅带来了道路、建筑、景观等物质层面的改变,更对本土的人以及附着文化、习俗、符号等非物质形态产生深刻的影响。同城化作为一种社会事实,其带来影响远不止是跨城市生活的钟摆族群体,更将对大城市边缘地区的本地居民带来改变。城市社会学的一般规律认为,规模越大的城市社会竞争的程度也随之增大。[②] 随着中心城市的规模扩张和同城化的深入,城市边缘地区的人们将直接感受到来自大城市的竞争压力和生活方式的影响。正如格兰特[③]所说,中国的新城市模式是一种坚定不移的现代主义派。这种强势的现代主义介入将给相对落后地区带来典型的全球化与地方性的文化冲突,给相应地区多样性、地方性、独立性的发展带来危机。大城市边缘作为城镇化发展最活跃的地区,文化地方性丧失的问题应该更受到理论界和相关主体的充分重视,探索整体的保护、传承和弘扬的路径和方法。

图8—1 大城市边缘涌现的大量西式风格建筑群

[①] 哈贝马斯:《合法化危机》,刘北成译,桂冠图书股份有限公司2001年版,第4页。
[②] 谢俊贵、刘丽敏:《同城化的社会功能分析及社会规划视点》,《广州大学学报》(社会科学版)2009年第8期。
[③] 参见格兰特《良好社会规划:新城市主义的理论与实践》,叶齐茂、倪晓辉译,中国建筑工业出版社2009年版。

第三节 钟摆生活的曙光

大城市边缘跨城市生活的钟摆族群体是时代的产物,钟摆族们现在面临的困境和问题也是具有特定时代特征的,都将随着时代的变迁而发生改变,现阶段来看问题在将来或许迎刃而解,但新的问题必将涌现。尽管中国与欧美的城市化路径截然不同,但仍然可以通过美国"边缘城市"的发展看到当今钟摆族问题解决的一线曙光。"边缘城市"的概念是由加鲁(Garreau)[①]于1991年在其巨著《边缘城市》中提出来的,在社会各界引发强烈反响。边缘城市代表了20世纪美国城市发展的"第三次浪潮"[②],是人口、商业及就业等多种因素综合作用的结果,也是美国郊区化发展的趋势和方向,即在扩散中又有相对集聚,城市结构由单中心向多中心转变。[③]虽然我国的城市化进程还远未达到"边缘城市"这一步,但是大城市发展新时代的来临,却是带有全球普遍趋势的。[④]当集聚成为城镇化的重要趋势,钟摆族社区所处的城市边界也面临巨大的发展机遇,跨界新市镇也可能从居住中心演变成商业中心、就业中心,实现边缘城市的崛起。

一 本地就业:产城融合与充分就业机制的实现

产业空心化、就业机制缺乏是导致大城市边缘各种社会问题的重要因素,也是钟摆危机的根本原因之一。从社会空间的角度来看,城市与产业的割裂忽略了"产"与"城"的相互关系,把空间仅仅作为追求经济利益的工具或满足个体基本生存的空间,弱化了空间与社会的关

[①] Joel Garreau 为《华盛顿邮报》(*Washington Post*)记者,代表作《边缘城市》。

[②] 20世纪50—60年代,是美国人口居住郊区化的"第一次浪潮"。70年代以后,是人口居住郊区化的"第二次浪潮"以超级市场为代表的商业郊区化。"第三次浪潮"则是就业岗位的全面郊区化。

[③] 孙一飞、马润潮:《边缘城市:美国城市发展的新趋势》,《国际城市规划》2009年增刊。

[④] 吴晓、马红杰:《"边缘城市"的形成和形态初探》,《华中建筑》2000年第4期。

联，破坏了空间的生产力。列斐伏尔指出，空间是社会性的，它涉及再生产的社会关系，也牵涉到生产关系，即劳动及其组织的社会关系。[①]近年来，大城市边缘崛起大量的跨界小镇，它们在城市群发展中起着起承转合的作用，对缓解大城市人口、产业过度集聚和环境污染等问题发挥着积极作用。然而普遍存在的房地产开发主导，公共事业和公共服务缺失，以及产业布局滞后等因素是造成职住分离比扩大，并促进人口"钟摆式流动"和加剧城市交通"潮汐化"的重要原因。大城市边缘地区建设中往往只注重自身配套功能的实现，即使布局一定的产业类型也普遍存在从属功能和产业层次定位偏低的问题，产业类型也多为初级的商贸流通、初级产品加工等劳动密集型产业，与跨界钟摆族的就业需求存在结构性偏差，产城互动不足，不能满足其就业需求。就业机会的缺失使得这些跨界钟摆族难以真正安定下来，遇到更加合适的就业他们就会选择离开。而中国现行的开发管理模式是典型的"谁开发、谁配套"的运作模式，大城市边缘大量以房地产开发商为主体的开发必然导致对产业布局的"短视"，与传统房地产开发相比，产业布局投入大、投资回报期长，房地产企业主体没有能力也没有动机来深入考虑个体就业的问题。同时，就业机制的缺失阻碍了用地功能的集约化和多样化，使得大都市边缘的可持续发展失去了动力引擎而沦为"城市孤岛"。

产城融合和充分就业机制的实现是促进跨界钟摆族扎根、实现大城市边缘经济社会发展和现代化的必由之路。避免大城市过度扩张、发展中小城镇已经成为学界和相关管理部门的基本共识，但在具体实现的路径上，许多地方政府对城镇化的理解还停留在"土地城镇化"的层面，依靠"拆村并点"以及房地产拉动的方式进行各种类型的"圈地运动""造城运动"。大都市边缘的城镇化同样存在这些方面的问题，缺乏就业机制不仅无法留住外来人口，也使得本地拆迁农民难以转变生产生活方式，出现"伪市民化"的现象。产城融合就是要实现城镇和产业的协同发展和充分互动，通过长产业链的引入解决移民定居和农民就业的问题。实现本地就业是终结跨城市钟摆生活、解除远距离的职住分离之痛的重要方式之一。Garreau 在《边缘城市》中对"边缘城市"提出了

[①] 参见亨利·列斐伏尔《现代性与空间的生产》，王志弘译，上海教育出版社2003年版。

五条功能性标准：（1）拥有超过五百万平方英尺（约合464500平方米）的可租用办公面积；（2）拥有超过六十万平方英尺（约合56000平方米）的可商业面积；（3）提供就业岗位的数量要超过卧室的数量；（4）成为人们共同认知的特定区域；（5）与三十年前的景观大不相同①。在上述五条标准中，Garreau认为最重要的是第一条，即拥有超过五百万平方英尺的办公面积，即以充分就业为核心，集聚越来越多的产业。尽管产业空间的介入并不能彻底实现钟摆族群体的职住分离，但毕竟可以让这些城市边界上的跨界市镇摆脱"卧城"的困局。令人欣慰的是，中国各地正在推进国家层面新型城镇化的战略中，"产城融合"②的发展方向正变得越来越明晰，"以产促城、以城兴产、产城融合"正逐步成为地方政府在制定规划时的重要思考维度。

二 交通改善：新城际跨界交通方式的涌现

跨城市生活的钟摆族是现代交通方式变革的结果，其带来的职住分离、通勤时间过长等问题还需从交通方式本身来加以解决。交通的发展是导致城市空间重构的重要力量，在对美国郊区化的研究中发现，从20世纪50年代到90年代，美国大都市区总人口增加幅度达到了72%，但大都市区的中心城市人口却反而下降了17%，其中以州级公路建设为代表的新交通方式的涌现被认为是郊区人口增加的重要原因。③ 在国内的北京、上海、广州以及诸多省会城市、经济发达城市周边出现的郊区化和跨城市生活方式使得居住和工作空间不断延展，导致中心城区到郊区、大城市到相邻中小城市之间产生大量钟摆式的通勤交通，加剧了

---

① Joel. G., *Edge City: Life on the New Frontier*, New York: Doubleday, 1991.
② 产城融合是指产业和城市融合发展。20世纪70年代的《马丘比丘宪章》就明确提出，城市里的居住和生活地点的混合，专门的住宅区要与商业区结合，同时要在一个区域内尽量实现职住平衡，即科学地保持居住和工作的均衡布局。产城融合要求在城镇地域空间内考虑承载产业空间，发展产业经济，通过产业的发展驱动城市就业、城市景观更新和公用配套服务的提升，实现区域的均衡的有活力的发展。
③ Baum-Snow N., "Did Highways Cause Suburbanization", *Quarterly Journal of Economics*, Vol. 122, No. 2, 2007.

城市交通问题的复杂性和严重性。[1] 雅典宪章指出，城市的四大类活动是居住、工作、游憩和交通。其中工作和居住是城市人最重要的活动，工作和居住空间上的分离是导致城市交通最主要的原因。居住与就业的空间关系是居民选址及其相互作用的结果[2]，家庭中的个体在选择居住区位时往往在工资收入、土地成本和通勤成本之间进行充分的权衡，以追求效用的最大化。长时间的交通通勤是跨界钟摆族面临的最重要的问题之一，从宏观上决定了大城市边缘地区的发展能否可持续，从微观上直接关系到钟摆族个体对于未来是否迁居的决策和选择。在跨城市生活的选择中，对大城市边缘地区未来交通模式的预期至关重要，当同城化的发展和城际交通按照设想的预期顺利推进，真正实现了跨城市生活与同城生活一样便利时，将会吸引越来越多的人加入跨城市生活中来，跨界钟摆族们也将具备真正在大城市边缘扎根的物质基础。如果交通方式的改进与预期发生偏离，跨城市通勤难的问题长时间得不到有效解决，将阻碍大城市和相邻中小城市同城化的进程，更容易导致跨界钟摆族们再次拔根，加大大城市边缘城镇发展出现泡沫化的风险。"家门口快速线最早说2012年底就要通车的，现在都已经2014年底了，估计明年也不一定通车。城际铁路就更不要指望了，规划都讲得好得很，根本不能信的……我已经在城里看房子了，实在受不了每天天不亮起床，天黑了才能到家的生活，我们还是要工作的，住得方便最重要。"（HM-010，句容黄梅镇受访者）从本书研究的南京都市圈四大跨界社区来看，跨城市交通仍没有达到快捷便利的程度，跨界钟摆族们每天需要花费大量的时间在职住通勤上，大城市边缘商品性社区的入住率过低等现象依然普遍存在，亟须跨城市交通基础设施按计划有序推进[3]，以促进区域的良

---

[1] 陈团生：《通勤者出行行为特征与分析方法研究》，博士学位论文，北京交通大学，2007年。

[2] Anas A. R., Arnott K. A., "Urban Spatial Structure", *Journal of Economic Literature*, Vol. 36, No. 3, 1998.

[3] 目前，笔者研究的四大跨界镇均有大量城际交通建设，例如来安汊河镇有滁宁城际轨道交通（南京地铁S4号线），句容宝华镇有宁扬城际铁路，句容黄梅镇有宁句（南京地铁S6号线），等等。这些大型交通基础设施建设将极大促进同城化的进程，进一步壮大跨界钟摆族群体的规模。

性、可持续发展。

三 模式变革：网络社会下弹性工作模式的普及

网络社会中工作模式的创新，在线办公、弹性工作、在咖啡馆工作、游牧式工作等新模式也成为弹性工作者解决职住分离、摆脱钟摆生活的另一种选择。网络社会下技术创新深刻地改变了许多行业的工作性质和生产的组织方式，并导致工作模式的转变，形成所谓的劳动的个性化（Individualization），出现了越来越多的弹性工作者（flex-timer）。在全世界范围内，脱离传统受薪企业空间的劳动者在大多数国家里都有明显的增加，这种发展趋势在20世纪90年代晚期开始加速发展。[1] 在传统社会的工作模式中，由于生产资料并不掌握在劳动者的手中，并受到来自社会发展条件的制约，生产者的工作方式选择的自由度很低。网络社会的来临，使得这种情况发生巨大的转变，通过互联网等技术手段使得社会生产实现分散化管理和个别化工作，从而导致工作的区隔化（Segmentation）和社会的片断化（Fragmentation）[2]，促进劳动方式向着更加自由的方向发展成为一种趋势。传统工业社会中的"工作"的概念也在发生改变，休闲、消费成为推动经济发展的重要力量，人的个性化发展越来越受到普遍尊重。哈拉尔在《新资本主义》一书中就指出，新的信息技术发展使各种机构成为分散的集合体，信息成为社会结合的"看不见的纽带"，技术革命将提供更多的知识，增强我们的意识，造就全新的人，并提供推动社会的进化力量。[3] 网络社会的信息化让分散在世界各地的工作任务，在即时互动的网络社会环境下协调整合，从而使生产的过程完全脱离于空间的束缚。网络正在逐步将虚拟和现实结合起来，使得更多的生产不一定以"到场"的方式来实现，这些新技术的不断普及和应用、新工作模式的涌现对于解决钟摆族职住分离的困境而言，是一种顺应社会发展趋势的解决方案。对于跨界钟摆族来说，网

---

[1] Carnoy Martin, *Sustaining the New Economy: Work, Family and Community in the Information Age*, First Harvard University Press, 2002, pp. 105 – 112.

[2] 参见曼纽尔·卡斯特《网络社会：跨文化的视角》，周凯译，社会科学文献出版社2009年版。

[3] 参见哈拉尔《新资本主义》，冯韵文、黄育馥译，社会科学文献出版社1999年版。

络社会带来的工作模式的创新使他们不必要忍受舟车劳顿，大都市边缘的优势就显得更加突出，钟摆式的生活也将被一种更加自由的新工作方式所取代。

结语

在理想和现实之间

对于大都市边缘城镇化和跨城市生活群体的研究始终充满了"从理想到现实"的矛盾：在理想中，跨界钟摆族们开着私家车往来于城市之间，呼吸着郊区的空气又享受着大城市的发展机遇，在现实中，跨城市生活不仅带来了通勤时间过长、生活成本加重、社会交往萎缩等一系列问题，更给其他家庭成员带来了伤害；在理想中，政府可以借助同城化的趋势和利好实现"跨界小镇"的跨越式发展，打造城镇化的新型样板，而在现实中，在大城市边缘这个特定的空间中仍存在居住分异、群体排斥等乱象，成为经济社会矛盾集中的焦点区域；在理想中，开发商可以利用大城市和中小城市的土地级差赚取高额利润，在现实中，大规模的造城运动中，"高空置率、低去化率"的风险始终存在，"鬼城"成为投资的梦魇；在理想中，本地居民希望通过城镇的发展获得生活质量的提升，在现实中，"强制拆迁、被迫上楼"抹去了传统乡村的记忆，更使他们成为新的社会空间中被排斥的对象。总的来说，理想很丰满，现实很骨感，跨城市的双城生活方式看上去时尚且前卫，充满了理想主义的色彩，但在光鲜的外表之下也隐藏着无数的辛酸和无奈。从社会变迁的视角来看，本书通过对跨界钟摆族群体特质、形成动因、群体互动、文化认同、社会交往以及大城市边缘社会空间演变的研究，归纳出以下几方面的主要结论。

一 分散与集中：欧美郊区化过程中产生的跨城市生活群体反映了从城市到乡村的分散过程，而中国钟摆族的产生和发展反映了人口城市化的集中趋势

跨城市生活群体是全世界普遍存在的社会群体和社会现象，中国与欧美在政治体制、社会制度、经济发展水平和文化传统等诸多方面存在巨大的异质性，其中群体发生背景和阶段的差异使得两者反映了截然不同的社会变迁过程：欧美郊区化过程中产生的跨城市生活群体更多地反映了从城市到乡村的分散，带有后工业社会下某种逆城市化的色彩。第三次工业革命引发的现代通信技术、交通通勤技术的飞速发展，使得全球范围内的生产和生活可以轻易地突破区域空间的束缚，科学技术因素成为推动社会结构变迁的重要因素和推动力量。现代交通方式的涌现特别是跨城市快速交通系统的建设为跨城市生活提供了物质基础，成为跨界钟摆族产生的直接动因。现代化的区域交通带来的远不止是交通可达性的提高和通勤时间的降低，现代通信技术的发展更降低了人们对于跨城市心理距离的认知。网络通信改变了传统工作模式，家庭办公、SOHO办公等新兴工作模式使人们可以摆脱地理空间的束缚，城市生活的要素在更大的空间范围内实现分散，由此引发城市社会的结构性改变。正如哈维所说，如今世界的时间和空间都被大大地压缩了，距离变得不是那么的重要。城市的发展不再局限于特定的地理空间和行政边界的限制，经济、社会、文化、生活等要素流动性的增加使得区域一体化成为城市发展的必然趋势。中国大都市边缘的跨界钟摆族是在快速城市背景下产生的，而不是城市化高度成熟背景下的结果，这是中国与欧美钟摆族群体的发展背景中最根本性的差异。中国大都市边缘的跨界钟摆族群体中包含了大量希望进入大城市或正在进入大城市的人群，仍然反映了人口向大城市集中的趋势，是传统乡村社会向城市社会的跨越式变迁的另一种形式的表现。钟摆族这种形成背景的差异也导致钟摆族群体在群体特征、生存状态、分布规律、社会功能上都具有截然不同的特征，欧美跨城市群体的社会管理经验并不能照搬过来用以解决当代中国跨界钟摆族的问题。

二　拔根与扎根：跨界钟摆族的跨城决策过程既是个体主观上选择、交换和权衡的结果，又受到来自参照群体的影响

跨界钟摆族是现代城市社会快速变迁中典型的"无根性"群体，他们离开原本生活的城市、离开家乡、离开熟悉的生活环境，选择跨城市的生活方式实质上可以理解为一种介于坚守大城市和回归小城市的"中间道路"。中国城乡二元结构下的地域空间发展不平衡，城乡差距、

大城市和周边中小城市的差距逐步拉大，在大城市和相邻中小城市"推拉"作用的相互博弈下，人们一方面受到大城市高房价、高物价和快节奏生活的压力，产生"游离大城市"的冲动；另一方面大城市所提供的高就业机会、相对公平的制度、优质的公共资源和文化环境又使他们离不开大城市，跨城市工作生活成为一种现实可行的第三类选择。个体在拔根迈向跨城市生活的决策中一方面具有理性逻辑，包括选择逻辑和交换逻辑，不仅仅追求就业地点的可达性，还需要各类商业设施、服务设施和公共设施，例如学校、医院、商场、绿地、博物馆等。这些设施与就业空间分布的差异性和不均衡性使得个体不得不在其中进行比较和权衡，以实现个体或家庭综合效用最大化为目标进行决策。另一方面也有非理性逻辑，个体往往在选择中受到参照群体的影响，而忽视自身价值观的合理性，并改变自身虚构的价值标准，导致价值观的裹挟和行动上的"盲从"。在跨界钟摆族从拔根到扎根的过程中，大城市边缘较低的置业门槛成为关键性的因素，银行、贷款中介和开发商擦边球式的操作又进一步降低了这个门槛。但大城市边缘跨界钟摆族"扎根不牢"是普遍存在的现象，能否真正"扎根"不仅仅取决于物质层面能否实现城市生活方式的重构，身在城市边缘也同样能够维持着大城市的生活方式，更需要在精神层面通过地方文化的再造以重建有机团结，在新的社会空间中重构地方文化和地点精神，形成文化的归属感和社会整合的机制。

三 侵入与接替：大城市边缘社会空间变迁是典型的侵入与接替的过程，在大城市被边缘化的钟摆族侵入跨界小镇，又导致本地居民被进一步边缘化

跨城市生活的钟摆族群体在大都市边缘的集聚带来了社会空间的变迁，在跨界小镇的特定空间中，本地居民被动搬迁集中居住，外来者逐步占据空间，并代替原有的居民，成为社会活动的主体，这个过程构成了一个典型的侵入与接替的过程。大城市人口的集聚和空间向外"摊大饼"式的蔓延使其具备了向外扩张的内生动力，中小城市的发展诉求使其迫切需要人口和产业的转移，更倾向于同相邻的大城市形成相互依赖、互惠互利的"共生关系"，使其具备了某种"可入侵性"特征。大城市与相邻中小城市的空间互动使边缘跨界地区形成典型的"边缘效应"，客观上为跨界钟摆族群体在大都市边缘的集聚创造了条件。钟摆族作为在大城市中被边缘化的群体，他们"侵入"大都市边缘的跨界小镇，客观上又使得本地居民被进一步边缘化。在整个侵入与接替的社会变迁中包括了空间、人口、产业、文化上的全面接替：传统乡村肌理彻底被破坏和解体，城市网格化空间形成，外来人口占据绝大部分的镇域空间，本地居民的生存空间被压缩，并带来本地居民的分化；人口规模上，外来人口占据绝对优势，本地居民成为新城的边缘群体；产业上，传统自然经济消失，房地产及其相关产业迅速崛起，造成了产业的单一与畸形；文化上，传统地方文化和生活方式在信息的交流、人口的流动、经济的循环发展中日渐式微，文化地方性的丧失正在变成一种不可逆转的既成事实，传统乡村的集体记忆面临消失的风险。大都市边缘的接替过程逐步展开后，社会空间的碎片化、居住分异的特征便逐步显现出来，对大都市边缘的社会管理提出了新的挑战。

四 地缘与业缘：跨城市的生活方式导致钟摆族面临认同危机和社交危机，相对隔离的社区空间中形成了"业缘关系弱化、地缘关系补偿"的特殊现象

　　大城市边缘相对孤立的地域环境、生存环境的改变、参照群体的替换等都在潜移默化地改变着跨城市生活的钟摆族群体的行为准则、认知模式、生活期望，使得跨界钟摆族表现出认同危机，呈现出典型的"分裂性""双重性"和"不确定性"的特征，主要表现为地理迁移带来的地域认同、群体分化带来的地位认同和城乡差异带来的身份认同等多方面的认同危机。在跨界钟摆族生存的大都市边缘的区域空间中，社会关系主要表现为外来群体内部的关系、外来群体和本地群体之间的关系以及本地群体内部的关系，不同群体的利益诉求在这里碰撞，"解构"着传统社会关系的同时，也在"重构"新的社区秩序和伦理。大都市边缘的钟摆社区成为一个"准现代社区"，其本身是大城市现代社区的复制，但受到城市边缘性特征的影响而丧失了部分现代特质。在城市传统的封闭式社区中以业缘关系为主体的社交圈由于远离大城市进而受到距离的影响被弱化，原有的地缘关系、亲缘关系和业缘关系被割裂和阻碍，人们的社交需求又通过群体的、社区内部的、带有地缘色彩的社会交往关系进行了补偿性重构,跨界社区中的钟摆族以网络为平台、以活动为载体的新型邻里互动频繁,但这种现象也仅限于同一社区的同质性群体之间。与本地群体的互动中更多地表现出排斥的现象,使得钟摆族的社交网络进一步边缘化,传统的社会交往关系难以维系,新的社会交往关系难以建立,使得跨界钟摆族不仅成为地理空间上的边际人,也成为社会心理和文化认同上的边际人。

五 传统与现代:跨界钟摆族是推动大城市边缘社会变迁的重要力量,既对城市化和城市现代化做出积极贡献,又在发展中隐含着社会危机

在经济全球化、科技快速发展和社会变革中,跨界钟摆族的形成、结构、内部关系、外部互动等都在不停地发生改变,这一新兴群体的产生不仅仅改变了其自身的生产和生活方式,更对大城市边缘乃至都市圈、城市群内部的社会结构演变带来重大影响:一方面跨界钟摆族的产生对城市化和城市现代化做出了积极贡献。"钟摆族"的出现打破了城市之间的界限,拓宽了个人生活中的时间和空间,人们就业、置业、生活方式等观念也发生了新的变化。城乡的一体化让越来越多的人开始突破城乡界限,缓解了住房、医院、学校等多方面的压力,也降低了生活成本,交通的便利让人们感受到了城际间的"零距离"。他们是跨文化的拓荒者,他们不拘泥于传统观念的束缚,不避讳人们不解和疑惑的眼光,不畏惧陌生文化环境可能带来的不适,突破实际上并不存在的所谓城市的边界,在更大的尺度下去规划自己的生存方式和生活方式。这个新兴群体的兴起作为一种多主体推动的城市社会变迁过程,将进一步打破存在已久的由行政区划带来的隔离状态,创造出新的城市发展模式和新型社会关系。具有"移民"特征的钟摆族将成为打破城乡对立、缓解大城市都市病、传播城市文明和推动城市化发展的重要力量。另一方面钟摆族推动的城市边缘的变迁中又隐含着大量社会危机。中国大城市边缘跨界钟摆族的集聚和造城运动的开展,也是大城市空间离心化的表现形式之一,同样隐含着欧美国家郊区蔓延的风险。当前中国正在经历人类历史上规模最大、速度最快的城市化进程,大都市边缘的社会发展需要政府、企业、学界乃至全社会的共同关注和参与,对钟摆族的问题研究不能采取"堵"的思路，避免和压缩钟摆族群体的产生条件和空间，而是需要形成"疏"的机制，从源头上寻求解决问题的思路和路径。

跨界钟摆族不仅仅是生活在大城市与小城市之间、工作地与生活地之间，他们也是乡村与城市之间、理想与现实之间、传统与现代之间的多重维度的钟摆族。对新兴社会群体"钟摆族"的研究才刚刚开始，钟摆族群体是正在发展壮大中的群体，在可以预见的未来，仍将有越来越多的人放弃在单一城市的生活，进入跨界钟摆族群体的行列，对该群体的关注和研究也将越来越成为焦点和热点，未来对钟摆族的研究任重而道远。

参考文献

英文参考文献

Abrams D., Hogg M. A., "Comments on the Motibational Statue of Self – esteem in Social Identity and Intergroup Discrimination", *European Journal of Social Psychology*, Vol. 18, 1988.

Alfred S., *General Theory of Population*, New York: Basic Books, 1966.

Alonso W., *Location and Land Use*, Cambridge: Harvard University Press, 1964.

Anas A. R., Arnott K. A., "Urban Spatial Structure", *Journal of Economic Literature*, Vol. 36, No. 3, 1998.

Appadurai A., "Global Ethnoscapes: Notesand Queries for a Transnational Anthropology", In Fox R. G., *Recapturing Anthropology: Working in the Present*, Santa Fe: School of American Research Press, 1991.

Bauman Z., *Globalization: The Human Consequence*, Polity Press, 1998.

Baum-Snow N., "Did Highways Cause Suburbanization", *Quarterly Journal of Economics*, Vol. 122, No. 2, 2007.

Blau P. M., "Social Mobility and Interpersonal Relations", *American Sociological Revie*, Vol. 21, No. 3, 1956.

Bloom William, Personal Identity, *National Identity and International Relations*, Cambridge: Cambridge University Press, 1990.

Bogue D. J., *Principles of Demography*, New York: John Wiley and Sons Inc, 1969.

Bogue D. J., *The Study of Population: An Inventory Appraisal*, Chicago: University of Chicago Press, 1959.

Bowman J. L., Ben-Akiva M. E., "Activity-based Disaggregates Travel Demand Model System with Activity Schedules", *Transportation Research Part A: Policy and Practice*, Vol. 35, 2001.

Breton Raymond, Maurice Pinard, "Group Formation Among Immigrants: Criteria and Processes", *The Canadian Journal of Economics and Political Science*, Vol. 26, No. 3, 1960.

Brown R., "Social Identity Theory: Past Achievements, Current Problems and Future Challenges", *European Journal of Social Psychology*, Vol. 30, No. 6, 2000.

Burawoy M., "American Sociological Association Presidential Address: For Public Sociology", *The British Journal of Sociology*, Vol. 56, No. 2, 2005.

Byrne David, *Social Exclusion*, Open University Press, 1999.

Carnoy M., *Sustaining the New Economy: Work, Family and Community in the Information Age*, Harvard University Press, 2002.

Castells M., *The Information City: Information Technology, Economic Restructuring, and the Urban-regional Process*, Oxford: Basil Blackwell, 1989.

Castells M., *The Rise of the Network Society*, Cambridge, MA: Blackwell Publishers, 1996.

Castles S., Miller M. J., *The Age of Migration: International Population Movements in the Modern World*, New York: The Guilford Press, 1993.

Clark, Onaka J. L., "Life Cycle and Housing Adjustment as Explanation of Residential Mobility", *Urban Studies*, Vol. 20, 1983.

Cooke P., Morgen K., "The Network Paradigm: New Departures in Corporate and Regional Development", *Society and Space*, Vol. 11, No. 5, 1991.

Daly H. E., Farley J. C., *Ecological Economics: Principles and Applications*, Washington DC: Island Press, 2004.

Daniel Lernen, *The Passing of Traditional Society, Modernizing the Middle East*, New York, 1958.

Dear J., Wolch M., *The Power of Geography, How Territory Shape Social*

Life, London: Unwin Hyman Publish Press, 1983.

Duany A., Plater-Zyberk E., Speck J., *Suburban Nation: The Rise of Sprawl and the Decline of the American Dream*, North Point Press, 2010.

Elias N., Scotson John L., *The Established and Outsiders: A Sociological Enquiry into Community Problems*, London: F Cass, 1965.

Feng J., Zhou Y. X., "Suburbanization and the Changes of Urban Internal Spatial Structure in Hangzhou, China", *Urban Geography*, Vol. 26, No. 2, 2005.

Gottmann J., "Megalopolis or the Urbanization of the Northeastern Seaboard", *Economic Geography*, Vol. 7, 1957.

Harvey D., "From Managerialism to Entrepreneurialism: The Transformation of Governance in Late Capitalism", *Geografiska Annaler*, Vol. 71, No. 1, 1989.

Harvey D., *Spaces of Hope*, Berkley: University of California Press, 2000.

Harvey D., *The Condition of Postmadernity*, Oxford: Blackwell, 1990.

Harvey D., *The Urban Experience*, Oxford & Cambridge: Blackwell Publishers, 1989.

Hindson D. C., "Orderly Urbanization and Influx Control: From Territorial Apartheid to Regional Spacial Ordering in South Africa", *Cahiers d Études Africaines*, Vol. 25, 1985.

Jackman M. R., Jackman R. W., "An Interpretation of the Relation Between Objective and Subjective Social Status", *American Sociological Review*, Vol. 38, 1973.

Joel G., *Edge City: Life on the New Frontier*, New York: Doubleday, 1991.

John Salt, "Switzerland: From Migrant Rotation to Migrant Communities", *Geography*, Vol. 2, 1985.

Kandel D. B., "Status Homophily, Social Context, and Participation in Psychotherapy", *The American Journal of Sociology*, Vol. 71, No. 6, 1966.

Kenneth T. J., *Crabgrass Frontier: The Suburbanization of the United States*,

New York: Oxford University Press, 1985.

Kent P. S., "Models of Neighborhood Change", *Annual Review of Sociology*, Vol. 9, No. 1, 1983.

Knaap G., Talen E., "New Urbanism and Smart Growth: A Few Words from the Academy", *International Regional Science Review*, Vol. 28, No. 2, 2005.

Komei Sasaki, Tadahiro Ohashi, Asao Ando, "High-speed Rail Transit Impact on Regional Systems: Does the Shinkansen Contribute to Dispersion?", *The Annals of Regional Science*, Vol. 31, No. 1, 1997.

Lantolf J. P., Thorne S. L., *Socio-cultural Theory and the Genesis of Second Language Development*, Oxford: Oxford University Press, 2006.

Le Corbusier, *The Radiant City*, London: Faber and Faber, 1967.

Lee E. S., "A Theory of Migration", *Demography*, Vol. 3, 1966.

Lefebvre H., *The Production of Space*, Oxford: Blackwell, 1991.

Lefebvre H., *The Survival of Capitalism: Reproduction of the Relations of Production*, New York: St, Martin's Press, 1976.

Levine J., "Rethinking Accessibility and Jobs-housing Balance", *Journal of the American Planning Association*, Vol. 64, No. 2, 1998.

Line T., Chatterjee K., Lynos J., "The Travel Behavior Intentions of Young People in the Context of Climate Change", *Journal of Transport Geography*, Vol. 18, No. 2, 2010.

Logan J., Molotch H., *Urban Fortunes: The Political Economy of Place*, Berkeley: UC Press, 1987.

Marx J. H., Spray S. L., "Psychotherapeutic 'Birds of a Feather': Social-Class Status and Religio-Cultural Value Homophily in the Mental Health Field", *Journal of Health and Social Behavior*, Vol. 13, No. 4, 1972.

Massey D., "Power-geometry and a Progressive Sense of Place", In Bird J., Curtis B., Putnam T., Robertson G., *Mapping the Futures*, London: Routledge, 1993.

Massey D. S., "The Age of Extremes: Concentrated Affluence and Poverty in the Twenty-Frist Century", *Demography*, Vol. 4, No. 33, 1996.

Mead G. H. , *Mind self and Society*, Chicago: Chicago University Press, 1934.

Michel De Certeau, *The Practice of Everyday Life*, University of California Press, 1984.

Miles I. , *Home Informatics: Information Technology and the Transformation of Everyday Life*, London: Pinter, 1988.

Miller M. , Lynn S. , James M. , Cook, "Birds of a Feather: Homophily in Social Networks", *Annual Review of Sociology*, Vol. 27, 2001.

Mills E. S. , McDonald J. F. , *Sources of Metropolitan Growth*, Rutgers University Press, 1992.

Mills E. S. , Price R. , "Metropolitan Suburbanization and Central City Problems", *Journal of Urban Economics*, Vol. 15, No. 1, 1984.

Mollenkopf J. H. , Castell M. , *Dual City: Restructuring New York*, Russell Sage Foundation, 1991.

Molotch H. , "The City as a Growth Machine: Toward a Political Economy of Place", *American Journal of Sociology*, Vol. 8, No. 2, 1976.

Moscovici S. , *The Phenomenon of Social Representations*, London: Cambridge University Press, 1984.

Muzafer S. , Carolyn S. , *Groups in Harmony and Tension: An Introduction of Studies on Intergroup Relation*, New York: Harper & Row, 1953.

Newman P. , "Changing Patterns of Regional Governance in the EU", *Urban Study*, Vol. 37, No. 5 – 6, 2000.

Orum A. , Chen X. M. , *The World of Cities: Places in Comparative and Historical Perspective*, Blackwell Publishers, 2002.

Park R. E. , *Race and Culture*, New York: Fress Press, 1950.

Passi A. , "Region and Place: Regional Identity in Question", *Progress in Human Geography*, Vol. 27, No. 4, 2003.

Ravenstein E. G. , *The Laws of Migration*, J, Stat, Soc, 1885.

Robert F. , *Bourgeois Utopias*, New York: Basic Books, 1987.

Russwurm L. H. , "Urban Fringe and Urban Shadow", *Urban Problems*, 1975.

Sassen S., *The Global City: New York, London, Tokyo*, Princeton: Princeton University Press, 2001.

Scott W., Scott R., "Some Predictors of Migrant Adaptation Available at Selection Time", *Australian Psychologists*, Vol. 3, 1985.

Stark O., Bloom D. E., "The New Economics of Labor Migration", *The American Economic Review*, Vol. 75, No. 2, 1985.

Transport for London, *Travel in London: Report* 3, Transport for London, 2010.

Ufkes E. G., "Urban District Identity as a Common Ingroup Identity: The Different Role of Ingroup Prototypicality for Minority and Majority Groups", *European Journal of Social Psychology*, Vol. 45, No. 6, 2012.

Vaddepalli S., *An Analysis of Characteristics of Long and Short Commuters in the United States*, University of South Florida, 2004.

Vago S., *Social Change (5th Edition)*, London: Pearson Education, 2003.

Warner W. L., "The Family and Principles of Kinship Structure in Australia", *American Sociological Review*, Vol. 2, No. 1, 1937.

Whyte W. H., *Urban Sprawl: The Exploding*, New York Doubleday, 1958.

Wollebak D., Lundasen S. W., Tragaardh L., "Three Forms of Interpersonal Trust: Evidence from Swedish Municipalities", *Scandinavian Political Studies*, Vol. 35, No. 4, 2012.

Zhou Y. X., Ma L. J. C., "Economic Restructuring and Suburbanization in China", *Urban Geography*, Vol. 21, No. 3, 2000.

中文参考文献

陈向明：《质的研究方法与社会科学研究》，教育科学出版社2000年版。

程继隆：《开放催生"双城记"》，山东大学出版社2009年版。

丁成日：《城市空间规划——理论、方法与实践》，高等教育出版社2007年版。

费孝通：《江村经济》，上海世纪出版社2007年版。

风笑天：《社会学研究方法》，中国人民大学出版社2001年版。
风笑天：《现代社会调查方法》，华中科技大学出版社2009年版。
高燕：《社会研究方法》（第一版），中国人民大学出版社2002年版。
国家行政学院国际合作交流部编：《西方国家行政改革述评》，国家行政学院出版社2000年版。
黄宗智：《长江三角洲小农家庭与乡村发展》，中华书局2006年版。
句容县地方志编纂委员会：《句容县志》，江苏人民出版社1994年版。
李竞能：《现代西方人口理论》，复旦大学出版社2004年版。
李强：《农民工与中国社会分层》，社会科学文献出版社2004年版。
李强：《中国社会分层结构的新变化》，载中国社会科学院社会学研究所编制《2002年：中国社会形势分析与预测》，社会科学文献出版社2002年版。
李庆余、周桂银等：《美国现代化道路》，人民出版社1987年版。
李耀新：《长江地区产业经济与可持续发展》，武汉出版社1999年版。
李友梅、肖瑛、黄晓春等：《社会认同：一种结构视野的分析》，上海人民出版社2007年版。
刘怀玉：《现代性的平庸与神奇》，中央编译出版社2006年版。
刘开明：《边缘人》，新华出版社2003年版。
刘先觉：《密斯·凡·德·罗》，中国建筑工业出版社1992年版。
卢为民：《大都市郊区社会的组织与发展——以上海为例》，东南大学出版社2002年版。
孟育群：《少年亲子关系研究》，教育科学出版社1998年版。
宋伟轩：《隔离与排斥——封闭社区的社会空间分异》，中国建筑工业出版社2013年版。
孙兵：《区域协调组织与区域治理》，上海人民出版社2007年版。
孙群朗：《美国城市郊区化研究》，商务印书馆2005年版。
王建：《区域与发展》，浙江人民出版社1996年版。
吴宁：《日常生活批评——列斐伏尔哲学思想研究》，人民出版社2007年版。
许光：《美国人与中国人》，华夏出版社1988年版。
严辰松：《定量型社会科学研究方法》（第一版），西安交通大学出版社

2007年版。

姚世谋、朱英明、陈振光：《中国城市群》，中国科学技术出版社2001年版。

叶南客：《边际人——大过渡时代的转型人格》，上海人民出版社1996年版。

于洪俊、宁越敏：《城市地理概论》，安徽科学技术出版社1983年版。

张鸿雁：《城市文化资本论》，东南大学出版社2010年版。

张鸿雁：《侵入与接替：城市社会结构变迁新论》，东南大学出版社2000年版。

张文宏：《中国城市的阶层结构与社会网络》，上海人民出版社2006年版。

郑杭生：《社会学概论新修》，中国人民大学出版社2003年版。

周大鸣：《永恒的钟摆——中国农村劳动力的流动》，柯兰君、李汉林编：《都市里的村民——中国大城市的流动人口》，中国编译出版社2001年版。

周一星：《城市地理学》，商务印书馆1995年版。

阿尔弗雷德·韦伯：《工业区位论》，李刚剑等译，商务印书馆1997年版。

阿尔温·托夫勒：《未来的震荡》，任小明译，四川人民出版社1985年版。

阿玛蒂亚·森：《身份与暴力》，李风华译，中国人民大学出版社2009年版。

埃比尼则·霍华德：《明日田园城市》，金经元译，商务印书馆2000年版。

埃米尔·涂尔干：《社会分工论》，渠东译，生活·读书·新知三联书店2000年版。

安东尼·吉登斯：《社会的构成》，李康、李猛译，生活·读书·新知三联书店1998年版。

安东尼·吉登斯：《民族—国家与暴力》，胡宗泽等译，生活·读书·新知三联书店1998年版。

奥利佛·吉勒姆：《无边的城市——论战城市蔓延》，叶齐茂译，中国建筑工业出版社 2007 年版。

彼特·布劳：《不平等和异质性》，王春光、谢圣赞译，中国社会科学出版社 1991 年版。

布莱克：《现代化的动力：一个比较史的研究》，景跃进、张静译，浙江人民出版社 1988 年版。

查尔斯·泰勒：《自我的根源：现代认同的形成》，韩震译，译林出版社 2001 年版。

戴维·波普诺：《社会学》（第十二版），李强等译，中国人民大学出版社 2007 年版。

戴维·赫伯特·劳伦斯：《劳伦斯书信选》，刘宪之、乔长森译，北方文艺出版社 1988 年版。

丹尼尔·贝尔：《后工业社会的来临——对社会预测的一项探索》，高铦译，商务印书馆 1984 年版。

道格拉斯·诺思：《理解经济变迁过程》，钟正生、邢华译，中国人民大学出版社 2008 年版。

迪尔凯姆：《社会学研究方法》，胡伟译，华夏出版社 1988 年版。

费迪南·滕尼斯：《共同体与社会》，林荣远译，商务印书馆 1999 年版。

格兰特：《良好社会规划：新城市主义的理论与实践》，叶齐茂、倪晓辉译，中国建筑工业出版社 2009 年版。

哈贝马斯：《合法化危机》，刘北成译，桂冠图书股份有限公司 2001 年版。

哈拉尔：《新资本主义》，冯韵文、黄育馥译，社会科学文献出版社 1999 年版。

亨利·列斐伏尔：《现代性与空间的生产》，王志弘译，上海教育出版社 2003 年版。

吉登斯：《现代性与自我认同》，赵旭东、方文译，生活·读书·新知三联书店 1998 年版。

卡尔·艾博特：《大城市边疆——当代美国西部城市》，王旭、郭立明等译，商务印书馆 1998 年版。

科塞：《社会冲突的功能》，孙立平等译，华夏出版社 1989 年版。

拉兹洛：《进化——广义综合理论》，闵家胤译，社会科学文献出版社

1988年版。

刘易斯·芒福德：《城市发展史：起源、演变和前景》，宋俊岭、倪文彦译，中国建筑工业出版社1989年版。

刘易斯·A.科瑟：《社会学思想名家》，石人译，中国社会科学出版社1990年版。

马林诺夫斯基：《巫术科学宗教与神话》，李安宅编译，上海文艺出版社1987年版。

曼纽尔·卡斯特：《认同的力量》，夏铸九、王志弘等译，社会科学文献出版社2006年版。

曼纽尔·卡斯泰尔：《信息化城市》，崔保国等译，江苏人民出版社2001年版。

曼纽尔·卡斯特：《千年终结》，夏铸九、黄慧琦等译，社会科学文献出版社2003年版。

曼纽尔·卡斯特：《网络社会：跨文化的视角》，周凯译，社会科学文献出版社2009年版。

莫里斯·哈布瓦赫：《论集体记忆》，毕然、郭金华译，上海人民出版社2002年版。

帕克、伯吉斯、麦肯奇：《城市社会学》，宋俊岭等译，华夏出版社1987年版。

帕森斯：《现代社会的结构与过程》，梁向阳译，光明日报出版社1988年版。

塞缪尔·亨廷顿：《我们是谁？美国国家特性面临的挑战》，程克雄译，新华出版社2005年版。

史蒂文·瓦戈：《社会变迁》（第5版），王晓黎等译，北京大学出版社2007年版。

索亚：《后大都市：城市和区域的批判性研究》，李均译，上海教育出版社2006年版。

沃尔夫冈·查普夫：《现代化与社会转型》，陆宏成、陈黎译，社会科学文献出版社1998年版。

西蒙娜·薇依：《扎根——人类责任宣言绪论》，徐卫翔译，生活·读书·新知三联书店2003年版。

参考文献

艾娟、汪新建:《集体记忆:研究群体认同的新路径》,《新疆社会科学》2011 年第 2 期。

艾少伟、苗长虹:《从"地方空间"、"流动空间"到"行动者网络空间":ANT 视角》,《人文地理》2010 年第 2 期。

蔡家麒:《试论田野作业中的参与观察法》,《云南民族学院学报》1994 年第 1 期。

曾群华、徐长乐、邓江楼等:《沪苏嘉一体化进程中的同城化研究》,《华东经济管理》2012 年第 3 期。

陈绍愿、林建平、杨丽娟等:《基于生态位理论的城市竞争策略研究》,《人文地理》2006 年第 2 期。

陈友华、佴莉:《跨境学童:缘起、问题与反思》,《江苏社会科学》2012 年第 4 期。

陈占江、项晶晶:《钟摆与分化:城中村青年社会认同研究——基于湖南省湘潭市 A 村的调查》,《学习与实践》2011 年第 9 期。

褚丽萍:《转变中的家庭》,《人口与经济》1997 年第 4 期。

戴宾:《城市群及其相关概念辨析》,《财经科学》2004 年第 6 期。

段成荣、杨舸:《我国流动人口的流入地分布变动趋势研究》,《人口研究》2009 年第 6 期。

段德罡、刘亮:《同城化空间发展模式研究》,《规划师》2012 年第 5 期。

冯垚:《城市群理论与都市圈理论比较》,《理论探索》2006 年第 3 期。

高秀艳、王海波:《大都市经济圈与同城化问题浅析》,《企业经济》2007 年第 8 期。

顾朝林:《论城市管制研究》,《城市规划》2000 年第 9 期。

管永昊、贺伊琦:《资源流动视角的教育均等化问题研究》,《财经问题研究》2013 年第 1 期。

郭继强:《"内卷化"概念新理解》,《社会学研究》2007 年第 3 期。

郭星华、邢朝国:《社会认同的内在二维图式》,《江苏社会科学》2009 年第 4 期。

韩艳红、陆玉麒:《南京都市圈可达性与经济联系格局演化研究》,《长江流域资源与环境》2014 年第 12 期。

郝素秋、徐梦洁、蒋博等：《南京市城市建成区扩张的时空特征与驱动力分析》，《广东土地科学》2009年第10期。

何冬华、袁媛、杨箐丛等：《佛山市南海区在广佛同城化中的应对策略研究》，《规划师》2011年第5期。

侯雪、刘苏、张文新等：《高铁影响下的京津城际出行行为研究》，《经济地理》2011年第9期。

侯雪等：《高铁影响下的京津城际出行行为研究》，《经济地理》2011年第9期。

胡小武：《候鸟型白领：逃离北上广与"大都市化陷阱"》，《中国青年研究》2013年第3期。

胡兆量：《北京"浙江村"——温州模式的异地城市化》，《城市规划汇刊》1997年第3期。

黄荣贵、孙小逸：《社会互动、地域认同与人际信任——以上海为例》，《社会科学》2013年第6期。

李军、朱顺应、李安勋等：《长株潭城市群城际与城内客运出行特征》，《交通科技》2006年第6期。

李婉瑄：《网络新词的简洁性特点分析——以PENDULUM CLAN"钟摆族"为例》，《重庆科技学院学报》（社会科学版）2011年第6期。

李友梅：《重塑转型期的社会认同》，《社会学研究》2007年第2期。

刘健、张宁：《基于模糊聚类的城际高铁旅客出行行为实证研究》，《交通运输系统工程与信息》2012年第12期。

刘欣：《相对剥夺地位与阶层认知》，《社会学研究》2001年第1期。

刘欣葵、邢亚平、吴庆玲：《新城规划实施的思考》，《北京规划建设专刊》2009年第S1期。

刘兴政：《城市边界：关于城市发展一个新的理论解释框架》，《现代城市研究》2007年第8期。

刘志伟、王东峰、刘澄：《区域经济一体化的福利经济学分析》，《现代管理科学》2007年第2期。

陆昂、张涌：《广佛同城化的实践及启示》，《宏观经济管理》2013年第4期。

吕宪军、王梅：《行政区划调整与城市扩张研究——以南京市为例》，《现代城市研究》2006 年第 1 期。

马道明：《社会生态学视角下经济调控范式的反思与重构》，《社会科学战线》2012 年第 11 期。

毛晓光：《20 世纪符号互动论的新视野探析》，《国外社会科学》2001 年第 3 期。

梅伟霞：《广佛同城的发展条件和障碍分析》，《特区经济》2009 年第 10 期。

孟庆洁、贾铁飞、郭永昌：《侵入与接替——上海闵行区古美街道居住空间的演变》，《人文地理》2010 年第 5 期。

孟宪艮：《社会转型中的失根、拔根与扎根》，《宁波大学学报》（人文科学版）2014 年第 7 期。

闵学勤：《社区认同的缺失与仿企业化建构》，《南京社会科学》2008 年第 9 期。

牟振华、李美玲、崔东旭等：《广佛同城背景下居民城际出行行为研究》，《城市发展研究》2014 年第 8 期。

彭辉、付慧敏：《北京郑州运输通道内旅客出行的特征》，《长安大学学报》2005 年第 6 期。

彭震伟、屈牛：《我国同城化发展与区域协调规划对策研究》，《现代城市研究》2009 年第 6 期。

桑秋、张平宇、罗永峰等：《沈抚同城化的生成机制和对策研究》，《人文地理》2009 年第 3 期。

盛蓉、刘士林：《戈特曼城市群理论的荒野精神及其当代阐释》，《江苏行政学院学报》2014 年第 3 期。

宋凯、徐满满：《城市群城际旅客出行行为特征分析》，《现代城市轨道交通》2012 年第 4 期。

孙一飞、马润潮：《边缘城市：美国城市发展的新趋势》，《国际城市规划》2009 年增刊。

孙一飞：《城镇密集区的界定——以江苏省为例》，《经济地理》1995 年第 3 期。

童小溪：《从"乡土中国"到"离土中国"：城乡变迁的时空维度》，《湖南社会科学》2014 年第 5 期。

汪和建:《中国社会的边际人问题》,《江海学刊》1989年第1期。

汪新建、艾娟:《心理学视域的集体记忆研究》,《南京师范大学学报》, 2009年第3期。

汪新建、俞荣龄:《米德社会行为理论的经验验证》,《山西大学学报》(哲学社会科学版)2009年第6期。

王春光:《农村流动人口的"半城市化"问题研究》,《社会学研究》2006年第5期。

王德、宋煜:《同城化发展战略的实施进展回顾》,《城市规划学刊》2009年第4期。

王桂新:《改革开放以来中国人口迁移发展的几个特征》,《人口与经济》2004年第4期。

王珏、陈雯:《全球化视角的区域主义与区域一体化理论阐释》,《地理科学进展》2013年第7期。

王宁:《个案研究的代表性问题与抽样逻辑》,《甘肃社会科学》2007年第5期。

王世福、赵渺希:《广佛市民地铁跨城活动的空间分析》,《城市规划学刊》2012年第3期。

魏宗财、陈婷婷、李亚洲:《新一轮区域规划高潮背景下的广佛同城化发展规划探讨》,《规划师》2012年第2期。

吴泓等:《基于非场所理论的徐州都市圈发展研究》,《经济地理》2003年第6期。

吴晓、马红杰:《"边缘城市"的形成和形态初探》,《华中建筑》2000年第4期。

吴晓刚、李骏、郑林子:《香港移民在深圳:"双城生活"的现状和问题》,《港澳研究》2015年第2期。

谢俊贵、刘丽敏:《同城化的社会功能分析及社会规划视点》,《广州大学学报》(社会科学版)2009年第8期。

辛浩力:《国外现代亲子关系理论观点回顾》,《教育改革》1997年第2期。

邢铭:《沈抚同城化建设的若干思考》,《城市规划》2007年第3期。

熊竞、马祖琦、冯苏苇:《伦敦居民就业通勤行为研究》,《城市问题》

2013 年第 1 期。

徐卞融、吴晓：《基于"居住—就业"视角的南京市流动人口职住空间分离量化》，《城市规划学刊》2010 年第 5 期。

徐清梅：《中国城市群几个基本问题的观点述评》，《城市问题》2002 年第 1 期。

许芳、肖前、徐国虎：《基于 SPSS 的城市居民绿色出行行为方式选择的因子分析》，《中国集体经济》2000 年第 7 期。

颜剑：《把脉南京都市圈》，《小康》2004 年第 7 期。

杨卡：《大都市郊区新城通勤行为空间研究——以南京市为例》，《城市发展研究》2010 年第 2 期。

杨上广、王春兰：《国外城市社会空间演变的动力机制研究综述及政策启示》，《国际城市规划》2007 年第 2 期。

杨震、徐苗：《消费时代城市公共空间的特点及其理论批判》，《城市规划学刊》2011 年第 3 期。

姚宜：《广佛同城化对珠三角一体化的示范作用》，《特区经济》2010 年第 7 期。

叶祥松、彭良燕：《广佛同城化的博弈分析》，《广东商学院学报》2011 年第 2 期。

叶涯剑：《空间社会学的方法论和基本概念解析》，《贵州社会科学》2006 年第 1 期。

叶裕民、陈丙欣：《中国城市群的发育现状及动态特征》，《城市问题》2014 年第 4 期。

衣保中、黄鑫昊：《我国同城化发展的现状及其效应分析》，《理论探讨》2012 年第 6 期。

殷江滨、李郇：《中国人口流动与城镇化进程的回顾与展望》，《城市问题》2012 年第 12 期。

玉兰：《区域文化与区域经济的关系浅析》，《陕西社会主义学院学报》2006 年第 2 期。

袁家冬、周筠、黄伟：《我国都市圈理论研究与规划实践中的若干误区》，《地理研究》2006 年第 1 期。

张鸿雁：《"大上海国际化都市圈"的整合与建构——中国长三角城市

群差序化格局创新研究》,《社会科学》2007 年第 5 期。

张鸿雁:《中国"非典型现代都市病"的社会病理学研究》,《社会科学》2010 年第 10 期。

张鸿雁:《中国城市化进程中的"合理性危机"论》,《城市问题》2009 年第 3 期。

张佳美、冯健文:《长株潭空间一体化发展模式研究》,《中外建筑》2002 年第 3 期。

张京祥、陈浩:《中国的"压缩"城市化环境与规划应对》,《城市规划学刊》2010 年第 6 期。

张文宏、雷开春:《城市新移民社会认同的结构模型》,《社会学研究》2009 年第 4 期。

张文宏、雷开春:《城市新移民社会融合的结构、现状与影响因素分析》,《社会学研究》2008 年第 5 期。

张玉林:《大清场:中国的圈地运动及其与英国的比较》,《中国农业大学学报》(社会科学版) 2015 年第 1 期。

张展新:《从城乡分割到区域分割——城市外来人口研究新视角》,《人口研究》2007 年第 6 期。

赵渺希、王世福、张小星:《基于地铁出行的广佛城市功能联系研究》,《华南理工大学学报》(自然科学版) 2012 年第 6 期。

赵英魁、张建军、王丽丹等:《沈抚同城区域协作探索——以沈抚同城化规划为例》,《城市规划》2010 年第 3 期。

赵志裕、温静、谭俭邦:《社会认同的基本心理历程》,《社会学研究》2005 年第 5 期。

郑杭生:《城乡一体化与同城化齐举并进》,《红旗文稿》2013 年第 20 期。

郑思齐、曹洋:《居住与就业空间关系的决定机理和影响因素——对北京市通勤时间和通勤流量的实证研究》,《城市发展研究》2009 年第 6 期。

郑真真、杨舸:《中国人口流动现状及未来趋势》,《人民论坛》2013 年第 4 期。

郑震:《空间:一个社会学的概念》,《社会学研究》2010 年第 5 期。

周晓虹:《流动与城市体验对中国农民现代性的影响——北京"浙江

村"与温州一个农村社区的考察》,《社会学研究》1998 年第 5 期。

朱可芹:《长江发展战略——区域一体化》,《长江论坛》1995 年第 1 期。

朱力:《中外移民社会适应的差异性与共同性》,《南京社会科学》2010 年第 10 期。

朱振国、姚世谋:《南京城市扩展与其空间增长管理的研究》,《人文地理》2003 年第 5 期。

曾群华:《新制度经济学视角下的长三角同城化研究——以上海、苏州、嘉兴为例》,硕士学位论文,华东师范大学,2011 年。

陈团生:《通勤者出行行为特征与分析方法研究》,博士学位论文,北京交通大学,2007 年。

刘天东:《城际交通引导下的城市群空间组织研究》,博士学位论文,中南大学,2007 年。

袁兮:《长株潭空间一体化研究》,硕士学位论文,云南师范大学,2003 年。

《都市钟摆族:演绎新版双城计》,《燕赵晚报》2010 年 12 月 11 日 B04 版。

《畅想高铁新生活》,《山东商报》2011 年 6 月 16 日 B06 版。

《泰城钟摆族的春天到来了》,《齐鲁晚报》2011 年 7 月 1 日。

《双城让城市更美好》,《今日消费》2012 年 1 月 11 日。

《亦庄白领 欲开燕郊通勤车》,《法制晚报》2012 年 12 月 6 日 A16 版。

《被高铁改变的生活》,《河南日报》2012 年 12 月 19 日 05 版。

《高铁改变了我们的生活》,《河南日报》2012 年 12 月 27 日 03 版。

《京石始"同城"石穗"一日还"》,《河北日报》2012 年 12 月 27 日。

《钟摆族:主演双城记》,《烟台晚报》2013 年 5 月 17 日 B02 版。

《洛阳"2 小时生活圈"》,《大河报》2014 年 1 月 2 日。

《青岛"钟摆族"的苦与乐》,《青岛日报》2014 年 4 月 10 日。

《钟摆族》,《中国青年报》2014 年 4 月 14 日 02 版。

《30 万北京燕郊"钟摆族"困境重重》,《燕赵晚报》2014 年 4 月 16 日 B03 版。

《80 后"钟摆族"忙碌在路上》,《今晚经济周报》2014 年 5 月 2 日

47 版。

《城市发展的不平衡造就"钟摆族"》，《工人日报》2014 年 5 月 12 日
03 版。

《双城"钟摆族"：如何更好地生活？》，《工人日报》2014 年 5 月 12 日
03 版。

《轨道交通：为城市赢得未来》，《济南日报》2014 年 12 月 11 日。

《"钟摆族"的福音》，《开封日报》2014 年 12 月 29 日 03 版。

《钟摆族：打着高铁到郑州上班》，《大河报》2014 年 12 月 29 日。

《地铁生活，新选择与新诉求交融》，《辽沈晚报》2012 年 3 月 25 日。

《哈市悄现"城市钟摆族"》，《新晚报》2014 年 3 月 21 日 D11 版。

《500 辆大巴服务"钟摆"族》，《杭州日报》2007 年 3 月 16 日 08 版。

《长三角开启"异地同城"时代》，《人民日报·海外版》2007 年 4 月
26 日 02 版。

《长三角出现一群"钟摆族"》，《新民晚报》2008 年 9 月 16 日 B02 版。

《喜看"长三角人"成为新名词》，《绍兴日报》2008 年 9 月 18 日
10 版。

《"钟摆族"，幸福守望长三角》，《新华日报》2010 年 1 月 13 日
B06 版。

《多个因素催生双城生活》，《江阴日报》2010 年 4 月 12 日 02 版。

《大都市年轻人频现"钟摆族"》，《新民晚报》2010 年 8 月 4 日 A13 版。

《如果高铁这样改变我们的生活》，《解放日报》2010 年 10 月 27 日
05 版。

《"高铁"下的地产谎言》，《浙江日报》2010 年 10 月 28 日 18 版。

《生活：方式与内涵俱变》，《镇江日报》2010 年 11 月 27 日 01 版。

《金领一族，踏着高铁而来》，《钱江晚报》2011 年 4 月 18 日 A4 版。

《走近徘徊在城市边缘的"钟摆族"》，《金华日报》2011 年 9 月 22 日
13 版。

《白天南通上班，晚上回上海睡觉》，《扬子晚报》2011 年 11 月 2 日。

《改变相城迎来高铁时代》，《姑苏晚报》2011 年 12 日 29 日 B05 版。

《浙江·"钟摆族"的双城生活》，《中国交通报》2012 年 8 月 30 日。

《昆山花桥轨交房实现"沪漂族"双城生活》，《I 时代》2012 年 9 月 6

日 20 版。

《合蚌"钟摆族"的高铁双城记》，《江淮晨报》2013 年 1 月 31 日 A04 版。

《大交通加速合肥深度融入长三角》，《江淮晨报》2013 年 4 月 12 日 A05 版。

《未来居住：更快，更远》，《新闻晚报》2013 年 8 月 8 日 T11 版。

《高铁时代，两地变同城》，《金华日报》2014 年 12 月 10 日。

《城际"钟摆族"：家在长沙工作在株洲》，《新民晚报》2010 年 3 月 29 日 A14 版。

《昌九城际高铁助推九江经济腾飞》，《九江日报》2011 年 9 月 24 日 A2 版。

《高铁时代"钟摆族"的幸福生活》，《三峡商报》2012 年 11 月 6 日。

《钟摆两端是有温度的生活》，《潇湘晨报》2013 年 6 月 28 日 A26 版。

《"钟摆族"演绎双城记》，《长江商报》2013 年 12 月 29 日。

《30 分钟到两个家 双城如同城》，《长江日报》2014 年 6 月 5 日 05 版。

《长沙、株洲越来越"近" 你会选择在哪安家？》，《株洲晚报》2014 年 6 月 26 日 A29 版。

《他"钟摆"在西咸道路上》，《咸阳日报》2014 年 7 月 2 日 A1 版。

《从一片废墟到高铁时代》，《燕赵晚报》2011 年 5 月 13 日 A04 版。

《"双城生活"的"成自"模式》，《自贡日报》2012 年 9 月 17 日。

《一条铁轨 将串起双城生活》，《贵阳晚报》2014 年 5 月 27 日。

《成都城市群迈入"通勤时代"，或现"钟摆族"》，《华西都市报》2014 年 10 月 31 日 A12 版。

《高铁开启市民"双城生活"模式》，《德阳晚报》2014 年 12 月 19 日 03 版。

《一条成绵乐 串起五座城》，《成都日报》2014 年 12 月 19 日 06 版。

《贵龙同城 指日可待》，《龙里周讯》2014 年 12 月 31 日 04 版。

《"钟摆父亲"的双城记》，《重庆商报》2015 年 1 月 15 日 A16 版。

《让城市触手可及》，《人民日报》2011 年 1 月 7 日。

《厦门湾南岸崛起"滨海宜居新城"》，《福建侨报》2011 年 7 月 29 日

06 版。

《双城钟摆族最爱广佛线》,《羊城地铁报》2011 年 11 月 3 日 A8 版。

《厦漳双城速融　大都市区初现》,《东南早报》2011 年 11 月 16 日。

《"钟摆族"上演"双城记"》,《羊城地铁报》2011 年 12 月 14 日 A31 版。

《"地铁带动郊区房价或超城区"》,《南方日报》2011 年 12 月 15 日 GC02 版。

《广深高铁开启粤港澳合作新动力》,《人民铁道》2011 年 12 月 28 日。

《厦漳同城进入"I"时代》,《闽南日报》2012 年 10 月 10 日。

《同城梦想照进现实》,《闽南日报》2013 年 1 月 14 日。

《"晋江两岸"楼盘吸引大泉州人》,《晋江经济报》2013 年 3 月 29 日。

《"钟摆族":彷徨中前行的城市新力量》,《南方日报》2014 年 4 月 9 日 A11 版。

《动车时代催生双城生活》,《梧州日报》2014 年 7 月 18 日 03 版。

《北部湾"钟摆族"开启双城模式》,《南国早报》2014 年 12 月 12 日 A2 版。

附录 1

深度访谈提纲

一 研究对象的基本情况摸底

1. 群体判别：您住在哪里？在哪里上班？（此问题作为研究对象判别，如不符合跨界钟摆族特征即终止访谈）

2. 个人特征：您多大年龄？户口在哪里？祖籍在什么地方？什么文化程度？

3. 家庭特征：您结婚了没有？平常家里有几口人居住？（如果有孩子）孩子在哪里上学，平常都是谁带孩子？

4. 职业特征：您和家人的就业情况是怎样的？从事哪种职业？家庭收入情况怎样？

5. 住房特征：您现在居住的房子面积多大？在其他地方还有没有房子？都是什么性质的房子（普通商品房、保障房、别墅或其他非普通商品房）？这些房子是全款付清，还是按揭购买的？

二 跨城市生活的选择动机

1. 您为什么要选择到这里来居住，主要是出于哪方面的考虑？为什么不考虑在城里居住？

2. 您觉得生活在这里和生活在南京，最大的差别是什么？现在来看，能否接受这种差别？

3. 对于迁居到这里是您自己的决定，还是家庭成员共同决策的结果？

4. 您当初迁居到这里是否有人介绍和推荐？有没有其他人或其他事影响和帮助你做决定？

5. 您对现在这种生活方式是否满意？有没有后悔当初迁居的选择？

三 跨城市工作生活的状态

1. 您平常采用什么交通方式去上班，乘坐公共交通还是自己驾车？从居住地到其他生活场所（包括购物、娱乐、社交等）是否便利？

2. 您平常要花多长时间在上下班路上？（如果是乘坐公共交通）上下班路上通常都是如何打发时间的？有没有大体计算过每天上下班（包括往返）交通要花多少钱？能否承受这样的交通费用？

3. （对于公用交通出行的被访者）您有没有遇到赶不上车的情况？（对于自驾车上班的被访者）您开车上班路上会不会经常遇到堵车等情况？平常上班是否会迟到？单位对迟到是否会惩罚？

4. 请您介绍一下平常一天生活中的主要时间节点（包括几点起床，几点出门，几点到单位，几点下班，几点能回到家，几点休息）。

5. 您觉得跟你以前的生活相比，迁居到这里后的生活有哪些最明显的变化？您认为公共设施和服务（用水、用电、社保、教育、医疗等）是否便利？您最满意什么，最不满意什么？

6. 现在这种双城的生活模式有没有对您的家人（配偶、孩子、老人）带来影响？他们如何评价这种生活状态？

四 跨城市生活的交往与认同

1. 现在网络上出现一个流行词语叫"钟摆族"（如果受访者不理解，则解释为"那些突破城市界限，房子两地买、工作生活双城化、社交网络多城交叉的一群人"），您觉得自己是否属于这种"钟摆族"？

2. 当其他人问您是哪里人的时候，通常你怎么回答（南京人、句容人、滁州人、其他）？

3. 您觉得现在自己的生活更像是"城里的生活"还是"乡下的生活"？会不会介意别人说这里（居住地）是"乡下"？

4. 根据当前经济社会水平，您客观地评价一下自己处于社会的哪个层次：上层、中上层、中层、中下层、下层。

5. 您迁居到这里后对您原来的社交关系有没有影响？（原来的社交关系维系情况，新的社交关系开展的情况）你的同事、亲戚、朋友如何看待你这种跨城市生活的选择？

6. 您觉得现在居住的小区关系是否融洽，您平常会不会和小区里的其他人来往？如果有，都有哪些交往的形式？（包括组织者、参与者、活动频率等）

7. 在休息或者节假日期间，您会到哪些地方？参加哪些娱乐活动？通常都跟哪些人一起去？

8. 您跟居住地所在小镇的当地居民是否有交往？您怎么评价他们？能否融入当地的生活？

五 对跨城市生活的评价和计划

1. 请您简要评价这种跨城市生活的优点与缺点。

2. 您对现在居住地小镇未来的发展持什么样的判断？

3. 您对于未来有什么计划和打算？是打算长期在这里定居，还是有其他的迁居计划？

4. 您是否有其他需要补充说明的内容？

附录 2

访谈对象名录及基本概况

本研究共计深度访谈 76 人，其中跨界钟摆族 67 人，包括句容黄梅镇 31 人、句容宝华镇 16 人、来安汊河镇 9 人、滁州乌衣镇 11 人，除此以外还根据研究需要访谈了相关物业人员、房地产销售人员、小镇本地居民共计 9 人。

1. 句容黄梅镇（31 人）

HM-001（女，33 岁，工作在南京建邺区，居住在黄梅镇碧桂园凤凰城）

访谈在通勤班车上进行，受访者是安徽人，中专文化水平，在企业从事文秘工作，每天乘坐社区班车上下班，夫妻均在南京同一单位工作，此前与同事在南京下关合租居住，因结婚需要选择异地置业。

HM-002（女，35 岁，工作在南京鼓楼区，居住在黄梅镇碧桂园凤凰城）

访谈在受访者开车上班路上进行，受访者为句容人，研究生学历，从事建筑设计行业，与同学合伙经营建筑设计所，主要开私家车上下班，偶尔乘坐社区班车，未婚，父母亲均在句容市区生活，跨城市生活希望兼顾照顾父母和工作。

HM-003（男，30 岁，工作在南京栖霞区，居住在黄梅镇碧桂园凤凰城）

访谈在受访者小区进行，受访者是江苏人，研究生学历，在高校从事行政工作，采用私家车作为通勤工具，夫妻均在南京仙林工作，因无力承担南京的高房价而选择跨城市生活。

HM-004（男，33 岁，工作在南京江宁区，居住在黄梅镇碧桂园凤凰城）

访谈在公交站台进行，受访者为安徽芜湖人，大专学历，在南京江宁区麒麟街道某单位工作，平常乘坐公交车出行，上下班单程约半小时，工作单位离居住地较近，认为南京房价较高，跨城市居住是比较经济的选择。

HM-005（男，31 岁，工作在南京玄武区，居住在黄梅镇碧桂园凤凰城）

访谈在通勤班车上进行，受访者是安徽安庆人，本科毕业，在南京从事市政工程相关工作，依靠社区班车上下班，夫妻均在南京工作，妻子是句容本地人，跨城市生活主要是考虑靠近妻子的爸妈，方便照顾子女。受访者是小区的活跃分子，通过乘坐班车在小区里结识大量朋友，也是社区活动的积极组织者和倡导者。

HM-006（女，28 岁，工作在南京建邺区，居住在黄梅镇碧桂园凤凰城）

访谈在通勤班车上进行，受访者是江苏泰州人，本科毕业，从事销售工作，平常乘坐社区班车上下班，通勤时间单程约 1.5 小时，夫妻均在南京工作，丈夫是碧桂园员工，通过内部购房成为跨界钟摆族。

HM-007（女，33 岁，工作在南京江宁区，居住在黄梅镇碧桂园凤凰城）

访谈在受访者小区进行，受访者为句容本地人，本科学历，在邻近的南京汤山从事教育工作，上下班主要骑电动车，通勤时间单程约 30 分钟，丈夫在本地从事装饰装潢工作，主要考虑就近工作而在黄梅镇置业。

HM-008（男，28 岁，工作在南京鼓楼区，居住在黄梅镇碧桂园凤凰城）

访谈在社区活动时进行，受访者为江苏南通人，本科学历，在南京从事外贸工作，主要乘坐社区班车转公交上下班，通勤时间单程达到 1.5 小时，妻子同在南京工作，因结婚需要选择跨城市生活。

HM-009（女，52 岁，工作在南京栖霞区，居住在黄梅镇碧桂园凤凰城）

访谈在社区活动时进行，受访者为南京本地人，大专学历，在南京某单位从事行政工作，主要开私家车上下班，通勤时间单程约 40 分钟，在南京主城区有住房，经朋友介绍考虑跨城市生活，较好的居住环境是重要原因。

HM-010（男，25岁，工作在南京玄武区，居住在黄梅镇碧桂园凤凰城）

访谈在通勤班车上进行，受访者是江苏宿迁人，大专毕业，在南京从事工程监理工作，平常乘坐社区巴士上下班，在城里需要换乘公交，每天上班通勤时间约一个半小时，该住房是为结婚准备的婚房，认为这种跨城市生活是被动无奈的选择。

HM-011（男，35岁，工作在南京江宁区，居住在黄梅镇碧桂园凤凰城）

访谈在社区广场进行，受访者是江苏南京人，本科毕业，从事企业管理工作，主要开私家车上下班，通勤单程时间约30分钟，在南京主城区有住房，经朋友推荐在此置业，带有一定的投资性质。

HM-012（男，32岁，工作在南京江宁区，居住在黄梅镇碧桂园凤凰城）

访谈在社区广场进行，受访者是安徽马鞍山人，本科毕业，与HM-011在同一个单位工作，平常开车或拼车上下班，经HM-011推荐而成为跨界钟摆族，在南京没有其他住房。

HM-013（女，26岁，工作在南京秦淮区，居住在黄梅镇碧桂园凤凰城）

访谈在社区班车上进行，受访者是江苏南京（高淳）人，本科毕业，从事软件销售工作，主要乘坐社区班车上下班，未婚，希望尽早买房而选择跨城市生活。

HM-014（男，50岁，工作在南京江宁区，居住在黄梅镇碧桂园凤凰城）

访谈在受访者家中进行，受访者是江苏南京人，高中毕业，从事航空工程相关工作，开车往返工作单位，在南京、苏州、宜兴等地均有住房，主要考虑生活环境而选择跨城市居住，也带有一定的投资目的，对现在的生活状态十分满意。

HM-015（男，30岁，工作在南京江宁区，居住在黄梅镇碧桂园凤凰城）

访谈在社区广场进行，受访者为句容（黄梅镇）人，研究生毕业，从事桥梁设计工作，每天开车往返工作单位，单程通勤时间约45分钟，2010年拆迁后因不愿意在安置小区生活，于是选择就近购买了商品住房，方便看望父母是重要考虑因素。

HM-016（男，28岁，工作在南京鼓楼区，居住在黄梅镇碧桂园凤凰城）

访谈在社区业主活动时进行，受访者是山东日照人，爱人是苏州人，本科毕业，从事保险行业已有五年，以前主要乘坐社区巴士往返，最近购买了私家车，每天要先开车送爱人到工作单位，因结婚需要选择跨城市生活，考虑跨城市生活房价比较低，通过节省的购房费用来添置汽车和弥补结婚的费用支出。

HM-017（女，29岁，工作在南京栖霞区，居住在黄梅镇碧桂园凤凰城）

访谈在社区业主活动时进行，受访者是江苏南京人，本科毕业，从事芳疗师工作，平常夫妻二人开私家车上下班，单程通勤时间超过1小时，夫妻均在南京上班，与几个好朋友一起购房，成为跨界钟摆族。

HM-018（女，38岁，工作在南京江宁区，居住在黄梅镇碧桂园凤凰城）

访谈在社区物业管理中心进行，受访者是江苏南京人，大专学历，在南京某单位从事后勤相关工作，乘坐公交车上下班，通勤时间在1小时左右，在南京原白下区有一套小户型住房，出于改善住房条件的目的而选择跨城市生活。

HM-019（女，27岁，工作在南京玄武区，居住在黄梅镇碧桂园凤凰城）

访谈在社区物业管理中心进行，受访者是江苏南京人，本科学历，与HM-018在同一单位工作，乘坐公交车上下班，受到HM-018购房经历的影响，出于对居住环境的喜爱而选择跨城居住，也带有一定的投资目的。

HM-020（男，30岁，工作在南京玄武区，居住在黄梅镇碧桂园凤凰城）

访谈在社区广场进行，受访者为江苏盐城人，研究生学历，从事交通工程相关工作，每天开私家车上下班，单程通勤时间在40分钟左右，为给儿子提供更宽敞舒适的成长空间而选择跨城市居住，在南京还有一套小户型住宅，有改善性质。

HM-021（男，24岁，工作在南京江宁区，居住在黄梅镇碧桂园凤凰城）

访谈在受访者家中进行，受访者为江苏宿迁人，本科学历，在光华门建材市场工作，每天乘坐社区巴士换乘公交车往返。受访者刚毕业一年多，未婚，此前一直与朋友在南京租房，迫于房价压力在城市边缘购置小户型住宅一套。

HM-022（女，51岁，工作在南京玄武区，居住在黄梅镇碧桂园凤凰城）

访谈在社区通勤班车上进行，受访者为江苏南京人，玄武区公务员，工作地点位于南京西安门附近，自己拥有私家车，但平常往返多乘坐班车，家庭离异，在南京市区还有一套住房，现已出租，儿子在国外读书，喜欢这里社区邻里的融洽关系，常常是社会活动的倡导者和积极响应者。

HM-023（男，36岁，工作在南京建邺区，居住在黄梅镇碧桂园凤凰城）

访谈在社区广场进行，受访者为安徽人，本科毕业，南京某公司工程项目经理，拥有一辆私家车，大部分时间乘坐社区巴士再换乘地铁上班，偶尔也会自己驾车上班，夫妻俩都是外地人，有一个读小学的儿子，除老家的住房以外，这里是他们的唯一一套住房，对目前生活状况比较满意。

HM-024（女，30岁，工作在南京江宁区，居住在黄梅镇碧桂园凤凰城）

访谈在社区广场进行，受访者为江苏宿迁人，本科毕业，从事外贸工作，平常开私家车上下班，通勤时间约为40分钟，受访者的老公与HM-023是朋友关系，经其介绍在此置业，对小区的生活配套有所抱怨。

HM-025（男，36岁，工作在南京玄武区，居住在黄梅镇碧桂园凤凰城）

访谈在社区广场进行，受访者为江苏常州人，本科毕业，从事计算机软件设计工作，平常开私家车上下班，通勤时间约 45 分钟，受访者与 HM-024 的老公是表兄弟关系，当初共同决定在此置业，彼此有个照应。

HM-026（男，56 岁，工作在南京江宁区，居住在黄梅镇碧桂园凤凰城）

访谈在社区广场进行，受访者为江苏南京人，高中毕业，南京某公司部门经理，开私家车上下班，通勤时间约 25 分钟，受访者现在的住房是儿子为其购买，儿子和媳妇住在他们原来南京城里的住房，通常会带孙女一起来过周末。

HM-027（男，52 岁，工作在南京江宁区，居住在黄梅镇碧桂园凤凰城）

访谈在社区广场进行，受访者为江苏盐城人，此前长期生活在南京，本科毕业，从事土壤修复行业相关工作，开私家车上下班，通勤时间约 30 分钟，迁居这里主要是妻子的主意，希望能够改善居住环境。

HM-028（女，24 岁，工作在南京建邺区，居住在黄梅镇碧桂园凤凰城）

访谈在社区通勤班车上进行，受访者为安徽宣城人，本科毕业，从事企业文秘工作，每天乘坐社区班车上下班，单程通勤时间约 1.5 小时，其现在的住房是由其父母为其购置，对跨城生活抱怨颇多，与同事、朋友交往不方便。

HM-029（男，28 岁，工作在南京玄武区，居住在黄梅镇碧桂园凤凰城）

访谈在社区通勤班车上进行，受访者为安徽凤阳人，妻子是浙江余姚人，本科毕业，南京某企业产品销售人员，平常乘坐社区巴士上下班，夫妻在同一单位工作，小孩刚出生六个月，已经在黄梅镇落户。

HM-030（女，45 岁，工作在南京某后勤部队，居住在黄梅镇碧桂园凤凰城）

访谈在社区广场进行，受访者是江苏南京人，每天开私家车往返于工作单位，单程通勤时间约 30 分钟，离异后独自居住，因为比较满意郊区的居住环境而跨城置业，入住后对跨城生活状态不满意，正在计划转卖房屋回南京居住。

HM-031（男，38岁，工作在南京江宁区，居住在黄梅镇碧桂园凤凰城）

访谈在社区广场进行，受访者为江苏扬州人，夫妻二人均是中学教师，每天开车往返，原本在南京城里购置了一套二手房，因不满意原来房屋的小区环境而选择跨城置业，与老人、孩子一起居住，孩子在相邻的汤山镇读书。

2. 句容宝华镇（16人）

BH-001（女，26岁，工作在南京玄武区，居住在宝华镇仙林悦城小区）

访谈在地铁站和地铁上进行，受访者为江苏南通人，从事幼儿教育工作，每天乘坐公交车换乘地铁上班，通勤时间大约在1小时。跨城市置业是考虑能够有属于自己的住房，考虑到购买能力而选择了总价不高的两居室，在地铁通勤过程中结识了几位同社区的好友，对跨城市的生活总体比较满意。

BH-002（男，55岁，工作在南京仙林大学城，居住在宝华镇新湖仙林翠谷）

访谈在南京某咖啡馆进行，受访者为江苏扬州人，多年生活在南京，大学教师，平常开车上下班，在南京拥有两套住房，以改善为目的在宝华镇购置了一栋联排别墅。妻子也是大学教授，儿子在美国读书，选择跨城市置业和生活主要考虑居住的品质和环境，对居住距离远近不敏感。

BH-003（男，29岁，工作在南京仙林大学城，居住在宝华镇仙林悦城小区）

访谈在受访者小区内进行，受访者为江苏苏州人，研究生学历，在高校从事行政工作，乘坐公交转地铁上下班，通勤时间在35分钟左右，跨城市生活一方面因为南京房价太高，无力承担，另一方面也因为同事在这里置业定居。

BH-004（女，32岁，工作在南京玄武区，居住在宝华镇恒大雅苑小区）

访谈在地铁上进行，受访者为浙江湖州人，本科学历，从事企业财务工作，每天乘坐公交转地铁再转公交上下班，单程通勤时间在1.5小时左右，跨城市置业主要考虑离老公的工作单位较近，宝华镇的房价也可以接受。

BH-005（女，30岁，工作在南京秦淮区，居住在宝华镇恒大雅苑小区）

访谈在受访者单位附近的茶社进行，受访者为江苏盐城人，本科学历，从事体育运动健身教练工作，每天乘坐公交转地铁上下班，单程通勤时间1小时15分钟左右，跨城市生活主要因为有地铁换乘的便利，交通方式可以接受。

BH-006（男，25岁，工作在南京鼓楼区，居住在宝华镇仙林悦城小区）

访谈在地铁上进行，受访者为江苏南京人，本科毕业，从事计算机软件开发工作，每天乘坐公交转地铁上下班，单程通勤时间1小时10分钟左右，父母亲在南京城里居住，跨城市置业主要是婚房的需要。

BH-007（女，32岁，工作在南京仙林大学城，居住在宝华镇恒大雅苑小区）

访谈在小区公交站台进行，受访者为江苏淮安人，从事艺术创作工作，平常乘坐公交车上下班，单程通勤时间在40分钟左右，在南京城里下关区有一套40多平方米的房子，年代比较久，现给父母居住，其丈夫在尧化门附近工作，每天乘坐公交车往返，在宝华置业主要考虑离工作单位较近，远离沿江的化工污染。

BH-008（男，30岁，工作在南京玄武区，居住在宝华镇仙林悦城小区）

访谈在小区内进行，受访者是江苏宿迁人，大学毕业后留在南京工作，每天乘坐公交车到南京最近的地铁站换乘上班，每天路上往返时间约三个小时，结婚两年，因为房价太高选择跨城置业，未来希望住的离城里更近一点。

BH-009（女，36岁，工作在南京江宁区，居住在宝华镇恒大雅苑小区）

访谈在小区内进行，受访者是江苏镇江人（宝华镇本地人），本科学历，在相邻的南京汤山从事公司财务工作，每天骑电动车往返，单程通勤时间约 25 分钟，父母亲均住在宝华镇的安置小区宝华花园，购买商品性社区主要期望改善居住环境，又能够照顾父母。

BH-010（女，32 岁，工作在南京建邺区，居住在宝华镇仙林悦城小区）

访谈在小区内进行，受访者是安徽蚌埠人，研究生学历，从事广告设计工作，每天公交换乘地铁上下班，地铁需再换乘一次，单程通勤时间约 1 小时 40 分钟，受访者与 BH-009 是远方亲戚，跨城市置业是经其推荐，也考虑房价的因素。

BH-011（男，29 岁，工作在南京栖霞区，居住在宝华镇恒大雅苑小区）

访谈在受访者小区内进行，受访者为江苏南京人，大专学历，从事建筑装饰装潢工作，平常骑电动车往返于南京和宝华，上班地点经常变动，也会开公司的车前往工作地点，父母亲居住在南京栖霞区的拆迁安置小区，跨城市生活主要看中商品性小区的环境，现在的住房是作为婚房使用。

BH-012（女，30 岁，工作在南京仙林大学城，居住在宝华镇恒大雅苑小区）

访谈在受访者小区内进行，受访者为江苏南京（六合）人，本科学历，从事幼儿教育工作，平常乘坐公交车往返，通勤时间 30 分钟左右，跨城市生活主要考虑离单位的距离。

BH-013（女，31 岁，工作在南京仙林大学城，居住在宝华镇恒大雅苑小区）

访谈在受访者小区内进行，受访者为江苏南京（六合）人，本科学历，从事公司文秘工作，平常乘坐公交转地铁上下班，通勤时间 30 分钟左右，与 BH-012 是老乡和同学关系，BH-012 的住房也是她推荐购买的。

BH-014（男，50 岁，工作在南京仙林大学城，居住在宝华镇仙林翠谷小区）

访谈在受访者单位进行，受访者为福建福州人，高校教授，平常开车往返于家和学校之间，单程通勤时间约 15 分钟，在南京有两套住房，为学校福利分房和集资房，跨城市生活主要考虑生态环境和社区的品牌品质，单位有很多同事也在该小区置业，也有一定的投资因素。

BH-015（女，34岁，工作在南京江宁区，居住在宝华镇仙林悦城小区）

访谈在地铁上进行，受访者为河南商丘人，本科毕业，从事汽车保险销售工作，平常通过公交转地铁上下班，单程通勤时间将近2小时，跨城市生活主要考虑离老公的单位比较近。

BH-016（女，26岁，工作在南京建邺区，居住在宝华镇仙林悦城小区）

访谈在地铁上进行，受访者为江苏泰州人，本科毕业，是南京某商场的营业员，从事服装销售工作，平常公交转地铁上下班，单程通勤1小时10分钟，未婚，跨城市生活主要是想提前买一个属于自己的房子，只有这里的房价能够承受。

3. 来安汊河镇（9人）

CH-001（女，30岁，工作在南京大厂，居住在汊河镇碧桂园城市花园）

访谈在受访者小区内进行，受访者为江苏连云港人，研究生毕业，大厂区某医院的医生，每天自驾车往返于家和工作单位。大学毕业后留在南京工作，现居住的房屋为公积金贷款购买，主要考虑房价能够承受，每月还贷除去公积金仅1000元左右。

CH-002（男，55岁，工作在南京建邺区，居住在汊河镇碧桂园城市花园）

访谈在受访者小区内进行，受访者是南京人，初中毕业，自己也接近退休的年龄，目前在南京江北一家家具企业工作，每天开车往返，受访者原来在南京凤凰西街有一处40平方米左右的住房，现将房屋出租，每月收取固定租金。

CH-003（男，28岁，工作在南京玄武区，居住在汊河镇碧桂园城市花园）

访谈在受访者家中进行，受访者为湖北黄冈人，本科学历，从事动画软件设计工作，平常乘坐公交车上下班，通勤时间约1小时40分钟，跨省置业主要因为南京的房价难以承受，也希望有更大的住宅，避免重复置业。

CH-004（男，45岁，工作在南京浦口高新区，居住在汊河镇碧桂园城市花园）

访谈在受访者家中进行，受访者祖籍浙江余姚，但在南京生活多年，为南京某工程公司的中层管理人员，家里有两辆私家车，一部车供自己上下班使用，每天通勤时间仅20分钟，另一部车供妻子日常使用。受访者在南京秦虹小区拥有住房，孩子读寄宿制中学，妻子在家是全职太太。

CH-005（女，28岁，工作在南京浦口区桥北，居住在汊河镇碧桂园城市花园）

访谈在小区广场进行，受访者夫妻二人均是来安本地人，妻子在南京桥北某商场从事财务工作，丈夫在来安从事装修建材生意，每天开车往返，孩子目前3岁，跟双方父母在来安县城居住，周末才能一家人团聚。

CH-006（女，52岁，工作在南京玄武区，居住在汊河镇碧桂园城市花园）

访谈在受访者物业管理中心进行，受访者是江苏南京人，在南京玄武区某部队工作，平常乘坐公交车往返单位，地铁开通后乘坐地铁，离异，儿子在美国读大学，对居住环境要求比较高，购买了位于顶楼的住宅，喜爱在阳台上种植花草。

CH-007（男，25岁，工作在南京浦口区桥北，居住在汊河镇碧桂园城市花园）

访谈在受访者家中进行，受访者是湖北孝感人，大专毕业，在南京浦口区桥北某建筑公司打工，每天换乘2次公交往返，目前居住的房屋为购置的婚房，75平方米左右，双方父母提供首付款，小夫妻俩共同还贷，生活压力较大。

CH-008（男，34岁，工作在浦口区高新区，居住在汊河镇碧桂园城市花园）

访谈在社区公用活动室进行，受访者是来安本地人，户口仍留在来安县城，本科学历，在浦口高新区某电力设计公司工作，自己开私家车上下班，单趟通勤时间约在35分钟，妻子全职在家带孩子，和自己的母亲一起居住，在南京主城区还有一个小户型的老房子。

CH-009（女，44 岁，工作在南京浦口区花旗营，居住在汊河镇碧桂园城市花园）

访谈在社区公共活动室进行，受访者是贵州贵阳人，研究生毕业，在南京花旗营陆军指挥学院工作，单位离居住小区不远，开车仅 15 分钟左右，对学校提供的老式住房环境不满意，又选择了在距离不远的汊河镇居住，购买了 250 平方米左右的住宅，对居住环境比较满意，对小镇配套不满意。

4. 滁州乌衣镇（11 人）

WY-001（男，33 岁，工作在南京浦口区，居住在滁州碧桂园欧洲城）

访谈在受访者家中进行，受访者为江苏海安人，本科学历，从事安防工程相关工作，每天乘坐社区巴士+骑自行车往返，单程通勤时间约 40 分钟，妻子全职在家带孩子，跨城市生活主要考虑离工作单位较近。

WY-002（男，29 岁，工作在南京浦口区，居住在滁州碧桂园欧洲城）

访谈在受访者社区广场进行，受访者为南京高淳人，大专学历，在南京某国有企业工作，上下班开车往返，通勤约 40 分钟，夫妻二人均在南京工作，2009 年前后在南京贷款买了一套二手的两居室，因工作调动到浦口区珠江镇而选择跨城市置业，城里的房子给亲戚居住。

WY-003（女，51 岁，工作在南京建邺区，居住在滁州碧桂园欧洲城）

访谈在受访者家中进行，受访者为江苏扬州人，在南京生活多年，爷爷辈来到南京，先后在山西路、龙江等地生活，本科学历，从事企业管理工作，每天开车上下班，单程 45 分钟。因朋友推荐选择了在滁州定居，并与她们住在同一个社区里，工作对时间要求不高，每周到南京 4—5 次，对跨城市生活满意度极高。

WY-004（男，22 岁，工作在南京浦口区，居住在滁州碧桂园欧洲城）

访谈在受访者社区广场进行，该受访者原籍江苏连云港，中专毕业后留在南京从事汽车修理行业，平常搭社区巴士和公交车到工作单位，每天上下班通勤时间约为2小时，跨城市生活主要因为南京房价过高，又不希望长期在南京租房。

WY-005（男，33岁，工作在南京鼓楼区，居住在滁州碧桂园欧洲城）

访谈在受访者家里进行，受访者是安徽蚌埠人，妻子是山东潍坊人，大专文化水平，夫妻二人均在南京从事销售工作，每天开车上下班，先送妻子到单位，每天花费在路上的时间约2.5小时，在南京已经十年有余，此前在南京租房居住，错过南京买房机会，房价一路上涨，被迫跨城市置业。

WY-006（男，53岁，工作在南京浦口区，居住在滁州碧桂园欧洲城）

访谈在社区广场进行，受访者为南京人，原来居住在浦口区桥林镇，从事书法创意工作，平常到南京的频率不太高，一般乘坐社区巴士进出。对生活环境要求很高，注重自身的健康，认为良好的居住环境有利于自身健康和创作。

WY-007（男，31岁，工作在南京浦口区，居住在滁州碧桂园欧洲城）

访谈在社区广场进行，受访者为湖南永州人，此前随父母长期生活在南京，本科学历，从事房地产行业，平常开车到工作单位，单程40分钟左右，跨城市居住主要考虑离自己的工作单位较近，也带有投资的目的。

WY-008（女，29岁，工作在南京建邺区，居住在滁州碧桂园欧洲城）

访谈在社区活动室进行，受访者为江苏南京人，本科学历，从事旅行社工作，工作需要经常出差，平常老公送自己到单位，单程约45分钟，跨城市生活主要考虑居住环境，特别喜欢现居住小区的周边环境。

WY-009（女，38岁，工作在南京浦口区，居住在滁州碧桂园欧洲城）

访谈在社区活动室进行，受访者为滁州本地人，高中学历，在南京从事房地产中介工作，平常乘坐社区巴士往返，单程约30分钟。自己的父母亲还生活在滁州城里,在这里定居也是考虑到能照顾父母。

WY-010(男,24岁,工作在南京秦淮区,居住在滁州碧桂园欧洲城)

访谈在受访者家中进行,受访者为山西大同人,大专学历,从事空调维修工作,平常乘坐社区巴士换乘地铁前往公司,单程通勤约1小时,与未婚妻同在南京工作,丈母娘希望他们尽快买房,跨城市生活主要因为房价较低。

WY-011(女,45岁,工作在南京浦口区,居住在滁州碧桂园欧洲城)

访谈在社区广场进行,受访者祖籍东北,长期生活在南京浦口,在某事业单位工作,平常乘坐社区巴士换乘公交往返,单程通勤约45分钟,选择跨城市生活主要考虑到更好的居住环境,相比南京这里的生活开销要低得多。

5. 其他访谈对象(9人)

QT-001(男,宝华镇恒大雅苑销售经理)

受访者为楼盘的销售人员,笔者经朋友介绍联系到他,在他的热心帮助下,通过社区物业部门的工作深入小区内部,接触到多位受访者,顺利完成了对该社区多名跨界钟摆族的访谈。

QT-002(女,乌衣镇碧桂园欧洲城物业管理人员)

受访者系带领笔者进行入户访谈的物业人员,工作一年多,对社区情况比较熟悉,其工作主要负责别墅区的物业服务,因而使笔者有机会接触到一些普通入户调查难以深入的别墅区业主。

QT-003(男,汊河镇碧桂园城市花园物业经理)

受访者协助笔者完成了对该社区的数据筛选和甄别的工作,带领笔者进入社区,安排多位跨界钟摆族的业主进行深入访谈,对完成在来安汊河镇碧桂园社区的访谈做出了巨大贡献。

QT-004(男,句容黄梅镇某五金店老板)

受访者为黄梅镇上一家五金店的老板,在街道上做五金生意已经十几年,是黄梅本地人,老家是本地农村,家里拆迁分了三套安置房。访谈在其店里进行,笔者借买东西的机会跟老板详细了解了小镇的历史、近年来的发展和演变、对跨界钟摆族的看法以及本地安置小区的社群关系。

QT-005（男，黄梅镇碧桂园凤凰城物业经理）

受访者协助笔者完成了对该社区的数据筛选和甄别的工作，并详细介绍了社区里入住业主的构成情况以及钟摆族的日常生活特征。

QT-006（男，句容黄梅镇碧桂园凤凰城销售经理）

受访者为该楼盘项目的销售主管，介绍了碧桂园在南京周边楼盘的销售情况，客户的喜爱、偏好，以及他对购买住宅的客户心理的分析，并介绍了购房过程中开发商、银行、地产中介等主体的参与过程。

QT-007（男，宝华镇天正理想城某销售经理）

受访者为该楼盘销售人员，笔者借买房的名义详细了解到了该楼盘购房客户的年龄、职业、户籍等特征，对研究起到了一定的印证作用。

QT-008（男，句容黄梅镇某饭店老板）

受访者为句容黄梅镇当地人气较高的农家乐饭店老板，笔者通过就餐的方式与受访者进行了深度访谈，详细了解当地人对于跨界生活群体的态度、观点，以及前后生活的变化。

QT-009（男，句容黄梅镇碧桂园小区某老年业主）

受访者为笔者在社区调研时偶遇，老家在江苏连云港，来这里帮助儿子照顾年仅一岁的孙女，儿子和媳妇都在南京上班，老伴还在老家农村种地，自己在这里的生活太单调，对儿子、媳妇这种跨城市生活表示不理解。